개정

동화로 여는

유아의 논리 논술

정대련

창지사

국립중앙도서관 출판시도서목록(CIP)

(동화로 여는) 유아의 논리 논술 / 지은이: 정대련. -- 개정판. -- 서울 : 창지사, 2014
p. ; cm

ISBN 978-89-426-0771-6 93370 : ₩19000

논술 교육[論述教育]
유아 교육[幼兒教育]

375.1-KDC5
372.21-DDC21 CIP2014006279

개정판 서문

『동화로 여는 유아의 논리 논술』이 처음 모습을 보이고 어느덧 5년이 지났습니다. 철학적 탐구공동체 방법론에 기초하여 유아들의 논리적 사고 및 배려적 사고와 창의적 사고를 신장시키고, 동시에 철학적 탐구 활동을 구성하여 유아들과 함께 사고하고 대화하며 토의하는 유아교사들의 논리논술 능력을 함양할 수 있도록 계획된 교재로서, 『동화로 여는 유아의 논리 논술』이 작은 역할을 할 수 있었기를 기대합니다.

지금은 2012년과 2013년에 걸쳐 3~5세 유아를 위한 유아교육과 보육이 통합되고 누리과정이 전면적으로 시행됨으로써, 유아교육·보육 현장의 모든 유아와 유아교사에게 논리적 사고와 논술 능력을 요청하게 되었습니다. 어린 유아들에게 5개 생활영역을 통해 논리적인 사고를 경험할 수 있도록, 유아교사들은 논리적으로 숙고하고 체계화한 교육 활동을 구성하고 제공할 수 있어야 합니다. 과거 유아들의 사고를 자기중심적인 전조작기 사고로 규정함으로써, 유아교육·보육 영역에서 논리와 논술이란 부적절하고 불가능하며 상관할 이유가 없는 것으로 이해되었고, 유아는 물론 성인인 유아교사에게도 논리논술 능력을 기대하지 않았습니다. 그러나 어린 유아들도 이미 직접추리는 물론 논리적 사고를 실천하고 있으며 다양한 생활영역에서 자연스럽게 논리적 절차를 경험하고 있음이 밝혀졌습니다. 그들을 위한 교육·보육 환경을 구성하고 나날의 활동을 전개함에 있어서, 유아교사들의 논리적 사고가 전제되어야 하며 교수계획안을 작성하거나 기타 관련 문서를 작성함에 있어서 논술적 요소를 기초해야 할 당위가 선 것입니다.

『동화로 여는 유아의 논리 논술』은 유아교육·보육계의 이와 같은 현실적 요구를 감당하는 하나의 계기로서, 현장의 유아교사들은 물론 대학에서 유아교사의 자격을 준비하고 있는 예비교사들에게 유아를 위한 논리논술의 길잡이가 되고자 하였습니다. 다만 첫 출판 당시 2007년 개정된 유아교육과정을 기저로 교육적 의미를 제시하고자 하였음에, 이번 개정판에서는 2013년 3–5세 누리과정에 기초하여 전반 〈이론편〉에서 유아를 위한 철학적 탐구활동과 누리과정과의 연계성 및 교육적 의의를 설명하였습니다. 그리고 기존의 이론 부분 중 유아교육 측면에서 다소 과중한 내용이라 여겨지는 부분을 일부 삭제하고 윤문을 시도하였습니다. 또한 초판에서는 그림책 동화 7편을 중심으로 실제 탐구활동을 예시하였으나, 이번 개정판에서는 그중 3편을 철회하고 새로운 1편의 동화를 포함하여, 총 5편의 동화를 기초로 철학적 탐구활동의 예시를 제시함으로써 새로움을 더하고자 하였습니다. 그리고 대학에서 강의에 활용하거나 학생들이 혼자서 공부할 때, 또한 교사들이 현장에서 적용하고자 할 때, 보다 용이하게 접근할 수 있도록 실제 활동을 설명하는 간단한 도입문과 예시문을 삽입하였습니다.

처음 『동화로 여는 유아의 논리 논술』을 준비할 당시, 유아학계에서 거의 관심을 보이지 않던 이 분야에 대해 20여 년을 연구하고 강의하던 책임의식을 가지고, 유아논리논술교육의 이론적 기초를 제공하고 전체적인 큰 그림을 그려 보이려 하였습니다. 이제 제자들과 함께 하는 '동덕아동철학연구소'가 설립되어 실질적인 연구와 교육 실천을 시작할 만큼, 전국의 유아교육 현장과 학계에서 철학적 탐구공동체 방법론을 적용한 유아논리논술 교육의 실천적 자료와 보고들이 이어지고 있음을 봅니다. 유아들을 스스로 사고하도록 돕고 그들과 대화나누며 함께 토의하고 탐구하려는 유아교육·보육 현장의 유아교사들과 예비교사인 유아교육·보육 전공 학생들에게 이 책이 길잡이로서 도움이 되기를 기대합니다. 끝으로 바쁜 일정 속에 개정판이 모습을 갖출 수 있도록 도움 주신 창지사의 여러분들께 진심으로 감사드립니다.

2014년 2월
월곡동 연구실에서

초판 서문

『동화로 여는 유아의 논리 논술』은 유아들과 대화하기를 반기고, 이야기 나누기를 즐기며, 그들에게서 보다 많은 이야기를 듣고 싶어 하는 분들을 위해 준비된 책입니다. 어린 유아들의 작은 입을 통해 드러나는 아름다운 존재와 가치 그리고 그들의 세계를 만나며 놀라워하고 반가워하며 기뻐하는 어른들, 그래서 아이를 낳아 기르는 부모님, 유아들의 생각을 키우고 가르치는 선생님, 장차 유아들과 대화하고 토론을 전개할 예비 교사들, 그리고 예비 교사들에게 유아들을 위한 논리 논술 교육을 준비하고자 하는 교수님들을 위해 마련된 책이 『동화로 여는 유아의 논리 논술』입니다.

유아의 논리를 키우는 또 장차 그들이 논술을 잘할 수 있는 어린이와 어른으로 성장하도록 돕는 책이 되려면 무엇을 담고 어떻게 써야 할지 저자는 많이 고민하였습니다. 저자는 우선적으로 유아에게 직접 제공할 수 있는 내용을 담고자 하였습니다. 다음으로는 교실 상황에서 또는 일상생활 공간에서 어른들이 유아들과 함께 지내며 유아들의 논리를 놓치지 않고 한 걸음 앞으로 나아가도록 지원하는 구체적인 내용을 제시하는 교재를 구성하려고 계획하였습니다.

먼저 저자가 선택한 방법은 동화 쓰기였습니다. '나는야 어린 철학자' 시리즈 8편은 유아를 위한 철학 동화로서 일차적으로 IAPC(미국어린이철학개발원) 철학 교육의 목적을 전제로 하여 쓰여졌습니다(아이코리아, 2007). '스스로 사유함'에서 시작되는 소크라테스의 대화법을 기초로 하여, 추론 능력을 향상시키고, 개인과 대인 관계의 성장을 도모하고, 윤리적 지성을 계발하며, 경험 중에서 의미를 발견하는 능력을 개발하며 창조성을 계발하려는 목적을 동화 쓰기의 기점으로 삼은 것입니다.

전 8편의 동화들은 우리의 문화와 유아들의 생활 세계를 반영한 이야기를 제공함으로써, 짧은 이야기를 단초로 하여 유아가 스스로 생각하고 자신의 끊임없는 새로운 호기심을 논리적이고 의미 있는 질문으로 발전시켜, 친구들 및 주변의 여러 사람들과 철학적 대화를 시도하고 여럿이 함께 토론하며 탐구할 수 있도록 도우려는 취지를 가지고 있습니다. 봄 여름 가을 겨울 4계절에 걸쳐 유아들이 경험하는 계기를 통하여, 구체적으로 유치원 오리엔테이션 시간, 대그룹 이야기 나누기 시간, 명절과 국경일이나 기념일, 여름날 여행 중, 그리고 우리 민족의 문화적 특수성을 접하는 계기에 교사를 비롯한 우리 어른들이 유아들과 함께 어떻게 논리적으로 일관되게, 윤리적으로 풍부하게, 창의적으로 아름다운 이야기를 나눌 수 있을지에 대한 관심을 동화로 구성한 것입니다.

그리고 이제 『동화로 여는 유아의 논리 논술』은 '나는야 어린 철학자' 동화가 기초하고 있는 '유아를 위한 철학 교육'의 체제를 구체화하려 합니다. 먼저 『동화로 여는 유아의 논리 논술』의 전반부는 '유아를 위한 철학 교육'의 이론적 기초를 담고 있습니다. 유아들의 논리적 사고를 돕고 논술에 도움이 되기를 바라는 교사들이 유아들과 함께 철학적 탐구 공동체를 형성하여 소크라테스 대화법으로 질문하고 토론하기 위해 알아 두어야 할 최소한의 이론적 내용이 소개되어 있습니다. 사실 최소한의 길잡이를 소개하려다 보니 많은 부분이 생략되었습니다. 이론편과 책 말미의 참고문헌 목록을 참조하여, 이 책을 사용하는 교수님이나 교사들 그리고 예비 교사인 대학원생 및 대학생들이 각 이론의 행간을 메워 보다 탄탄한 이론적 배경을 다져 주시기를 기대합니다.

대학 강의실에서 이 교재를 사용할 경우, 1주일에 1부 이론편 각 1~2개 단원을 섭렵하며 전반부 이론편 전체를 이해하고 난 후, 실제편의 이야기를 토대로 대학생 수준에서 철학적 탐구활동을 실행해 보는 것이 기본 틀입니다. 그러나 후반부에 소개되는 7편의 동화를 숙지하고 있는 교실이라면, 각각의 이론 단원을 진행하면서 실제편 활동을 매 시간 한 부분씩 응용할 수 있을 것입니다. 실제편 활동을 전개할 때, 교사들이 굳이 유아들의 말투나 사고 발달 수준을 고려할 필요는 없습니다. 대학생 이상의 성숙한 사고 수준에서 실제편 활동을 자신의 문제로 받아들여 충분히 다루는 것이 우선입니다.

이번 책을 내면서 시간이 촉박하여 바쁜 일정을 보냈습니다. 오랜 시간 여러 일에 쫓겨 원고를 마무리하지 못하고 시간을 보낸 저자를 끝까지 믿고 기다려서 예쁘게 책으로 엮어 주신 창지사 나기영 상무님과 최창숙 편집장님, 그리고 더운 여름날에도 불구하고 원고 정리에 애써 주신 편집실 여러분께 진심으로 감사드립니다. 또한 '나는야 어린 철학자' 그림책의 글을 활용할 수 있도록 허락하여 주신 아이코리아 측에도 진심으로 감사드리며, 각 단원마다 실린 시 · 동화 · 그림책의 게재를 허락해 주신 최래옥 교수님과 시인 김종상 선생님, 씨앗을뿌리는사람, 삼성출판사, 논장, 국민서관, 책읽는곰, 동쪽나라, 파랑새, 창비, 미래 M&B, 보림출판사에도 깊이 감사드립니다. 끝으로 나날이 시간에 쫓기며 제 구실을 다하지 못하는 아내와 엄마, 딸과 며느리를 이해하며 지켜보아 주신 부모님과 가족에게 고마움과 사랑의 마음을 전합니다.

2009년 여름

월곡동 연구실에서

≫ 차 례

이_론_편

논리 논술의 기초 : 유아를 위한 철학 교육

Ⅰ. 유아의 존재 증명 : 생각(사고)

1. 생각(사고)

'생각' 이라고?
생각이 뭔대요?
생각이 어디에 있어요?
생각은 언제 하는 거예요?
생각은 어떻게 하는 거죠?
왜 생각을 해야 하나요?

'생각' 이라는 말 한마디에 우리는 이미 여러 가지 의문을 함께 가지게 된다. 특히 언어가 폭발적으로 증가하는 시기의 어린 유아들은 새로이 듣고 알게 된 단어에 익숙해지기 위해 정확한 발음을 먼저 확인하며 "생각!" 하고 입으로 소리 내어 보고 묻고 다시 묻고 또 물으며 반복하기를 쉬지 않는다.

유아교육 현장이나 보육 현장에서 유아교사, 보육교사들은 유아들의 생각을 불러일으키고 생각을 펼쳐 보이도록 도우려 한다. 사실, 교사든 어른이든 어린이든 누구나가 당연하게 잘 알고 있는 것처럼 쓰고 있는 말이 '생각' 이다.

우리 친구들, 생각 주머니를 열어 볼까요?
친구들 머릿속에는 어떤 생각이 들어 있나요?

왜 그런 생각을, 또 언제부터 그런 생각을 하게 되었나요?
누구 마음이 더 큰지, 우리 좀 더 생각해 볼까요?
지금처럼 또 다른 생각을 찾을 수 있나요?

그러나 이 '생각' 이란 말은 다양한 의미를 함축하고 있어서 그 말을 사용하고 있는 맥락에 따라 또 다른 어휘를 지칭하거나 대체하기도 하며, 때로는 보다 구체적인 장면으로 설명되거나 해석을 요하기도 한다(Blackburn, 2002).

사전적 의미로 '생각' 이란 ① 머리를 써서 궁리하기(사고), ② 가늠하여 헤아리거나 판단하기(분별), ③ 마음의 쏠림 · 바라는 마음 · 관심 가지기 · 욕심 부리기, ④ 무엇을 이루거나 하려고 마음먹기, ⑤ 어떤 사물에 대해 가지는 견해, ⑥ 느끼어 일어나는 마음, ⑦ (새로운 것 또는 잊고 있던 것이) 머리에 떠오름 또는 깨달음, ⑧ (지난 일을) 돌이켜 봄 또는 떠올려 봄 · 추억 · 기억, ⑨ (앞날의 일을) 머릿속에 그려 봄 또는 내다봄 · 상상하기 · 예측하기, ⑩ 그리거나 그리워하는 마음 · 아끼거나 염려하는 마음, ⑪ 마음을 써줌 또는 헤아려 주는 마음 · 고려하기 · 배려하기, ⑫ 그렇게 여김 · 간주하기 등을 의미한다.

생각에 해당하는 한자어로는 염(念), 사(思), 상(想), 억(憶), 려(慮) 등이 있다. 염(念)은 '생각하다 또는 외다' 의 뜻을 가지며 언제나 그 일을 마음속에 생각하여 잊지 않는 일을 말한다. 그리고 사(思)는 '생각하다, 그리워하다, 슬퍼하다' 를 의미하며, 상(想)은 '생각, 생각하다, 상대편에 바라다' 를, 억(憶)은 '생각하다, 기억하다, 마음에 단단히 새겨 외다' 를, 려(慮)는 '생각하다, 걱정하다, 꾀하다, 의심하다, 마음으로 두루 생각하다' 등의 뜻을 가진다.

한편 다음의 영어 단어들도 모두 '생각' 이란 말을 함축하고 있다. ① thinking '사고' ② a thought, an idea '사상' ③ a notion; a concept; a conception 또는 think (of, about); give thought (to); conceive; reflect; mediate 등 '관념' 과 관련된 단어 ④ an intention; a plan; an idea; a view; a purpose 또는 intend (to do); have in mind; think of (doing); plan to; be going to (do)와 같은 '의도' 를 함축한 말 ⑤ recollection; remembrance 또는 ponder; reflect; think over처럼 '추억, 숙고'를 뜻하는 말 ⑥ imagination; supposition 또는 think; believe; imagine; suppose 같은 '상상'이란 의미를 내포하는 단어 ⑦ desire; longing; wish; desire 혹은 long; pine의 '바람'을 나타내는 단어 ⑧ expectation; supposition; hope 그리고 expect 등의 '기대'로 번역되는 말 ⑨ discretion; prudence; (good) judgment 또는 consider; take into consideration; care for; think of; pay attention to와 같이 '분별'을 함의하는 말 ⑩ opinion; views 등의 의견 ⑪ a suggestion이나 ponder; reflect; think over에서의 '제안' 그리고 ⑫ a resolution과 같이 '결의'를 의미하는 단어 등이 모두 '생각'이란 뜻을 함의하고 있다.

종합하자면 생각, 즉 사고(thinking)의 개념은 우리의 정신적 작업(을 하는 모든) 상황을 총칭하는 개념이라 하겠다. 가설(을 세우다), 가정(하다), 각오(하다), 간주(하다), 간청(하다), 강조(하다), 개념화(하다), 걱정(하다), 검사(하다), 결정(하다), 계산(하다), 계획(하다), 고려(하다), 고안(하다), 교정(하다), 구상(하다), 궁금함(을 갖다), 궁리(하다), 귀납(하다), 기대(하다), 기억(하다), 깨닫다, 꾀(하다), 내성(하다), 논쟁(하다), 단언(하다), 도식화(하다), 떠올리다, 마음에 새기다, 명상(하다), 명심(하다), 묵상(하다), 미리 살피다, 미리 예상(하다), 믿다, 바라다, 반성(하다), 반추(하다), 발견(하다), 발명(하다), 범주화(하다), 분류(하다), 사색(하다), 상상(하다),설명(하다), 숙고(하다), 신중(히 하다), 분석(하다), 알다, 어림짐작(하다), 연역(하다), 예견(하다), 예기(하다), 예지, 예측(하다), 외우다, 표명(하다), 의심(하다), 이론화(하다), 이유(를 대다), 이해(하다), 입안(하다), 자명한 일로 가정(하다), 작정(하다), 재음미(하다), 제시(하다), 조직(하다), 주의(하다), 짐작(하다), 집중(하다), 착상(하다), 창조(하다), 체계화(하다), 추론(하다), 추억(하다), 추정(하다), 측정(하다), 투사(하다), 파악(하다), 판단(하다), 합리화(하다), 헤아리다, 환상(을 갖다), 회상(하다) 등은 모두 '생각'을 함의하는 명사 또는 동사이다. 그 외에 골똘히 생각(하다), 공상(하다), 노작(하다), 독백(하다), 모험(하다), 평론(하다), 또는 실천적인 맥락에서의 개요(를 만들다), 스케치(하다), 탐험(하다) 등도 사고의 연장선상에 있다(Smith, 1990).

2. 사고에 관한 이론

유아들도 이처럼 복잡하고 다양한 생각을 하고 있을까? 이렇게 수많은 양태로 분화된 사고를 유아가 할 수 있을까? 각각의 용어에 있어서 그 깊이나 넓이라는 범위의 차이가 있을 수 있으나, 유아들도 다양한 용어에 해당하는 생각을 하고 있음이 이미 여러 학자들에 의해 이론화되었다.

피아제(Piaget, J.)는 유아의 사고가 단계별로 발달하고 있음을 밝혔다(김윤식, 이영석, 1990; 박덕규 편저, 1992; 카미 & 디브리즈, 1992). 그는 지각하기, 기억하기, 생각하기, 추리하기와 같은 정신 과정인 인지발달에 관심을 가진다. 지능은 경험을 연속적으로 조직하고 재조직함으로써 변화하는 세계에 대처하는 능력이라고 정의되는데, 지능의 본질은 추리이다. 따라서 피아제는 우리가 어떻게 앎을 형성하는지 알기 위해 유아의 추리 과정을 연구한다.

피아제에 따르면, 일반적으로 걸음마 단계의 유아들은 사고한다는 것이 무엇을 의미하는지 모른다(사임, 1996). 아주 어린 유아들은 입으로 생각한다고 믿으며, 연령이 약간 높은 유아들은 머리로 생각한다는 것을 알기는 하지만 사고는 머릿속에 있는 목소리와 같은 구체적인 어떤 것이라고 생각한다. 유아들은 자신들이 어떤 것을 안다고 인지하고 있으나, 자신들의 인식의 근원에 대해서는 알지 못한다. 이것이 바로 유아들이 외부로부터 부여받아 형성하게 된 어떤 관념을 자신이 스스로 생성해 낸 관념이라고 확신하는 이유이다.

인지발달 단계로 말한다면, 2세부터 7세까지 전조작기 단계 유아의 사고는 어른의 사고와 차이가 크다. 전조작기 단계의 유아는 논리적으로 생각하지 못하며, 언어를 습득하여 심상과 상징을 통해 세계를 표상하지만 이러한 상징들은 자기의 지각과 직관에 의존하며, 전적으로 자기중심적이어서 자기 주위의 대상과 사람에게 관심을 키우기 시작해도 자기 관점에서만 파악한다. 전조작기는 '호기심의 시기'로서, 유아는 항상 새로운 것을 질문하고 탐색하지만 오직 자기의 제한된 경험을 통해 배우기 때문에 경험이 없을 때에는 설명을 꾸며 낸다. 이 시기의 유아는 인공론적 그리고 물활론적으로 사고하는데, 즉 자연현상이란 인간이 만든 것이며, 모든 것이 생명이 있다고 생각하는 것이다. 이러한 사고의 특징을 지닌 유아를 피아제는 "자기가 경험한 대로 세계를 지각하는 철학자"라고 칭하기도 한다.

피아제는 50년여에 걸친 연구에서, 논리적 사고란 언어에 의존하는 것이 아니고 오히려 현실 속 논리적인 활동이 가능하다는 점에 의거한다고 하였다(카미 & 디브리즈, 1992). 언어가 행동을 내면화함에 있어 표현과 사고의 방향에 중요한 구실을 함에도 불구하고, 다른 많은 심리학자와는 달리, 피아제는 언어가 상징적 행동의 연속이지 원인이 아님을 분명히 했다(박덕규 편, 1992). 감각운동적인 대상에서 상징기능으로 변화되는 데 작용하는 것은 언어가 아니라 모방이며, 모방이 분화되고 형상적 관념으로부터 형태로 내면화되는 것을 통해 모방은 상징의 원천이 되고 대화의 방법으로 발달하게 된다. 이를 통하여 언어의 습득이 가능해지는 것이다. 물론 언어는 중요한 도구로서 지능 발달에 큰 영향을 미친다. 유아의 언어는 3세에 급격히 변화하며 이 시기의 언어는 자신의 요구를 표현하고 정보를 수집하는 도구로서의 언어이다. 대략 4~7세 유아는 전조작기적 특성의 사고 능력을 보이는데, 이 시기의 사고는 대부분의 경우 논리적 규칙에 일치하나, 고정적이지 못하고 지각조건적인 반응으로 빈번히 오류를 범하게 된다.

피아제에 따르면, 지능과 지식은 생물학적 적응과 별개의 것이 아니다(카미 & 디브리즈, 1992). 그에 의하면 지능은 적응으로부터 발전되어 온 것이며, 그 발전하는 양식으로 볼 때 일반적으로 생물학적인 것으로 생각하는 것과 지능이라고 생각하는 것의 사이에는 완전한 연속성이 있다는 것이다. 어떤 종류의 유기체는 다른 유기체보다 각별히 복잡하고 또 지적인 것을 가지고 있다. 만일 유전적인 잠재적 가능성이 있다면 그 유기체는 단순한 생물학적 생존을 넘어서 더욱 차원 높게 발달한다. 유아는 그에게 비쳐진 상을 반사(반성)하여 외적 사물에 적응시키고, 종국에는 스키마(schema)를 사물의 구성, 표상, 사고의 가역성, 사회적 상호성, 그리고 형식적 조작으로 발달시킨다. 반사에서 조작으로의 이 현저한 발달은 놀이라는 행동을 통하여 주로 달성된다.

한편 비고츠키에 의하면, 인간은 정신적인 능력을 확장시키기 위한 정신의 도구를 창조하였으며, 이러한 정신의 도구는 우리들이 주의를 기울이고, 기억하며, 생각하는 방식 자체를 바꾸어 준다고 한다. 유아들이 지식을 구성한다고 보는 점에서는 피아제와 같지만, 그는 발달이란 사회적 맥락과 분리될 수 없으며 학습이 발달을 주도하며 언어가 정신 발달에 핵심적 역할을 한다고 강조하였다 (보드로바 & 리옹, 1998; Wertsch, 1999; Vygotsky, 1999, 2000; 한순미, 1999).

비고츠키(1998)는 발달을 어느 한 지점이 아니라 행동의 연속 혹은 성숙의 정도로 보았기 때문에 지역(zone)이라는 용어를 사용하며, 그 지역을 근접한 또는 가까운 미래에 개발될 행동들이란 의미로 소개한다. '근접' 이란 유아들에게 궁극적으로 나타날 수 있는 모든 행동들을 의미하는 것이 아니라 주어진 시간 내에 가장 가까운 때에 나타난 행동을 의미한다. 근접발달영역(Zone of Proximal Development: ZPD)이란 두 간극 간의 거리, 즉 이미 완성된(completed) 발달적 주기의 결과로 유아가 독자적으로 문제를 해결하는 유아 정신 기능의 실제적 발달 수준(actual developmental level)과 성인의 안내와 보다 능력 있는 또래들과 협동하여 문제를 해결함으로써 결정되는 잠재적 발달 수준(level of potential development) 간의 거리를 말한다.

유아기는 인지발달에 있어서 매우 중요한 시기인데, 언어는 유아로 하여금 상상하고 조작하고 새로운 생각을 만들어 내고 다른 사람과 함께 공유하기를 가능하게 하는 기제가 된다. 언어란 정신적 도구로서, 사고를 명료화하고 행동을 규정하거나 자발적으로 조절하도록 하는 생각의 실제적 메커니즘이다(Vygotsky, 1999). 비고츠키에 따르면, 사고와 언어는 생후 서로 독립적으로 발달한다. 약 2세경부터는 상호 결합하여 언어가 사고를 이끌어 가게 된다. 유아는 의사소통과 사회적 상호작용의 도구로서 언어를 사용하는데, 사회적 경험이 내면화되면서 점차적으로 크게 말하거나 의도한 행동을 자기중심적인 말(언어)로 표현하면서 환경과 개인적 상호작용을 시작한다. 언어가 유아의 행동 구조나 사고를 지지하는 근원이 되어 가는 것이다. 그 후 사고와 언어는 시기적으로 어느 일정한 시점까지는 서로 다른 경로, 독립적인 경로를 따른다. 그리고 마지막으로 어느 시점에서 두 경로가 만나게 되면, 거기서부터 사고는 발화적으로 되고 말은 이성적(rational)으로 된다. 자기중심적 언어가 점차 내면화되고 '내적인 말(inner speech) 혹은 언어적 사고'가 되는 것이다(한순미, 1999).

비고츠키는 정신 과정을 초등정신 기능과 고등정신 기능으로 나눈다. 초등정신 기능은 인간뿐만 아니라 고등동물도 모두 갖고 있다. 이는 주로 성숙에 의해 이루어지며 자극에 의해 활동이 결정되는, 즉 감각, 반응적 주의집중, 자발적 기억, 감각 동작 지능 등을 말한다. 고등정신 기능은 학습과 교수를 통해 획득되는 인지적 과정들로서 '숙고되고' '매개되고' '내면화된' 행동들이다. 이는 ① 환경의 통제로부터 개인의 통제로의 이동, 즉 자발적인 규제의 출현, ② 정신 과정에서 의식적 실현의 출현, ③ 고등정신 기능의 사회적 기원과 본질, ④ 고등정신 기능을 매개하는 기호의 사용 등을 준거로 한다. 매개된 지각, 의도적 주의집중, 의도된 기억, 논리적 사고를 포함하는 고등정신 기능을 획득하게 될 때, 인간의 사고는 다른 고등동물의 사고와는 질적으로 달라지며 문명이 발달함에 따라 더욱 발달한다(Wertsch, 1999).

다른 한편 피아제나 비고츠키와는 달리, 유아의 사고 속에 철학성이 내포되어 있음에 주목하는 학자들이 있다(박진환, 2005; 이지애, 2005; 나가이 히토시, 2001; 마르텐스, 2000; 매튜스, 1988; 바우만 외, 1998). 매튜스(Mathews, G. B.)나 리프맨(Lipman, M.) 등은 유아의 사고 속에 내포된 철학성을 기초로 유아를 새롭게 이해해야 한다고 주장한다. 매튜스에 따르면, 철학적 사고는 인간의 중요한 요소이며, 음악을 한다든지 놀이를 하는 것처럼 유아들에게 자연스러운 것이다. 특히 리프맨의 철학적 탐구 공동체 방법은 비고츠키의 고등정신 기능과 대비되어 자주 논의된다(박진환, 2005). 언어의 의미는 다른 사람과의 상호작용에 의해 규정되며, 언어는 사고를 촉진시키는 중요한 도구이고, 대화를 통해서 여러 사고의 기술들이 자동적으로 전이되며, 그리고 맥락을 중요하게 여긴다는 점에서 철학적 탐구와 고등정신 기능의 공통점이 발견되는 것이다. 그러나 비고츠키의 고등정신 기능이 비반성적 사고를 포함한다는 점에서 리프맨이 철학적 탐구 공동체 방법을 통해 추구하는 합당성 또는 다국면적 · 실천적 지혜 등은 차별화된다.

오래전부터 철학자들은 우리가 어떻게 세상의 사물을 알게 되는지에 대해 의문을 품어 왔다. 이 의문에 대하여 한편은 '사물이 어떻게 우리에게 보이는지를 의심의 여지없이 안다'는 입장으로 우리는 어떤 자료를 우리의 감각을 통해 받고 난 다음, 우리가 이들 자료로부터 그 뒤에 숨어 있는 실체를 자연스럽게 추론해 낸다고 생각한다. 다른 한편에서는 이 의문에 대해 어떤 감각 자료로부터 이끌어 내는 추리, 또는 감각 자료에 적용하는 우리의 해석을 원래의 순수 감각 자료와 구분한다는 것은 애초에 불가능하다고 주장한다(Matthews, 1980).

우리가 세상의 사물을 알게 되는 과정이나 방법에 대한 문제는 철학자들 내지 인식론자의 오랜 관심사이기도 하며, 오늘날에는 유아의 사고를 연구하는 학자나 유아교육이나 보육의 현장에서 유아를 나날이 직접 만나고 있는 교사들의 주된 연구 과제이기도 하다. 그러나 유아들의 감각은 아직 어떠한 이론적 관점에도 물들지 않은 상태이므로 그들은 순수한 눈으로 직접 감각한 대로 받아들이고, 받아들인 감각 자료를 자신의 생각에 반영한다. 유아는 순수하게 감각한 자료를 수없이 많이 모으고, 그를 토대로 반성할 기회를 가지게 되며, 점차 눈에 보이는 현상과 원래의 실체를 구별하는 추론을 하게 된다. 유아들의 지각과 환상, 그리고 외견상의 크기나 거리에 관한 문제들은 수학이나 과학 이전에 근본적으로 그 대상을 어떻게 알 수 있는지의 문제, 즉 인식론적 문제가 결부되어 있는 철학적 문제인 것이다.

또한 유아들은 세상의 여러 계기를 맞을 때 아직 그 의미를 포괄적으로 깊이 있게 이해할 수 없기 때문에 우선 그 존재의 개념적 정의나 목적을 생각한다. 유아들은 이 세상에 존재하는 모든 것은 이름을 가지고 있어야 하며 그 이름을 가진 사물은 그 존재하는 목적을 가지고 있어야 한다고 생각하기 때문이다. 그리고 유아들은 이러한 목적이 또다시 그 사물을 구속하여 그로 하여금 합당한 의미를 성취해야 한다고 생각한다. 세계의 모든 현상이 목적과 목표에 의해 규정된다고 생각하는 유아들의 경향은 사물의 의미를 해명하고자 하는 '형이상학적 욕구'와 관련된다. 형이상학이란 주로 존재의 문제에 직면하여 보다 체계적이고 이론적으로 그 문제의 의미를 해석하고 분석하며 종합적으로 사색하는 철학의 한 부분이다(강영계, 2000; 김득순, 1993; 김용규, 2006; 서광선 외, 1991; 가아더, 1997; 공원, 2007; 바이셰델, 2004; 셰퍼, 2000; 야마모토 미쓰오, 1989). 유아들이 세계에 대해 눈을 뜨고 사고를 열어 가는 과정은 곧 이러한 형이상학적 욕구와 다를 바가 없는 것이다.

매튜스(1980, 1987, 1988)와 리프맨(1980, 1985) 등은 유아들의 대화 속에서 위와 같은 인식론적, 형이상학적 사고는 물론 윤리적이고 심미적인 사고의 실례를 발굴함으로써 유아 사고의 철학성을 밝혀 주었다. 대학생이나 성인이 되어야 가능하다고 생각했던 철학적 사고를 어린 유아기에 이미 실천하고 있었다는 말이다. 여기서 의미하는 철학적 사고란 지식 내용으로서의 학문적 철학을 의미하지 않는다. 유아들의 철학적 사고란 앎을 추구하는 사고 방법으로서 철학함(doing philosophy)을 의미한다.

"나는 생각한다. 고로 존재한다."는 말은 철학자 데카르트를 대표하는 명제이다. 데카르트가 시도한 것은 자기가 가지고 있는 지식들을 확실한 근거 위에 다시 정리해 보는 것이었다. 그러한 과정을 통하여 새로운 진리를 발견할 수도 있으나, 그에게는 새로운 것의 발견보다는 이미 알고 있는 것들을 위한 체계적 정리가 더 중요한 관심사였다. 데카르트는 그와 같은 지식 체계의 기본 바탕이 되어야 할 가장 단순하면서 명확한 진리의 명제가 무엇일까를 생각했고, 그 명제에 도달하기 위해서 생각해 낸 방법이 곧 모든 것을 의심해 보는 방법이었다. 그리고 모든 것을 의심의 심연 속으로 내던져 만난 것이 바로 이 명제인 것이다(김득순, 1993; 소흥열, 1991; 최명관, 1983; 이진경, 1993; 가아더, 1997; 필립스, 2001; 휘슬레 & 노라, 1997).

> 우리가 깨어 있을 때 느끼는 것과 똑같은 지각을, 그것이 참으로 존재하는 것이 아니라 하더라도, 잠자고 있을 때도 경험할 수 있다는 생각에 이르자, 나는 꿈속의 환상처럼, 내가 깨어 있을 때 생각했던 것 조차도 실제적이지 않을 수 있다고 생각하기로 하였다. 모든 것이 거짓이라고 생각하려 했던 그 순간, 나는 그렇게 생각한 나라고 하는 어떤 무엇이 반드시 있어야 한다는 것을 깨달았다. 이러한 "나는 생각한다. 그러므로 나는 존재한다(COGITO ERGO SUM)."라는 진리는 아주 확고하며, 회의론자들의 의심에 찬 그 어떠한 기발한 주장도 그것을 흔들리게 할 수 없는 증거이므로, 이제 나는 주저 없이 그것을 내가 찾고자 했던 철학의 제1원리로 받아들일 수 있겠다고 결론지었다.

내 존재가 무엇인지 신중하게 검토해 보자니, 내 육체가 없고, 그것이 존재할 수 있는 어떠한 세계나 장소가 없다고 생각할 수는 있지만 그렇다고 해서 내가 존재하지 않는다고 생각할 수 없다는 데에 이르렀다. 그러나 반대로, 내가 다른 존재들의 진실에 대해 의심하고 있다는 바로 그 상황으로부터 내가 존재한다는 것만큼은 가장 명백하고 확실해졌다. 다른 한편, 내가 만약 생각하기를 그만둔다면, 내가 상상했던 그 모든 다른 것들이 실제로 존재한다고 하더라도, 내가 존재하고 있다고 믿을 근거는 어디에도 없을 것이다.

Descartes, R.(2007). *Discourse on Method*. Meditations on First Philosophy. BN Publishing, USA. 31.

사실 "나는 생각한다. 고로 존재한다."라는 명제는 결코 새로운 발견을 뜻하거나 명제 자체로 특별히 뜻있는 사실을 말하고 있지 않다. 이는 아주 평범하고 단순하며 너무나 당연한 사실이기 때문에 아무도 관심 갖지 않는 종류의 명제에 불과하다. 이 명제는 수학이나 논리적 체계에서의 공리(公理)가 되거나 경험적 사실의 증거가 될 수도 없는 성질의 것이다. 그럼에도 불구하고 이 명제는 그 후 많은 철학적 발상을 이끌어 내는 촉매 작용을 해 온 것이다.

3. 누리과정과 사고

유네스코(1997)에 따르면, 미래 세계에 적응하기 위한 교육은 평생에 걸쳐 언제 어떤 곳에서도 일어날 수 있는 자발적인 배움이어야 한다. 그러한 배움은 첫째 인간이 살아가기 위한 초보적인 이해의 도구들을 얻는 기초교육과 초기교육을 뜻하는 '알기 위한 배움(learning to know)', 둘째 개인이 환경에 대해 창조적으로 대응(직업훈련)할 수 있게 하는 '행동하기 위한 배움(learning to do)' 셋째 모든 활동에 다른 사람들과 함께 참여할 수 있는 것을 목표로 하는 '함께 살기 위한 배움(learning to live together)' 그리고 넷째 앞의 세 가지를 바탕으로 하여 추구하게 되는 궁극적인 목표인 '존재하기 위한 배움(learning to be)'을 포함하며, 이들은 서로 연결되면서 '전체로서의 하나'를 이룬다. 21세기를 살아

가는 인간이라면 "알고, 행동하며, 더불어 살면서, 스스로 존재하는" 인간이어야 한다는 말이다.

한편 21세기를 이끌어갈 전인적 인간의 기초를 세우는 우리나라 유아교육과 보육은 2013년부터 누리과정에 따라 이루어지고 있다. 「교육과학기술부 고시 제2012-16호, 보건복지부 고시 제2012-82호에 따른 3-5세 연령별 누리과정」에 의하면, 3-5세 누리과정은 질서, 배려, 협력 등 기본생활습관과 바른 인성을 기르는데 중점을 두고; 자율성과 창의성을 기르는 데 중점을 두며; 전인발달을 이루도록 하고; 사람과 자연을 존중하고, 우리 문화를 이해하는 데 중점을 두며; 만 3-5세아의 발달 특성을 고려하여 연령별로; 신체운동·건강, 의사소통, 사회관계, 예술경험, 자연탐구의 영역을 중심으로; 초등학교 교육과정과 0-2세 표준보육과정과의 연계성을 고려하여 구성되어 있다(교육과학기술부, 보건복지부, 2013. 2).

누리과정이 지향하는 목적은 궁극적으로 만 3-5세 유아의 심신의 건강과 조화로운 발달을 도와 민주시민의 기초를 형성하는 데에 있으며, 구체적으로 다음의 다섯 가지 목표가 제시되었다. 기본운동 능력과 건강하고 안전한 생활 습관을 기르며; 일상생활에 필요한 의사소통 능력과 바른 언어 사용 습관을 기르고; 자신을 존중하고 다른 사람과 더불어 생활하는 능력과 태도를 기르며; 아름다움에 관심을 가지고 예술 경험을 즐기며, 창의적으로 표현하는 능력을 기르고; 호기심을 가지고 주변세계를 탐구하며, 일상생활에서 수학적·과학적으로 생각하는 능력과 태도를 기르기 등 다섯 목표이다. 그리고 이러한 누리과정의 신체운동·건강 영역, 의사소통 영역, 사회관계 영역, 예술경험 영역, 자연탐구 영역에서의 목표에 맞추어, 각각의 영역별 목표가 설정되었다.

첫째, 신체운동·건강 영역의 목표는 '기본운동 능력과 건강하고 안전한 생활 습관을 기르기' 이다. 영역별 목표는 1) 감각 능력 기르고, 자신의 신체를 긍정적으로 인식하기, 2) 신체를 조절하고 기본 운동 능력 기르기, 3) 신체 활동에 즐겁게 참여하기, 4) 건강한 생활 습관을 기르기, 5) 안전한 생활 습관 기르기 등이다. 신체운동·건강 영역의 영역별 목표에 맞추어 3-5세 연령별로 설정한 내용범주와 내용, 세부 내용은 아래 표와 같다.

〈표 1〉 3–5세 누리과정 신체운동·건강 영역의 영역별 목표에 맞춘 내용범주 및 내용, 세부 내용

내용범주	내용	세부 내용		
		3세	4세	5세
신체 인식하기	감각 능력 기르고 활용하기	감각적 차이를 경험한다.	감각적 차이를 구분한다.	감각으로 대상이나 사물의 특성과 차이를 구분한다.
		감각기관을 인식하고, 활용해 본다.	여러 감각기관을 협응하여 활용한다.	
	신체를 인식하고 움직이기	신체 각 부분의 명칭을 알고, 움직임에 관심을 갖는다.	신체 각부분의 특성을 이해하고 활용하여 움직인다.	
		자신의 신체를 긍정적으로 인식하고 움직인다.		
신체 조절과 기본 운동하기	신체 조절하기	신체 균형을 유지해 본다.	다양한 자세와 움직임에서 신체 균형을 유지한다.	
		공간, 힘, 시간 등의 움직임 요소를 경험한다.	공간 힘, 시간 등의 움직임 요소를 활용하여 움직인다.	
		신체 각 부분의 움직임을 조절해 본다.	신체 각 부분을 협응하여 움직임을 조절한다.	
		눈과 손을 협응하여 소근육을 조절해 본다.		
				도구를 활용하여 여러 가지 조작운동을 한다.
	기본운동하기	걷기, 달리기 등 이동운동을 한다.	걷기, 달리기, 뛰기 등 다양한 이동운동을 한다.	
		제자리에서 몸을 움직여 본다.	제자리에서 몸을 다양하게 움직인다.	
신체 활동에 참여하기	자발적으로 신체 활동에 참여하기	신체 활동에 자발적으로 참여한다.	신체활동에 자발적이고 지속적으로 참여한다.	
		다른 사람과 함께 하는 신체 활동에 참여한다.		
			자신과 다른 사람의 운동 능력의 차이에 관심을 갖는다.	자신과 다른 사람의 운동 능력의 차이를 이해한다.
	바깥에서 신체 활동하기	규칙적으로 바깥에서 신체 활동을 한다.		
	기구를 이용하여 신체 활동하기	여러 가지 기구를 이용하여 신체 활동을 한다.		

<table>
<tr><th rowspan="2">내용 범주</th><th rowspan="2">내용</th><th colspan="3">세부 내용</th></tr>
<tr><th>3세</th><th>4세</th><th>5세</th></tr>
<tr><td rowspan="10">건강하게 생활하기</td><td rowspan="2">몸과 주변을 깨끗이 하기</td><td colspan="2">손과 이를 깨끗이 하는 방법을 알고 실천한다.</td><td>스스로 몸을 깨끗이 하는 습관을 기른다.</td></tr>
<tr><td>주변을 깨끗이 한다.</td><td colspan="2">주변을 깨끗이 하는 습관을 기른다.</td></tr>
<tr><td rowspan="3">바른 식생활하기</td><td colspan="2">음식을 골고루 먹는다.</td><td>적당량의 음식을 골고루 먹는다.</td></tr>
<tr><td>몸에 좋은 음식에 관심을 갖는다.</td><td>몸에 좋은 음식을 알아본다.</td><td>몸에 좋은 음식을 선택할 수 있다.</td></tr>
<tr><td>바른 태도로 식사한다.</td><td colspan="2">음식을 소중히 여기고 식사예절을 지킨다.</td></tr>
<tr><td rowspan="3">건강한 일상생활하기</td><td colspan="3">규칙적으로 잠을 자고, 적당한 휴식을 취한다.</td></tr>
<tr><td colspan="3">하루 일과에 즐겁게 참여한다.</td></tr>
<tr><td>스스로 화장실에서 배변한다.</td><td>바른 배변습관을 가진다.</td><td>규칙적인 배변습관을 가진다.</td></tr>
<tr><td rowspan="2">질병 예방하기</td><td>질병의 위험을 알고 주의한다.</td><td colspan="2">질병을 예방하는 방법을 알고 실천한다.</td></tr>
<tr><td>날씨에 맞게 옷을 입는다.</td><td colspan="2">날씨와 상황에 알맞게 옷을 입는다.</td></tr>
<tr><td rowspan="7">안전하게 생활하기</td><td rowspan="3">안전하게 놀이하기</td><td colspan="2">놀이기구나 놀잇감, 도구를 안전하게 사용한다.</td><td>놀이기구나 놀잇감, 도구의 바른 사용법을 알고 안전하게 사용한다.</td></tr>
<tr><td>안전한 놀이 장소를 안다.</td><td colspan="2">안전한 장소를 알고 안전하게 놀이한다.</td></tr>
<tr><td>TV, 인터넷, 통신기기 등을 바르게 사용한다.</td><td colspan="2">TV, 인터넷, 통신기기 등의 위해성을 알고, 바르게 사용한다.</td></tr>
<tr><td rowspan="2">교통안전 규칙 지키기</td><td>교통안전 규칙을 안다.</td><td colspan="2">교통안전 규칙을 알고 지킨다.</td></tr>
<tr><td colspan="3">교통수단을 안전하게 이용한다.</td></tr>
<tr><td rowspan="2">비상시 적절히 대처하기</td><td>학대, 성폭력, 실종, 유괴 상황을 알고 도움을 요청한다.</td><td colspan="2">학대, 성폭력, 실종, 유괴 상황 시 도움을 요청하는 방법을 알고 행동한다.</td></tr>
<tr><td>재난 및 사고 등 비상시 적절하게 대처하는 방법을 안다.</td><td colspan="2">재난 및 사고 등 비상시 적절하게 대처하는 방법을 알고 행동한다.</td></tr>
</table>

둘째, 의사소통 영역의 목표는 '일상생활에 필요한 의사소통 능력과 바른 언어 사용 습관 기르기' 이며, 이에 대한 영역별 목표는 1) 다른 사람의 말을 주의 깊게 듣는 태도와 이해하는 능력을 기르기, 2) 자신의 생각과 느낌을 말하는 능력 기르기, 3) 글자와 책에 친숙해지는 경험을 통하여 글자 모양을 인식하고 읽기에 흥미 가지기, 4) 말과 글의 관계를 알고 자신의 생각, 느낌, 경험을 글로 표현하는 데 관심 가지기 등 네 가지이다. 의사소통 영역의 영역별 목표에 따른 3-5세 연령별 내용범주와 내용, 세부 내용은 아래 표와 같다.

〈표 2〉 3-5세 누리과정 의사소통영역의 영역별 목표에 맞춘 내용범주 및 내용, 세부 내용

<table>
<tr><th rowspan="2">내용
범주</th><th rowspan="2">내용</th><th colspan="3">세부 내용</th></tr>
<tr><th>3세</th><th>4세</th><th>5세</th></tr>
<tr><td rowspan="7">듣기</td><td rowspan="2">낱말과
문장 듣고
이해하기</td><td colspan="2">낱말의 발음에 관심을 가지고 듣는다.</td><td>낱말의 발음에
관심을 가지고 비슷한
발음을 듣고 구별한다.</td></tr>
<tr><td colspan="2">일상생활과 관련된 낱말과 문장을 듣고
뜻을 이해한다.</td><td>다양한 낱말과 문장을
듣고 뜻을 이해한다.</td></tr>
<tr><td rowspan="2">이야기
듣고
이해하기</td><td>다른 사람의 이야기를
관심 있게 듣는다.</td><td colspan="2">다른 사람의 이야기를 듣고 이해한다.</td></tr>
<tr><td></td><td colspan="2">이야기를 듣고 궁금한 것에 대해 질문한다.</td></tr>
<tr><td rowspan="2">동요,동시,
동화 듣고
이해하기</td><td colspan="2">동요, 동시, 동화를 다양한 방법으로 듣고 즐긴다.</td><td>동요, 동시, 동화를
다양한 방법으로
듣고 이해한다.</td></tr>
<tr><td></td><td colspan="2">전래동요, 동시, 동화를 듣고 우리말의 재미를 느낀다.</td></tr>
<tr><td>바른
태도로
듣기</td><td>말하는 사람을 바라보며
듣는다.</td><td>다른 사람의 이야기를
주의 깊게 듣는다.</td><td>다른 사람의 이야기를
끝까지 주의 깊게 듣는다.</td></tr>
<tr><td rowspan="3">말하기</td><td rowspan="3">낱말과
문장으로
말하기</td><td>친숙한 낱말을
발음해 본다.</td><td>친숙한 낱말을
정확하게 발음해 본다.</td><td>정확한 발음으로 말한다.</td></tr>
<tr><td>새로운 낱말에
관심을 가진다.</td><td>다양한 낱말을
사용하여 말한다.</td><td>다양한 낱말을 사용하여
상황에 맞게 말한다.</td></tr>
<tr><td colspan="2">일상생활에서 일어나는 일들을
간단한 문장으로 말한다.</td><td>일상생활에서
일어나는 일들을
다양한 문장으로 말한다.</td></tr>
</table>

<table>
<tr><th rowspan="2">내용 범주</th><th rowspan="2">내용</th><th colspan="3">세부 내용</th></tr>
<tr><th>3세</th><th>4세</th><th>5세</th></tr>
<tr><td rowspan="6">말하기</td><td rowspan="3">느낌, 생각, 경험 말하기</td><td>자신의 느낌, 생각, 경험을 말해 본다.</td><td>자신의 느낌, 생각, 경험을 말한다.</td><td>자신의 느낌, 생각, 경험을 적절한 낱말과 문장으로 말한다.</td></tr>
<tr><td></td><td colspan="2">주제를 정하여 이야기를 나눈다.</td></tr>
<tr><td></td><td>이야기를 지어 말한다.</td><td>이야기 지어 말하기를 즐긴다.</td></tr>
<tr><td rowspan="3">상황에 맞게 바른 태도로 말하기</td><td></td><td colspan="2">듣는 사람의 생각과 느낌을 고려하여 말한다.</td></tr>
<tr><td>상대방을 바라보며 말한다.</td><td>차례를 지켜 말한다.</td><td>대화 장소, 대상에 알맞게 말한다.</td></tr>
<tr><td colspan="3">바르고 고운 말을 사용한다.</td></tr>
<tr><td rowspan="5">읽기</td><td rowspan="2">읽기에 흥미 가지기</td><td colspan="2">주변에서 친숙한 글자를 찾아본다.</td><td>주변에서 친숙한 글자를 찾아 읽어 본다.</td></tr>
<tr><td colspan="2">읽어 주는 글의 내용에 관심을 가진다.</td><td>읽어주는 글의 내용에 관심을 가지고 읽어 본다.</td></tr>
<tr><td rowspan="3">책 읽기에 관심 가지기</td><td>책에 흥미를 가진다.</td><td colspan="2">책보는 것을 즐기고 소중하게 다룬다.</td></tr>
<tr><td>책의 그림을 단서로 내용을 추측해 본다.</td><td colspan="2">책의 그림을 단서로 내용을 이해한다.</td></tr>
<tr><td></td><td colspan="2">궁금한 것을 책에서 찾아본다.</td></tr>
<tr><td rowspan="4">쓰기</td><td rowspan="3">쓰기에 관심 가지기</td><td>말을 글로 나타내는 것에 관심을 보인다.</td><td colspan="2">말이나 생각을 글로 나타낼 수 있음을 안다.</td></tr>
<tr><td>자기 이름의 글자에 관심을 가진다.</td><td>자기 이름을 써 본다.</td><td>자신의 이름과 주변의 친숙한 글자를 써 본다.</td></tr>
<tr><td></td><td>자신의 느낌, 생각, 경험을 글자와 비슷한 형태로 표현한다.</td><td>자신의 느낌, 생각, 경험을 글자와 비슷한 형태나 글자로 표현한다.</td></tr>
<tr><td>쓰기 도구 사용하기</td><td></td><td>쓰기 도구에 관심을 가지고 사용해 본다.</td><td>쓰기 도구의 바른 사용법을 알고 사용한다.</td></tr>
</table>

셋째, 누리과정 사회관계 영역의 목표는 '자신을 존중하고 다른 사람과 더불어 생활하는 능력과 태도를 기르기' 이다. 이에 대한 영역별 목표는 1) 자신을 소중히 여기며 자율성 기르기, 2) 자신과 타인의 감정을 알고, 자신의 감정을 적절하게 표현하고 조절하기, 3) 가족과 화목하게 지내며 서로 협력하기, 4) 친구, 공동체

구성원들과 서로 돕고, 예의·규칙 등 사회적 가치를 알고 지키기, 5) 우리 동네, 우리나라, 다른 나라에 관심 가지기 등 다섯 가지이다. 사회관계 영역의 영역별 목표에 따른 3-5세 연령별 내용범주와 내용, 세부 내용은 아래 표와 같다.

〈표 3〉 3-5세 누리과정의 사회관계 영역의 영역별 목표에 맞춘 내용범주 및 내용, 세부 내용

<table>
<tr><th rowspan="2">내용
범주</th><th rowspan="2">내용</th><th colspan="3">세부 내용</th></tr>
<tr><th>3세</th><th>4세</th><th>5세</th></tr>
<tr><td rowspan="5">나를 알고 존중하기</td><td rowspan="3">나를 알고, 소중히 여기기</td><td>나에 대해 관심을 갖는다.</td><td colspan="2">나에 대해 알아본다.</td></tr>
<tr><td>나와 다른 사람의 차이에 관심을 갖는다.</td><td>나와 다른 사람의 차이점을 알아본다.</td><td>나와 다른 사람의 신체적, 사회적, 문화적 차이를 존중한다.</td></tr>
<tr><td>나를 소중하게 여긴다.</td><td colspan="2">나에 대해 긍정적으로 생각하고 나를 소중하게 여긴다.</td></tr>
<tr><td rowspan="2">나의 일 스스로 하기</td><td>내가 할 수 있는 일을 알아본다.</td><td>내가 할 수 있는 일을 해 본다.</td><td>내가 할 수 있는 일을 스스로 한다.</td></tr>
<tr><td>내가 하고 싶은 일을 선택해 본다.</td><td colspan="2">하고 싶은 일을 계획하고 해 본다.</td></tr>
<tr><td rowspan="3">나와 다른 사람의 감정 알고 조절하기</td><td rowspan="2">나와 다른 사람의 감정 알고 표현하기</td><td>자신에게 여러 가지 감정이 있음을 안다.</td><td>자신의 감정을 알고 표현한다.</td><td></td></tr>
<tr><td>다른 사람의 감정에 관심을 갖는다.</td><td>다른 사람의 감정을 안다.</td><td>다른 사람의 감정을 알고 공감한다.</td></tr>
<tr><td>나의 감정 조절하기</td><td colspan="2">자신의 감정을 조절해 본다.</td><td>자신의 감정을 상황에 맞게 조절한다.</td></tr>
<tr><td rowspan="4">가족을 소중히 여기기</td><td rowspan="2">가족과 화목하게 지내기</td><td colspan="2">가족의 소중함을 안다.</td><td>가족의 의미와 소중함을 안다.</td></tr>
<tr><td></td><td></td><td>가족과 화목하게 지낸다.</td></tr>
<tr><td rowspan="2">가족과 협력하기</td><td>가족 구성원을 알아본다.</td><td>가족 구성원의 역할에 대해 알아본다.</td><td>다양한 가족구조에 대해 알아본다.</td></tr>
<tr><td>가족을 위하여 내가 할 수 있는 일을 알아본다.</td><td>가족을 위하여 내가 할 수 있는 일을 알아보고 실천한다.</td><td>가족은 서로 도와야 함을 알고 실천한다.</td></tr>
<tr><td rowspan="2">다른 사람과 더불어 생활하기</td><td rowspan="2">친구와 사이좋게 지내기</td><td>친구와 함께 놀이한다.</td><td colspan="2">친구와 협동하며 놀이한다.</td></tr>
<tr><td>나와 친구의 의견에 차이가 있음을 안다.</td><td colspan="2">친구와의 갈등을 긍정적인 방법으로 해결한다.</td></tr>
</table>

<table>
<tr><th rowspan="2">내용 범주</th><th rowspan="2">내용</th><th colspan="3">세부 내용</th></tr>
<tr><th>3세</th><th>4세</th><th>5세</th></tr>
<tr><td rowspan="7">다른 사람과 더불어 생활하기</td><td rowspan="2">공동체에서 화목하게 지내기</td><td></td><td>도움이 필요할 때 다른 사람과 도움을 주고받는다.</td><td>다른 사람과 도움을 주고받고, 서로 협력한다.</td></tr>
<tr><td colspan="3">교사 및 주변 사람과 화목하게 지낸다.</td></tr>
<tr><td rowspan="5">사회적 가치를 알고 지키기</td><td></td><td colspan="2">정직하게 말하고 행동한다.</td></tr>
<tr><td>다른 사람의 소유물을 존중한다.</td><td>다른 사람의 생각, 행동을 존중한다.</td><td>다른 사람을 배려하여 행동한다.</td></tr>
<tr><td></td><td colspan="2">친구와 어른께 예의 바르게 행동한다.</td></tr>
<tr><td>약속과 규칙을 지켜야 함을 안다.</td><td colspan="2">다른 사람과 한 약속이나 공공규칙을 지킨다.</td></tr>
<tr><td></td><td colspan="2">자연과 자원을 아끼는 습관을 기른다.</td></tr>
<tr><td rowspan="8">사회에 관심 갖기</td><td rowspan="3">지역사회에 관심 갖고 이해하기</td><td>우리 동네의 이름을 안다.</td><td colspan="2">우리 동네에 대해 알아본다.</td></tr>
<tr><td>우리 동네 사람들에 관심을 갖는다.</td><td>우리 동네 사람들이 하는 일에 관심을 갖는다.</td><td>다양한 직업에 관심을 갖는다.</td></tr>
<tr><td></td><td>물건을 살 때 돈이 필요함을 안다.</td><td>일상생활에서 돈의 쓰임에 대해 한다.</td></tr>
<tr><td rowspan="3">우리나라에 관심 갖고 이해하기</td><td>우리나라를 상징하는 것에 관심을 가진다.</td><td>우리나라를 상징하는 것을 안다.</td><td>우리나라를 상징하는 것을 알고 예절을 지킨다.</td></tr>
<tr><td colspan="2">우리나라의 전통놀이와 풍습에 관심을 갖는다.</td><td>우리나라의 전통, 역사, 문화에 관심을 갖는다.</td></tr>
<tr><td></td><td colspan="2">우리나라에 대해 자부심을 갖는다.</td></tr>
<tr><td rowspan="2">세계와 여러 문화에 관심 가지기</td><td></td><td>세계 여러 나라에 대해 관심을 갖는다.</td><td>세계 여러 나라에 대해 관심을 갖고, 서로 협력해야 함을 안다.</td></tr>
<tr><td></td><td>다양한 인종과 문화에 관심을 갖는다.</td><td>다양한 인종과 문화를 알아보고 존중한다.</td></tr>
</table>

넷째, 예술경험 영역은 '아름다움에 관심을 가지고 예술 경험을 즐기며, 창의적으로 표현하는 능력을 기르기' 에 목표를 둔다. 영역별 목표는 1) 자연과 주변 환경에서 발견한 아름다움과 예술적 요소에 관심을 갖고 탐색하기, 2) 자신의 생각과 느낌을 음악, 움직임과 춤, 미술, 극놀이를 통해 창의적으로 표현하는 것

을 즐기기 3) 자연과 다양한 예술 작품을 감상하며, 풍부한 감성과 심미적 태도를 기르기 등 세 가지이다. 예술경험 영역의 영역별 목표에 따른 3-5세 연령별 내용범주와 내용, 세부 내용은 아래 표와 같다.

〈표 4〉 3-5세 누리과정 예술경험 영역의 영역별 목표에 맞춘 내용범주 및 내용, 세부 내용

<table>
<tr><th rowspan="2">내용
범주</th><th rowspan="2">내용</th><th colspan="3">세부 내용</th></tr>
<tr><th>3세</th><th>4세</th><th>5세</th></tr>
<tr><td rowspan="3">아름다움 찾아보기</td><td>음악적 요소 탐색하기</td><td colspan="2">다양한 소리, 음악의 셈여림, 빠르기, 리듬 등에 관심을 갖는다.</td><td>다양한 소리, 악기 등으로 음악의 셈여림, 빠르기, 리듬 등을 탐색한다.</td></tr>
<tr><td>움직임과 춤 요소 탐색하기</td><td colspan="2">움직임과 춤의 모양, 힘, 빠르기 등에 관심을 갖는다.</td><td>움직임과 춤의 모양, 힘, 빠르기, 흐름 등을 탐색한다.</td></tr>
<tr><td>미술적 요소 탐색하기</td><td colspan="2">자연과 사물의 색, 모양, 질감 등에 관심을 갖는다.</td><td>자연과 사물에서, 색, 모양, 질감, 공간 등을 탐색한다.</td></tr>
<tr><td rowspan="7">예술적 표현하기</td><td rowspan="4">음악으로 표현하기</td><td>간단한 노래를 듣고 따라 부른다.</td><td colspan="2">노래로 자신의 생각과 느낌을 표현한다.</td></tr>
<tr><td colspan="3">전래동요를 즐겨 부른다.</td></tr>
<tr><td>리듬악기로 간단한 리듬을 표현해 본다.</td><td colspan="2">리듬악기를 연주해 본다.</td></tr>
<tr><td colspan="2">간단한 리듬과 노래를 즉흥적으로 만들어 본다.</td><td>리듬과 노래 등을 즉흥적으로 만들어 본다.</td></tr>
<tr><td rowspan="3">움직임과 춤으로 표현하기</td><td colspan="2">신체를 이용하여 주변의 움직임을 자유롭게 표현한다.</td><td>신체를 이용하여 주변의 움직임을 다양하게 표현하며 즐긴다.</td></tr>
<tr><td colspan="3">움직임과 춤으로 자신의 생각과 느낌을 표현한다.</td></tr>
<tr><td colspan="2">도구를 활용하여 다양한 움직임으로 표현한다.</td><td>다양한 도구를 활용하여 창의적으로 움직인다.</td></tr>
</table>

<table>
<tr><th rowspan="2">내용범주</th><th rowspan="2">내용</th><th colspan="3">세부 내용</th></tr>
<tr><th>3세</th><th>4세</th><th>5세</th></tr>
<tr><td rowspan="7">예술적 표현하기</td><td rowspan="3">미술 활동으로 표현하기</td><td>다양한 미술활동을 경험해 본다.</td><td colspan="2">다양한 미술활동으로 자신의 생각과 느낌을 표현한다.</td></tr>
<tr><td></td><td>협동적인 미술활동에 참여한다.</td><td>협동적인 미술활동에 참여하여 즐긴다.</td></tr>
<tr><td>미술활동에 필요한 재료와 도구에 관심을 가지고 사용한다.</td><td colspan="2">미술활동에 필요한 재료와 도구를 다양하게 사용한다.</td></tr>
<tr><td rowspan="2">극놀이로 표현하기</td><td>일상생활의 경험을 극놀이로 표현한다.</td><td>일상생활의 경험이나 간단한 이야기를 극놀이로 표현한다.</td><td>경험이나 이야기를 극놀이로 표현한다.</td></tr>
<tr><td></td><td colspan="2">소품, 배경, 의상 등을 사용하여 협동적으로 극놀이를 한다.</td></tr>
<tr><td rowspan="2">통합적으로 표현하기</td><td></td><td colspan="2">음악, 움직임과 춤, 미술, 극놀이 등을 통합하여 표현한다.</td></tr>
<tr><td colspan="2">예술 활동에 참여하여 표현과정을 즐긴다.</td><td>예술 활동에 참여하여 창의적으로 표현하는 과정을 즐긴다.</td></tr>
<tr><td rowspan="3">예술 감상하기</td><td rowspan="2">다양한 예술 감상하기</td><td>다양한 음악, 춤, 미술작품, 극놀이 등을 듣거나 본다.</td><td colspan="2">다양한 음악, 춤, 미술작품, 극놀이 등을 듣거나 보고 즐긴다.</td></tr>
<tr><td colspan="3">나와 다른 사람의 예술 표현을 소중히 여긴다.</td></tr>
<tr><td>전통예술 감상하기</td><td colspan="2">우리나라의 전통예술에 관심을 갖는다.</td><td>우리나라의 전통예술에 관심을 갖고 친숙해진다.</td></tr>
</table>

다섯째, 자연탐구 영역의 목표는 '호기심을 가지고 주변 세계를 탐구하며, 일상생활에서 수학적·과학적으로 생각하는 능력과 태도를 기르기'에 있다. 영역별 목표는 1) 주변의 사물과 자연 세계에 대해 알고자 하는 호기심을 가지고 탐구하는 태도 기르기, 2) 생활 속의 여러 상황과 문제를 논리·수학적으로 이해하고 해결하기 위한 기초 능력을 기르기, 3) 주변의 관심 있는 사물과 생명체 및 자연현상을 탐구하기 등 세 가지이다. 자연탐구 영역의 영역별 목표에 맞추어 구성한 3–5세 연령별 내용범주와 내용, 세부 내용은 아래 표와 같다.

〈표 4〉 3-5세 누리과정 자연탐구 영역의 영역별 목표에 맞춘 내용범주 및 내용, 세부 내용

<table>
<tr><th rowspan="2">내용
범주</th><th rowspan="2">내용</th><th colspan="3">세부 내용</th></tr>
<tr><th>3세</th><th>4세</th><th>5세</th></tr>
<tr><td rowspan="4">탐구
하는
태도
기르기</td><td>호기심을
유지하고
확장하기</td><td>주변 사물과 자연세계에 대해 호기심을 갖는다.</td><td>주변 사물과 자연세계에 대해 지속적으로 호기심을 갖는다.</td><td>주변 사물과 자연세계에 대해 지속적으로 호기심을 갖고 알고자 한다.</td></tr>
<tr><td rowspan="2">탐구과정
즐기기</td><td>궁금한 점을 알아보는 과정에 흥미를 갖는다.</td><td>궁금한 점을 알아보는 탐구과정에 관심을 가지고 참여한다.</td><td>궁금한 점을 알아보는 탐구과정에 참여하고 즐긴다.</td></tr>
<tr><td></td><td></td><td>탐구과정에서 서로 다른 생각에 관심을 갖는다.</td></tr>
<tr><td>탐구기술
활용하기</td><td></td><td>일상생활의 문제를 해결하는 과정에서 탐색, 관찰 등의 방법을 활용해 본다.</td><td>일상생활의 문제를 해결하는 과정에서 탐색, 관찰, 비교, 예측 등의 탐구 기술을 활용해 본다.</td></tr>
<tr><td rowspan="8">수학적
탐구
하기</td><td rowspan="4">수와
연산의
기초 개념
알아보기</td><td>생활 속에서 수에 관심을 갖는다.</td><td colspan="2">생활 속에서 사용되는 수의 여러 가지 의미를 안다.</td></tr>
<tr><td>구체물 수량의 많고 적음을 비교한다.</td><td>구체물 수량에서 '같다' '더 많다' '더 적다'의 관계를 안다.</td><td>구체물 수량의 부분과 전체 관계를 알아본다.</td></tr>
<tr><td>다섯 개가량의 구체물을 세어 보고 수량에 관심을 갖는다.</td><td>열 개가량의 구체물을 세어 보고 수량을 알아본다.</td><td>스무 개가량의 구체물을 세어 보고 수량을 알아본다.</td></tr>
<tr><td></td><td></td><td>구체물을 가지고 더하고 빼는 경험을 해 본다.</td></tr>
<tr><td rowspan="4">공간과
도형의
기초 개념
알아보기</td><td>나를 중심으로 앞, 뒤, 옆, 위, 아래를 알아본다.</td><td colspan="2">위치와 방향을 여러 가지 방법으로 나타내 본다.</td></tr>
<tr><td></td><td></td><td>여러 방향에서 물체를 보고 그 차이점을 비교해 본다.</td></tr>
<tr><td>물체의 모양에 관심을 갖는다.</td><td>기본 도형의 특성을 인식한다.</td><td>기본 도형의 공통점과 차이점을 알아본다.</td></tr>
<tr><td></td><td colspan="2">기본 도형을 사용하여 여러 가지 모양을 구성해 본다.</td></tr>
</table>

<table>
<tr><th rowspan="2">내용 범주</th><th rowspan="2">내용</th><th colspan="3">세부 내용</th></tr>
<tr><th>3세</th><th>4세</th><th>5세</th></tr>
<tr><td rowspan="7">수학적 탐구하기</td><td rowspan="2">기초적인 측정하기</td><td>두 물체의 길이, 크기를 비교해 본다.</td><td>일상생활에서 길이, 크기, 무게 등을 비교해 본다.</td><td>일상생활에서 길이, 크기, 무게, 들이 등의 속성을 비교하고, 순서를 지어 본다.</td></tr>
<tr><td></td><td></td><td>임의 측정 단위를 사용하여 길이, 면적, 들이, 무게 등을 재 본다.</td></tr>
<tr><td rowspan="2">규칙성 이해하기</td><td>생활 주변에서 반복되는 규칙성에 관심을 갖는다.</td><td>생활 주변에서 반복되는 규칙성을 알아본다.</td><td>생활 주변에서 반복되는 규칙성을 알고 다음에 올 것을 예측해 본다.</td></tr>
<tr><td></td><td>반복되는 규칙성을 인식하고 모방한다.</td><td>스스로 규칙성을 만들어 본다.</td></tr>
<tr><td rowspan="3">기초적인 자료 수집과 결과 나타내기</td><td></td><td colspan="2">필요한 정보나 자료를 수집한다.</td></tr>
<tr><td>같은 것끼리 짝을 짓는다.</td><td>한 가지 기준으로 자료를 분류해 본다.</td><td>한 가지 기준으로 분류한 자료를 다른 기준으로 재분류해 본다.</td></tr>
<tr><td></td><td></td><td>그림, 사진, 기호나 숫자를 사용해 그래프로 나타내 본다.</td></tr>
<tr><td rowspan="6">과학적 탐구하기</td><td rowspan="2">물체와 물질 알아보기</td><td>친숙한 물체와 물질의 특성에 관심을 갖는다.</td><td>친숙한 물체와 물질의 특성을 알아본다.</td><td>주변의 여러 가지 물체와 물질의 기본 특성을 알아본다.</td></tr>
<tr><td></td><td colspan="2">물체와 물질을 여러 가지 방법으로 변화시켜 본다.</td></tr>
<tr><td rowspan="4">생명체와 자연환경 알아보기</td><td colspan="2">나이 출생과 성장에 대해 관심을 갖는다.</td><td>나와 다른 사람의 출생과 성장에 대해 알아본다.</td></tr>
<tr><td>주변의 동식물에 관심을 가진다.</td><td>관심 있는 동식물의 특성을 알아본다.</td><td>관심 있는 동식물의 특성과 성장 과정을 알아본다.</td></tr>
<tr><td colspan="3">생명체를 소중히 여기는 마음을 갖는다.</td></tr>
<tr><td></td><td>생명체가 살기 좋은 환경에 대해 관심을 갖는다.</td><td>생명체가 살기 좋은 환경과 녹색환경에 대해 알아본다.</td></tr>
</table>

<table>
<tr><th rowspan="2">내용 범주</th><th rowspan="2">내용</th><th colspan="3">세부 내용</th></tr>
<tr><th>3세</th><th>4세</th><th>5세</th></tr>
<tr><td rowspan="5">과학적 탐구 하기</td><td rowspan="3">자연현상 알아보기</td><td>돌, 물, 흙 등 자연물에 관심을 갖는다.</td><td colspan="2">돌, 물, 흙 등 자연물의 특성과 변화를 알아본다.</td></tr>
<tr><td></td><td></td><td>낮과 밤, 계절의 변화와 규칙성을 알아본다.</td></tr>
<tr><td>날씨에 관심을 갖는다.</td><td>날씨와 기후 변화에 관심을 갖는다.</td><td>날씨와 기후 변화 등 자연현상에 대해 관심을 갖는다.</td></tr>
<tr><td rowspan="2">간단한 도구와 기계 활용하기</td><td>생활 속에서 간단한 도구와 기계에 관심을 갖는다.</td><td colspan="2">생활 속에서 간단한 도구와 기계를 활용한다.</td></tr>
<tr><td colspan="2">도구와 기계의 편리함에 관심을 갖는다.</td><td>변화하는 새로운 도구와 기계에 관심을 갖고 장단점을 안다.</td></tr>
</table>

이상 2013년부터 시행되기 시작한 누리과정에 나타나듯이, 우리나라 유아교육 및 보육은 3-5세 유아들의 심신의 건강과 조화로운 발달을 도와 민주 시민의 기초를 형성하려는 목적을 지향하고 있다. 유아들의 기본운동 능력과 건강하고 안전한 생활 습관, 일상생활에 필요한 의사소통 능력과 바른 언어 사용 습관, 자신을 존중하고 다른 사람과 더불어 생활하는 능력과 태도, 아름다움에 관심을 가지고 예술 경험을 즐기며 창의적으로 표현하는 능력, 호기심을 가지고 주변 세계를 탐구하며 일상생활에서 수학적·과학적으로 생각하는 능력과 태도를 길러 줌으로써, 민주적인 우리 사회를 구성하고 참여하며 이끌어갈 민주 시민으로서의 바탕을 키워 주려는 것이다.

한편 누리과정의 신체운동·건강 영역, 의사소통 영역, 사회관계 영역, 예술경험 영역, 자연탐구 영역 등의 영역별 목표에 나타난 세부 내용들은, 누리과정의 목적 및 목표와 함께, '생각하기, 즉 사고'와의 불가분의 관계를 보여 준다. 다시 말해 누리과정의 세부 내용들은 앞서 살펴본 '생각하기'의 개념적 정의와 의미를 기저로 하고 있다. 경험하기, 활용하기, 인식하기, 조절하기, 자발적으로 참여하기, 방법을 알아보기, 깨끗이 하기, 관심 가지기, 주의 기울이기, 위험 알아채기, 규칙 알기, 도움 요청하기, 이해하기, 문장으로 말하기, 생각 말하기, 글자 찾아보기, 고운 말 사용하기, 추측하기, 차이에 관심 갖기, 선택하기, 나에 대해 관심 갖기, 여러 감정 알아채기, 소중함 알기, 차이를 알기, 화목하게 지내기, 타인의 소유물 존중하기, 이름 알기, 풍습에 관심 갖기, 아름다움 찾아보기, 감상하기, 탐색하기, 즉흥적으로 만들어 보기, 생각을 표현하기, 통합적으로 표현하기, 호기심 가지기, 탐구과정에 참여하기, 관찰하기, 비교하기, 의견 차이 알기, 예측하기, 부분과 전체 관계 알기, 수량 알아보기, 공통점과 차이점 알아보기, 장단점 알기, 모양 구성하기, 속성 비교하기, 측정하기, 규칙 지키기, 규칙성 알기, 규칙성 만들기, 자료 수집하기, 분류하기, 기준에 따라 재분류하기, 특성 알기, 변화시키기, 과정을 알기, 생명체를 소중히 여기는 마음 갖기 등등, 생각 내지 사고의 모든 국면들이 유아들을 위한 누리과정의 근간을 이루고 있는 것이다.

유아들은, 앞서 말했듯이, 자신의 순수한 눈으로 감각한 대로 받아들이고 이를 자신의 생각에 반영하며, 점차 자신의 눈에 보이는 현상과 실체를 구분하려 추론하고, 세상에 존재하는 것들의 이름과 목적, 의미를 알아가고, 더불어 살아가는 세상 속에서 옳고 그름, 선과 악을 구분하며 아름다움을 키워 간다. 논리적으로 인식하고, 세계 내 존재에 대한 형이상학적 의문을 키우며, 함께 나누고 공유하는 도덕적 삶 속에 배려를 실천하고, 미적 조화와 고양된 삶의 평화를 추구하는 창의적인 인간으로서, 단적으로 말해 철학하는 인간으로서, 우리 유아들이 바로 이 시간을 함께 숨 쉬고 여기 이 공간에서 함께 살아가고 있는 것이다.

누리과정으로 실현되는 우리나라 유아교육과 보육은 유아들의 사고와 사고교육에서 출발한다. 가장 기본적인 논리적 사고부터 '비판적인, 도덕적인, 창의적인 사고'를 포섭하는, 즉 "철학적인 사고"가 이미 유아들의 세계와 함께 하고 있다. 유아들을 위한 교육과 보육이 철학적 사고 및 철학적 탐구에 관심을 기울여야 하는 근거이다.

✤ '생각'과 그림책

폴란드 출신 그림책 작가 이보나 흐미엘레프스카(Chmielewska, 2004)는 그림책에서 '생각이 무엇인지'를 생각하며 풀어낸다. 흐미엘레프스카는 생각이란 깊숙이 감출 수도 또 꺼내어 재미있게 가지고 놀 수도 있는 것이라고 말하며, 유아들이 말 · 그림 · 노래 · 몸 · 춤으로, 혼자서 또 여럿이 함께 세상을 알아가는 길이 생각함에 있음을 함축적인 글과 그림으로 보여 준다.

생각은 무엇일까?
글쎄……. 한번 생각해 볼까?

-중략-

생각은
그림과 이야기가 가득한 아름다운 책 아닐까?
그럴지도 몰라.
생각 속에서 나는 그림을 그리고 이야기를 지어 내니까.

-중략-

생각은 이야기할 수 있고,
가지고 놀 수도 있고,
그릴 수도 있고,
쓸 수도 있고,
춤추게 할 수도 있어요.
생각으로는 뭐든지 할 수 있어요.
무엇보다도 생각은
말하지 않고 가만히 깊이 감춰 놓을 수 있어요.
아무것도 아닌 것 같지만
모든 것이 될 수 있는 게
바로 생각이에요.

Chmielewska, I. (2004). 생각. 이지원 역. 논장.

Ⅱ. 유아와 철학 세계

1. 코메니우스

현대 유아교육의 기초를 마련한 교육사상가 코메니우스(Johann Amos Comenius, 1592~1670)는 어머니의 슬하에서 자라는 유아가 어린 시기에 익히고 배워야 할 교육과정을 소개하였다. 나무에서 맨 처음 돋은 가지들이 훗날 가장 중요한 큰 가지가 되는 것과 같이, 유아 시기에 맨 처음의 학교, 즉 어린이무릎학교에서 뿌린 씨앗이 일평생의 여행을 위해 구비해야 할 모든 필요한 지식으로 꽃피고 열매 맺기 때문이다.

코메니우스는 지식을 형이상학, 자연학, 광학, 천문학, 지리학, 연대학, 역사, 산술, 기하학, 통계학, 기계학, 변증법, 모국어, 수사학, 시학, 음악, 가정경제운영, 정치학, 도덕(윤리), 종교 등 20개 항목으로 정리하고, 유아기에 이러한 모든 지식의 기초를 익혀야 한다고 하였다(Comenius, 2007). 여기서 주목할 것은 일생을 통하여 배우고 알아야 할 교육과정, 즉 모든 지식의 기초 중에 철학적 사고의 영역이 자리 잡고 있다는 점이다. 어린이무릎학교 시기에 유아가 배워야 할 지식의 기초 중에는 형이상학, 변증법의 기초, 그리고 윤리학의 기본인 도덕이 포함되어 있다. 코메니우스는 형이상학적 사고, 논리적 사고, 그리고 윤리적 사고 등, 즉 철학적 사고의 기초가 유아기에 형성될 수 있음을 꿰뚫고 있었던 것이다.

코메니우스에 따르면, 유아가 접하는 최초의 개념들은 일반적이며 막연하기 때문에, 이른바 형이상학이 모든 지식의 구축에 있어서 출발점이 되어야 한다.

유아들은 보고, 듣고, 맛보고, 만져 보지만 그러한 감각을 정확하게 분별하지 못한다. 그러므로 유아들은 전체적인 개념들, 즉 어떤 것, 아무것도 아닌 것, 있다, 없다, 이런 것, 그게 아닌 것, 어디, 언제, 그와 같은 것, 그와 다른 것 등등을 학습함으로 시작하여야 한다. 그리고 이것이 바로 형이상학의 최초의 개념들이다. 유아기를 포함한 모든 인간발달 단계에서 철학이 가능하다는 현대 철학자들의 인식이 있기 400여 년 전, 코메니우스(1999)는 이미 유아들이 삶 속에서 형이상학적 개념과 만나고 있으며, 만나야 한다고 역설했던 것이다.

101. 철학

자연철학자는 세계에 있는 신의 모든 피조물을 관찰합니다.
형이상학자는 사물의 원인과 결과를 탐구합니다.
산술학자는 더하거나 빼거나 곱하거나 나누어서 계산합니다.
이때 양피지에 숫자를 적거나 계산판 위에서 숫자알을 이용해서 계산합니다.
농부는 12, 15, 60의 단위를 10자형(Ⅹ)과 5자형(Ⅴ)으로 셉니다.

Comenius, J. A. (1999). 세계 최초의 그림 교과서. 남혜승 역. 씨앗을뿌리는사람. 122.

또한 코메니우스는 유아들의 사고를 키우는 대화법에 주목하고 있다. 유아는 대화란 질문과 답으로 진행된다는 것을 관찰함으로써, 변증법, 즉 사고의 기술을 알게 된다. 유아가 스스로 묻고 답하는 습관을 가지게 될 때 변증법적 사고는 시작된다. 따라서 그는 유아에게 요령 있게 질문하고 바르게 답하는 방법을 가르쳐 주어야 하며, 또한 제목과 다른 곁길로 빠지지 않도록 지도해 주어야 한다고 말한다. 자신의 사고와 행위의 근거를 밝히고, 주변 상황의 원인과 결과를 파악하며, 함께 대화하고 소통하는 가운데 논리의 출발점과 종착점, 즉 시작과 끝이 일관된 논리 전개가 이루어지도록 유아기부터 대화법에 익숙해져야 한다는 것이다.

입문

교사: 이리로 오렴. 현명해지기 위해서는 공부를 해야 한단다.
학생: 현명해진다는 것은 어떤 건가요?
교사: 필요한 모든 것을 올바르게 이해하고 올바르게 행동하고, 올바르게 말하

는 것이란다.

학생: 그런 것을 누가 가르쳐 주나요?

교사: 신의 도움을 받아 내가 가르쳐 준단다.

학생: 어떻게요?

교사: 내가 모든 사물을 통해 이끌어 주마. 내가 모든 것을 제시하고 그 이름을 가르쳐 주겠다.

학생: 알겠습니다. 저를 신의 이름으로 이끌어 주세요.

Comenius, J. A. (1999). 세계 최초의 그림 교과서. 남혜승 역. 씨앗을뿌리는사람. 16.

특히 유아기에 가장 견고하게 닦아 두어야 할 내용으로서 코메니우스는 도덕(윤리)을 강조한다. 훌륭한 교육을 받은 청소년들에게는, 즉 유아가 성장함에 따라, 덕의 실천은 제2의 본성이 되어 있어야 하기 때문이다(Comenius, 2007). 절제, 청결함, 경외함, 순종, 진실, 정의, 사랑하기, 무위함을 견딜 수 없는 마음, 소언(少言) 또는 완전한 침묵, 인내심, 친절한 마음과 타인 돕기, 예법 등을 유아기에 훈련하여 몸에 배도록 익혀 두어야 한다는 것이다. 훗날 어른이 되었을 때 진실을 견지하고 정의를 실천하며 타인을 도울 줄 알고 영적 경외심을 지닌 인간으로서 도덕적 사고와 행위가 일치된 도덕적(윤리적) 삶을 살아가기 위해서는, 유아기에 도덕적 행위의 반복적 실천과 훈련으로 튼튼한 도덕적 뿌리를 내려야 한다는 것이다.

109. 윤리학

이 세상에는 하나의 길 아니면 피타고라스의 문자처럼 갈림길이 있습니다.

왼쪽 길은 넓고 오른쪽은 좁습니다.

넓은 길은 악덕의 길이고 좁은 길은 덕의 길입니다.

젊은이들이여 주의하십시오. 헤라클레스가 되십시오!

왼쪽을 지나쳐서 악덕을 피하십시오. 그 입구는 훌륭하지만 출구는 보기 흉하고 험난한 것입니다. 아무리 가시밭길일지라도 오른쪽 길을 걸으십시오.

덕을 찾아내지 못하는 길은 결코 없습니다. 덕이 이끄는 곳으로 가십시오.

좁은 곳을 통과해서 숭고함이 있는 곳으로, 명예의 성으로.

가운데 길, 똑바른 진로를 선택하십시오. 그러면 확실하게 나아갈 수 있을 것입니다.

오른쪽 길에서 벗어나지 않도록 조심하십시오. 제멋대로 움직이는 말에서 떨어지지 않도록 제어하십시오.

왼쪽 길에 들어서서 당나귀처럼 나태에 빠지지 않도록 충분한 주의를 기울이십시오.

Comenius, J. A. (1999). 세계 최초의 그림 교과서. 남혜승 역. 씨앗을뿌리는사람. 131.

2. 플라톤(Platon)

오늘날 유아의 철학적 사고에 대한 보다 적극적인 관심과 이해는 고대 플라톤의 가지적(可知的) 세계를 지향하는 영혼에 대한 이해를 통해서도 가능하다. 플라톤(1987)은 세계에 대한 인식을 정신적 전환으로, 다시 말해 감각적인 세계, 즉 신체의 세계를 떠나 가지적 세계로 상승하는 것으로 이해한다. 그는 감각만으로는 극복할 수 없는 오류 가득한 세계 인식을 넘어서 밝은 태양 아래 참된 진리가 빛나는 가지적 세계를 찾아가는 과정을 동굴의 비유를 통해 극적으로 보여 준다(남경희, 1991; 박종현, 2003; 임태평, 1996; 듀스, 2007).

플라톤에 따르면, 영혼은 오류로부터 벗어나도록 교육받으며, 이 과정에는 고통이 수반된다(남경희, 1991). 감각적 또는 신체적 계기로 인한 인식은 참된 진리를 알려 주지 못하므로, 영혼은 더 이상 무엇이 옳고 무엇이 그른가를 말할 수 없다. 영혼은 그릇된 확실성에 기초하지 않고, 사물의 원리, 나아가 사물의 가지성(可知性)을 밑받침해 주는 궁극적인 원리로 몸을 돌려 올라가야 한다. 진리를 발견하기 위해서는 감각적인 것으로부터 눈을 돌려 가지적인 형상들을 관조해야 한다는 것이다. 인간의 신체로 접하는 감각적 세계에 대한 부정적이고 비판적인 인식이 철학적 사고의 출발이라는 말이다. 유아로 하여금 신체적 감각을 통해 인식한 사물의 세계가 오류를 내포하고 있음을 알게 하고, 유아를 비롯한 모든 이들로 하여금 참된 진리, 즉 이데아의 세계로 나아갈 수 있는 사고 방법에 대한 관심과 이해를 촉구하는 것이다.

제7권 1

"…… 그러면 그 다음에, 교육이 있는 경우와 없는 경우에 관해서 우리 인간의 본성을 다음과 같은 상태와 비슷하다고 생각해 보게. 즉, 땅 밑에 있는 동굴 모양의 거처에서 살고 있는 사람들을 상상해 주게. 길게 뻗어 있는 입구가 빛이 있는 쪽을 향해서 동굴 전체의 넓이만큼 열려 있네. 그리고 그 사람들은 그 거처 속에서 어려서부터 발과 목이 묶여 있기 때문에 같은 자리에만 머물러 있고, 그 사슬로 해서 머리를 뒤로 돌릴 수가 없으니 그저 앞만 보고 있게 되네. 그리고 또 이렇게도 상상해 보게. 그들의 뒤로 높고 먼 곳에 불이 타고 있어서, 그 불빛이 그들을 비추고 있는데, 그 불과 죄수들과의 사이에는 길 하나가 뒤쪽으로 나 있고 그 길을 따라 벽이 세워져 있다 하세. 그건 마치 인형 조종사 앞에 칸막이가 놓여 있어서, 그 위에서 구경꾼들에게 꼭두각시놀음을 보여 주는 것과 같은 경우가 되고 있는 것일세."

-중략-

그렇게 해서 마지막으로는 태양을 볼 수 있게 되겠는데, 그것도 물 위라든가 태양이 낯선 딴 곳에 비친 그 영상이 아니라, 태양 그 자체를 그 자신의 자리에서 확실하게 보고서 그것이 어떤 것인지를 관찰하게 될 것이라고 나는 생각하네.

그리고 다음엔, 태양에 관해서 이렇게 추리를 하게 될 걸세. 즉, 태양이야말로 계절과 세월의 흐름을 가져다 주는 것, 그리고 눈에 보이는 세계에 있는 모든 것을 주관하는 것이고, 또 자기들이 과거에 보고 있었던 온갖 것에 대해서도 어떤 의미에선 그 원인이 되고 있는 것이라고 말일세.

Platon(1999). 국가/소크라테스의 변명. 조우현 역. 삼성출판사. 276-278.

3. 듀이(Dewey, J.)

한편 유아의 철학적 사고에 대한 이해는 인간 사회 내 경험의 성장을 목적하는 듀이의 사고 및 탐구 개념과도 연계된다(Dewey, 1979). 듀이 철학의 단초는 우리네 실제 삶이다. 사회는 인간 삶의 주요한 일면으로서, 듀이에게 현대인의 삶은 사회와 분리될 수 없다. 실제의 삶 속에서 철학의 과제를 발견하고 탐구하며 이를 통해 삶의 의미를 부여하고자 한 듀이에게 있어서, 인간의 삶은 성장의 과정이며 우리가 소망하는 좋은 삶은 곧 바른 성장이다. 성장은 경험의 성장으로서, 곧 인간과 환경과의 지속적인 상호작용의 과정과 결과이다. 이때 상호작용의 수단은 대화이며, 공동체 의식도 이렇게 획득되는 경험이다.

유아가 경험한다는 의미는 유아의 능동적 수행이 통합되어 형성되는 것이며, 유아의 삶의 현장, 즉 가정이나 유치원에서 유아가 적극적으로 탐구활동을 수행할 때 경험은 성장되어 간다. 탐구가 성공적으로 수행되기 위해서는 지적 능력이 필요하며, 이러한 지적 능력의 작용이 사고이다. 그리고 지력이 작용하여 문제 상황을 해결하는 사고가 바로 탐구로서, 유아는 일상적 삶의 맥락에서 일어나는 일들에 대한 다의적인 해석이 가능하도록 전체를 바라보는 안목과 아울러 자신들의 일상적 삶을 사유하는, 즉 사고하고 탐구하는 기회를 필요로 한다. 유아의 개인적 경험이 단면적이고 부족하기 때문에 다수의 유아가 모여 공동체를 이루고 서로의 삶의 경험을 공유하고 사고하며 함께 반성하고 탐구하여야 하는 것이다.

듀이(1980)에 있어서 사고한다는 것은 즉각적인 욕망에 따라 행동하기를 중단하는 것을 의미하며, 욕망이 보다 일관성 있는 행동과 관련을 맺을 수 있도록 욕망을 조절한다는 것을 의미한다. 이때 우리는 눈, 귀, 또는 손을 사용하여 우리 주변에 놓여 있는 객관적인 상황을 예의 주시하기도 하고 과거에 있었던 일을 회상하기도 한다. 이리하여 사고는 충동에 따라 즉각적으로 행동하는 것을 중단하도록 하며, 주변 상황에 대하여 관찰한 내용과 과거 경험에서 얻은 지식을 기억해 내고, 이러한 관찰과 회상된 지식을 총동원하여 현재 사태를 판단함으로써 욕망을 스스로 통제하도록 한다. 관찰된 사실과 회상된 지식을 총동원하여 충동을 어떤 식으로 조절할 것인가를 판단하는 것이 사고 작용의 핵심이 되는 것이다.

단적으로 말해 사고는 문제된 생활을 해결하기 위한 도구이다. 듀이에 의하면 지식은 인간과 환경이 상호작용하는 경험으로부터 나오는 것이며, 경험을 가장 효율적으로 통제하는 방법이 바로 반성적 사고(이상욱, 2008)이다. 반성적 사고는 지식 획득의 방식으로서 가장 지적인 경험의 방식이며, 상황이나 대상에 자신의 생각을 비추어 현실성과 과학적 증거를 가지고 하는 사고이다. 이는 반사적 사고(reflective thinking), 본격적 · 과학적 사고, 반향적 · 되비침적 · 탐구적 사고라고 일컬어지기도 한다(방인옥, 1994).

반성적 사고는 우선 문제 상황의 인식에서 출발하여, 문제와 관련된 제반 자료를 수집한다. 다음으로 반성적 사고는 자료를 바탕으로 가정을 설정하고 이러한 가정과 가설을 검토하며 검토한 결과로 정의를 내린다. 앞서 설정된 가정을 검증할 수 있도록 추리를 통하여 실제적 적용 과정에서 검토하고 하나의 이론으로 정의 내리는 것이다. 요약하면, '문제 인식 → 자료 수집 → 가설 설정 → 가설 검증 → 일반화' 의 단계를 따르는 사고가 반성적 사고인 것이다.

> 반성적 경험은 … 다음과 같은 일반적인 특징이 나타난다. 1) 아직 그 성격이 충분히 결정되지 않은 불완전한 상황에 연루되어 있다는 사실 때문에 겪는 난처함 · 혼란 · 의혹, 2) 추측적 예상-어떠한 결과를 초래하는 경향이 있는 주어진 요소들에 대한 실험적 해석, 3) 현재의 문제를 규정하고, 명백하게 할 모든 얻을 수 있는 고찰에 대한 정밀한 검토(검사 · 조사 · 탐색 · 분석), 4) 실험적 가정들을 광범위한 사실에 부합하도록 더 정확하고 더 모순 없는 것으로 만들기 위한 계속적인 정교화 작업, 5) 설정된 가정의 한쪽 입장을 사태의 현재 상황에 적용할 행동 계획으로 택하는 것, 즉 예견된 결과가 발생하도록 공연히 어떠한 행동을 함으로써 가정을 시험하는 것 등이다. 실험과 오류의 평면상의 반성 경험 중에서 특유한 반성 경험을 구별해 내는 것은 바로 3)과 4)단계의 범위와 정확성이다.
>
> Dewey, J.(1967). Democracy and Education. The Free Press, New York. (Collier-Macmillan Limited, London). 150.

4. 리프맨(Lipman)

사실 유아의 철학 세계에 대한 논의는 IAPC와 리프맨의 철학 교육에 대한 이해를 기점으로 파악하는 것이 유의하다(Lipman, Sharp & Oscanyan, 1980; 서울교육대학 철학교육동문회, 1986). 리프맨은 교육 현장에서의 '생각하기' 부재를 비판하면서, 유치원을 비롯한 학교에서 가르쳐져야 할 '사유'의 특성이 '자아'에 대한 실용주의 철학의 관점에 기초하고 있음을 시사한다(박진환, 2005; 이지애, 2005). 리프만은 사고의 반성적 모델이 '개인주의'에로 치닫는 위험성, 즉 인간의 사고 발달을 개인적인 것으로 보고 '상위 인지 기술'의 습득에만 노력을 경주하는 위험성을 경고한다. 반성적 사고의 모델이란 반드시 '사회적이고 상호작용적'이어야 하며, 더 나은 판단, 더 객관적인 판단을 허용할 수 있는 더 큰 그림에 대한 이해를 목표해야 한다. 이러한 의미에서 리프만의 '상위적 사고'란 혼자서 독주하는 개인적 지적 아성에서가 아니라, 비판적 사고와 창조적 사고가 조화롭게 어우러진 생각하기로서 '교실 탐구 공동체' 안에서 (유아를 비롯한) 자아와 타아들 간의 의미 있는 대화를 통하여 탄생되고 길러지는 사유이다.

리프만이 말하는 생각하기는 유아 또는 자아가 그 공동체 속의 대화에서 자신의 내적 대화를 규범적이고 변증법적인 과정으로 이끌어 가는 데에 달려 있다. 그가 지향하는 교실 공동체의 토론은 단순한 '담화'가 아니라, 자기 비판적 훈련이 내재된 상호의존적 '탐구'로서 비판적 사고의 '자기-교정적 연습'과 창조적 사고의 '자기 초월적 연습'을 필연적으로 포함한다.

진정한 의미의 사고 또는 탐구는 자아의 '내면화된 대화 과정' 없이는 수행될 수 없다. 내면화된 대화 과정으로서의 사고는 교육 내용을 반복 학습으로 자아 속에 정보 지식화하여 '내 것으로 만드는' 교화 개념과는 본질적으로 다르다. 진실로 무엇을 '생각'한다는 의미는 그러한 생각과 더불어 스스로 어떠한 방향성을 가지고 질적으로 성장한다는 의미이며, 자기 정체성, 즉 인격과 더불어 불가분의 관계에 있는 환경으로부터 형성된 대화의 내면화 과정을 뜻한다.

그런가 하면 탐구 과정 및 탐구 중에 타인과 관계 맺는 활동, 그리고 탐구에 임하는 각자의 내면적 동기와 태도가 중요시되는 철학 수업에 있어서 가장 독특한 특징은 '나의 나 됨'이 살아 있는 시간이다. 자기 자신에게 솔직할 수 있고, 자신의 고유성을 발견하여 '자기 자신의 삶'을 살아가는 과정은 '철학함'의 목적이면서 동시에 결과이기도 하다. '나의 나 됨'을 만들어 가는 '생각하기'는 사유와 행위가 통합된 상황 속에, 그리고 부단하게 '의미 있는 중요한 것'을 재

생산 · 재구성해 내는 탐구의 공동체 속에 녹아 있는, 곧 이성과 감성이 이분법적으로 분리되지 않고 하나로 통합된 생각하기이다.

무지가 자각되는 당혹감, 미궁에 빠져드는 절망감, 열등감이 반전되는 자아 존중감, 발견의 기쁨, 공동체 속에서 새로운 의미가 도출되는 즐거움, 손을 들어 의견을 표현할 수 있는 용기, 침묵할 수 있는 인내 등등, 자아와 공동체의 역동적 관계로 빚어지는 이러한 결과들이 모두 진솔한 '생각하기' 이다. '미래에의 희망' 과 '행복' 이라는 가치가 '철학적 탐구 공동체' 에서 이루어지는 스스로 생각하기의 목적으로 가능한 것도 이러한 맥락에서이다. 단적으로 말하자면, 유아를 비롯한 공동체 구성원의 자아 개념은 비판적 자아, 사회적 자아, 대화적으로 생동하는 행위자, 자율적으로 활동하는 살아 있는 자기 통제자, 그리고 순수한 진리 추구의 태도가 진지하게 살아 있는 진솔한 탐구자를 내포한다(이지애, 2005).

유아의 철학 세계와 동화

유아들의 철학적 탐구를 목적으로 쓰여진 동화 『인형병원』(Sharp, 2000)의 한 장면은 유아들의 진솔한 '생각하기' 의 과정을 거쳐 '나의 나 됨' 을 발견하며 행복의 가치를 실현하는 과정을 잘 보여 준다. 외모의 아름다움과 참다운 멋스러움에 대하여 교사의 적절한 질문과 함께 여러 유아들이 공동체를 이루어 서로의 생각을 듣고 각자의 생각을 나누는 진지한 대화가 결과적으로 유아들의 내적 만족을 창출하고 있다.

"내 인형의 이름은 앤디야. 앤디는 아주 멋있게 생겼어. 다른 인형하고는 달라." 프란시스가 말했어. 우리는 프란시스가 무슨 말을 더 할까 싶어서 기다렸어. 그런데 프란시스는 인형을 안은 채 그대로 서 있는 거야.

선생님이 물으셨어. "프란시스, 앤디가 왜 그렇게 멋있게 생겼다고 생각하는지 말해 줄래?"

"네. 앤디는 동그란 얼굴에 긴 팔, 긴 다리를 가지고 있고요. 앤디를 안고 있으면 기분이 좋아요. 눈도 멋지고요. 남자 옷이 잘 어울리는데 언제든지 놀 수 있을 것 같아요. 나는 앤디의 주근깨도 좋아하는데, 앤디 얼굴에 꼭 어울려요."

선생님이 말씀하셨어. "또 생각나는 게 있니? 앤디가 멋져 보이는 이유를 프란시스가 잘 말해 주었나요?" …….

이때 스테판이 말했어. "제겐 앤디가 별로 멋있어 보이지 않는데 어쩌죠? 못생긴 것 같지 않아요? 모두들 내 말이 맞다고 생각하지 않니?"

"왜 그렇게 생각하는지 우리에게 그 이유를 말해 줘야 할 것 같구나." 선생님이 말씀하셨어.

"아무 이유나 다 되는 건 아니야, 좋은 이유라야 해." 카트리나가 말했어.

"그냥 앤디 얼굴이 마음에 안 들어. 그거면 충분하지 않아?" 스테판이 말했어.

"아니야!" 가브리엘라가 말했어. "왜 앤디가 못생겼다는 건지 말해야지."

"이전에 그런 얼굴을 본 적이 없는 걸 어떡하라고?"

나도 한마디 보탰어. "좋은 이유가 아니야. 네가 본 적이 없는 얼굴들은 얼마든지 많아. 그래도 다들 멋져 보일 수 있어."

"어떻게 그럴 수 있지?" 선생님이 물으셨어.

"몰라요." 나는 대답하면서 생각했어. '에이, 바보같이! 무슨 뜻인지도 모르면서 말했잖아.'

"누구 제스를 도와줄 사람?" 선생님이 물으셨어.

이야기 나누기 할 때, 선생님은 가끔 우리들에게 서로 도와주라고 말씀하셔. '서로서로 도우면 모두가 더 좋은 생각을 하게 된다.' 고 말씀하셨어.

늘 내게 짓궂게 굴던 헤롤드가 손을 들어 말하는 데 나는 깜짝 놀랐어.

"제스의 말은요. 아마 여러 종류의 머리카락과 여러 가지 눈 모양, 그리고 피부색이 전혀 다른 인형들이 많이 있는데, 그 인형들 제각각이 다 멋질 수 있다는 말 같아요."

"헤롤드, 어째서 그렇지?" 선생님이 물으셨어.

"어떤 인형 얼굴이든 그 인형에게는 어울릴 수도 있잖아요." 헤롤드가 대답했어.

모두들 떠들기 시작했어. 제각각 무슨 말인가 하는 것 같아.

선생님이 말씀하셨어. "우리, 차례대로 말하기로 했는데."

그러자 가브리엘라가 손을 들었어. "멋지게 생긴 인형이란, 그러니까 우리가 아주 좋아하는 인형이라는 거예요."

"너희들, 좋아하는 사람을 생각할 때는 그 사람이 아름답다고 생각되지 않니?" 라모나가 물었어. 이건 오늘 라모나가 말한 두 번째 말이야. 많은 말을 하지 않지만 라모나는 가끔씩 말하는 게 아주 똑똑해.

"라모나, 좋은 질문이구나." 선생님이 말씀하셨어.

바네사가 내 인형 롤러의 머리를 쓰다듬고 있다가 손을 들었어. 바네사의 금발 머리와 갈색 팔이 보여. 나는 바네사의 얼굴을 보고 생각했어. '바네사, 넌 정말 예뻐.'

"'멋진', '예쁜', 그리고 '아름다운'이라는 말들은 어떻게 다르지?" 스테판이 물었어.

"별 차이 없어." 카트리나가 말했어.

"카트리나, '예쁜'이란 말은 사람의 겉모습과 관계 있고, '아름다운'이라는 말은 사람의 속마음과 관계되는 것 같아." 내가 말했어.

그런데 바네사가 낮은 목소리로 말했어. "어떤 사람이 겉으로는 멋져 보여도 반드시 멋진 사람은 아닐 수도 있어. 내가 알던 어른 중에 그런 사람이 있었어. 그 아줌마는 정말 예뻤어. 그런데 어느 날 아무도 없을 때 나한테 나쁜 짓을 했어. 그때부터 난 그 아줌마를 보면 겁이 나."

선생님이 일어나셨어. 선생님은 계속 생각하시는 것처럼 보여. "우리 친구들, 모두모두 이야기를 참 잘해 주었어요."

선생님이 이렇게 말씀하실 때 난 정말 기분이 좋아. 내가 바보 같다는 생각이 안 들거든.

Sharp, A.(2000). The Doll Hospital. NJ: Montclair State University, Upper Montclair, 24-28.

Ⅲ. 유아와 소크라테스 대화법

1. 사고와 소크라테스의 대화법

철학은 영어로 필로소피(philosophy)이다. 필로소피란 말은 원래 그리스의 필로소피아(philosophia)에서 유래하였는데, 필로(philo)는 '사랑하다' '좋아하다' 라는 뜻의 접두사이고, 소피아(sophia)는 '지혜' 라는 뜻이다. 필로소피아, 즉 철학은 지(知)를 사랑하는 것, '애지(愛知)의 학문' 을 말한다.

학문으로서 철학은 연구하는 사람이나 대상, 주제에 따라 서로 다르게 조직된다(비어슬리 & 비어슬리, 1985; 스티븐슨 & 헤이버먼, 2006; 주쩡린, 2002; 짜오팅양, 2001; 쩌우궈핑, 2002; 철학아카데미, 2002; 허후아이홍, 2002). 철학은 간단하게 형이상학과 인식론을 주축으로 하여 논리학, 윤리학, 미학이 떠받치고 있는 영역이라 일컬어진다(박영식, 2009). 다른 한편 철학은 우선, 사고의 규칙이나 인식에 관해 탐구하는 논리학이나 인식론이 한 부분을 이루고, 두 번째로는 존재를 연구 대상으로 삼는 전통적인 형이상학이나 존재론을 포괄한다. 세 번째로, 역사 인간 사회 등에 관한 근본적인 존재 방식을 연구하는 역사철학 · 철학적 인간학 · 사회철학을 포괄하며 네 번째로, 가치에 관해 탐구하는 윤리학 · 미학 · 종교철학 · 법철학 등을 포괄하는 영역으로 인식된다.

이러한 철학의 핵심은 특정한 결과로 사상체계에 있는 것이 아니라 일련의 과정, 즉 사고의 방식으로 '철학함(doing philosophy)' 에 있다(Lipman, Sharp & Oscanyan, 1980; Lipman, 1985, 2003). 다시 말하면 철학은 '스스로 사유함' 에서 시작한다. '스스로 사유함' 이란 철학자들이 어떤 대안을 발견하기 위해, 자기 자신이 세운 가정과 전제를 검토하고, 다른 사람들이 당연시하는 것에 의문을 제기해 보며, 종래의 것보다 더욱 포괄적인 준거들에 대하여 사색해 보는 것이다.

'스스로 사유함' 에서 시작하는 철학의 기초는 소크라테스의 대화법에 있다(소흥열, 1991; 박진환, 2005; 이지애, 2005; 조선희, 1999, 2004; 황경식, 1993, 2004). '소크라테스의 대화법' 은 사람들로 하여금 '스스로 사유함' 으로써 자신에 대하여 깨닫도록 하고 스스로의 의견이 실제로 무엇을 의미하는지를 밝혀 알게 하는 대화 방법이다. 작은 꼬투리를 계기로 하여 문제를 발견하고 그 문제를 풀기 위하여 하나씩 질문하고 답하는 과정 중에 거짓을 밝혀 내고 참을 찾아가는 과정이 소크라테스의 대화법이다.

플라톤이 그의 저서들을 대화 형식으로 쓰면서 소크라테스를 그 대화의 주인공으로 등장시켰기 때문에 소크라테스의 철학하는 방법을 대화법이라고 한 것 같다. 소크라테스의 방법을 좀 더 구체적으로 말하면 수사관이 범죄 혐의자를 심문하는 방법이나 정신의학자가 환자를 상담하는 방법과 비슷하다. 그러나 소크라테스의 대화 상대는 건전한 사람들로서, 대화를 통해 얻는 것은 자기 자신의 지식에 대한 새로운 이해나 인식이다. 즉, 지금까지 자기 자신이 사용해 온 일반적인 개념에 대한 자기의 지식이 잘못되어 있었거나 정확하지 못했다는 것을 인식하게 되는 것이다. 또한 소크라테스의 대화자들은 그와 대화를 하면 그의 논쟁에 휩싸여 자기가 잘못한 것, 잘못 생각하고 있는 것들을 지적당하게 되므로 고통스럽기는 하지만 그와 대화를 나누는 것을 기꺼이 받아들인다(소흥열, 1991).

그런가 하면 소크라테스의 방법에서는 대화에서 나온 이야기 내용을 가능한 한 정확하게 모두 다 기억할 수 있는 기억력이 중요하며, 지식의 내용을 검토하는 것, 즉 인식론적인 문제로 시작하여 대체로 윤리적인 개념들로서 인간이 도덕적으로 더 훌륭하게 되는 것에 관심을 둔다. 그리고 소크라테스의 대화는 하나의 명확한 결론에 이르는 것보다 소크라테스의 방법에 의한 대화를 해 보는 것, 다시 말해 공통적인 속성을 찾지 못하게 되더라도 그것을 추구해 보는 대화의 과정이 중요하다.

또한 소크라테스의 방법에서 중요한 것은 추리 능력과 하나의 생각에서 시작하여 그것이 어떤 다른 생각들을 이끌어 낼 수 있을 것인가를 스스로 생각해 냄으로써, 우리의 생각 속에 있는 모순된 내용들을 들추어내어 그것을 시정하는 것이다. 소크라테스의 방법은 어떤 철학적인 사상을 가르치기 위한 것이 아니다. 자기 사상을 남에게 주입시키는 것이 아니라 사람마다 자기 자신의 문제를 철학적으로 생각할 수 있도록 도와주는 방법이다. 소크라테스의 방법 자체가 철학하는 방법의 하나이면서 그 방법의 특징은 다른 사람들로 하여금 철학하는 방법을 터득하게 하는 것이다.

2. 대화법과 질문

소크라테스 대화법은 소크라테스가 질문자가 되어 대화를 이끌어 가는 대화 방법으로서, 아주 일상적이면서도 철학적인 중요한 문제를 질문하는 것으로 시작한다. 던진 질문에 대해 소크라테스 자신은 답을 주지 않으며, 대화의 상대방이 소크라테스의 질문에 답하게 함으로써 스스로의 생각을 음미해 볼 수 있도록 한다. 그리고 대화 중에 던지는 소크라테스의 질문은 편견이 되기 쉬운 부분적 견해에 대한 반대의 예나 예외적 경우를 찾아서 그러한 견해에 숨어 있는 모순된 주장을 지적해 줌으로써 상대방이 좀 더 포괄적인 견해를 갖도록 돕는다.

플라톤에 의하면, '대화'란 소정의 문제가 존재해야 성립하며, 이 문제에 대한 해답의 제시 행위가 아니라 해답의 추구 과정이며, 혼자서 수행하는 것이 아니라 둘 이상의 대화자가 참여해야 진행되는 것이고, 대화자들 공통의 능력인 이성에 의해 이루어진다(남경희, 1991).

이를 구체적으로 풀자면, 우선 대화가 해답을 추구하는 문제는 대화의 현장인 현실 세계에서 제시되며, 이 현장은 누구라도 문제 해결을 제시할 수 있는 개방적인 공간이다. 또한 대화는 아직 해답이 확보되지 않은 과정으로서, 이 과정에서는 문제의 해답에 대한 사랑, 즉 지혜에 대한 사랑, 철학적 사랑, 에로스가 모든 지적 작업의 동인(動因)이 된다. 이 에로스에 의해 전개되는 대화가 지혜에 대한 사랑의 행위(philos-sophia) 바로 철학하는 행위이다. 그리고 이 과정은 혼자서가 아니라 둘 이상의 참여에 의해, 철인, 대중, 선생, 제자가 모두 동료로서 함께 지혜를 추구하는 과정이다. 소크라테스는 '무지(無知)의 지(知)' 만을 소유하고 있다고 선언하고 항상 지혜에 대하여 겸허한 자세를 가지고 자신과 같이 지혜에 대한 에로스를 가지고 겸허할 수 있는 자에게는 언제나 동료로서 연로한 자, 청년, 아테네인, 이방인, 지식인, 평민, 누구든지 함께 대화에 응했다. 마지막으로 대화는 이성적 작업이다. 희랍어의 로고스(logos)는 이성과 대화 모두를 의미한다. 이성(logos, reason)에 의해 대화의 쌍방, 더 나아가 인간 모두는 합의에 이르고 합의에 이름으로써 우리는 문제(aporia)에 대한 해결에 접근하며, 해결책은 객관성과 보편성을 확보하게 된다.

'대화' 란 문자 그대로 마주 앉아서 각자의 의견을 나눈다는 뜻이다(박영식, 2009). 의견을 나눈다는 것은 서로 간의 일치를 확인하는 역할도 하지만 서로 다른 의견을 조정하는 효과도 있다. 대화에 임할 때는 자기 의견이 소중한 만큼 타인의 의견도 소중하다는 사실을 받아들이고, 자신의 의견이 절대적 진리가 아닐 수 있다는 자세로 때로는 양보할 용의도 갖추어야 한다. 대화를 나눌 때는 자기의 견해를 정확히 파악하는 것은 물론 남의 의견이 어떤 것인지도 분명히 이해해야 한다. 이때 대화의 매체가 언어라는 점을 유념하여 개념을 분명히 하고 정확한 언어를 구사하여 제대로 의견을 교환해야 한다. 상대방에 대한 선입견에서 벗어나 상대방의 인격이나 입장에 대해 공정한 판단을 할 수 있어야 마음을 열고 심화된 대화를 나눌 수 있다. 대화는 겸허한 사람들이 진리를 출산하는 성스러운 산실(産室)인 것이다.

한편 소크라테스의 대화법, 또는 문답법은 논박과 산파술이라는 이중의 구조를 가지고 있다(장두익, 1988). 소크라테스가 살았던 당시 소피스트들의 수사학은 억견(doxa)을 다른 억견으로 대치하는 것인 데 반해, 논박은 시치미 떼는 방법에 의해서 철저하게 억견을 파기하는 것으로 스스로 무지함을 인정시키는 것이었다. 그리고 산파술은 그 억견을 파기한 후에 참된 보편적 지식을 낳도록 하는 방법이었다. 평범한 나날의 삶 속에서 제기되는 작은 의문을 출발점으로 삼아 대화하는 가운데 그 의문에 대한 일반적인 인식을 살피고 내재한 진실과 허위를 드러냄으로써 개개인의 참된 앎과 의미 있는 삶을 반성하도록 하는 것이다. 문제를 제기한 제자나 친구들에게 왜 그것이 문제가 되는지, 문제의 어떠한 면을 아직 모르고 있는지를 되물어 스스로 명확히 사고할 기회를 줌으로써 진리를 발견할 수 있도록 소크라테스가 산파의 역할을 한 것이다. 요컨대, 소크라테스의 대화법은 '스스로 사유함'에서 시작하는 철학의 기초로서, 대화를 통해 자신에 대하여 깨닫도록 하고 스스로의 의견이 실제로 무엇을 의미하는지를 밝혀 알게 하는 방법이다.

✤ 그림책과 소크라테스 대화법

로버트 잉펜(2002)의 그림책 『무슨 생각하니?』는 주인공 '곰곰이'를 통해 철학자 소크라테스의 모습을 그려 보여 준다. 지혜에 대한 앎을 위해 끝없이 궁금해하고 '질문하며, 대화하고, 충고하며, 판단하는' 곰곰이는 이미 철학자인 것이다.

구부정하게 앉아 있는 곰곰이를 보고서 누군가 이렇게 말한 적이 있었습니다.
"그러고 있으니까 나이 많고, 지혜로운 곰 인형 같구나."
-중략-
"그럼, '지혜롭다'는 말은 무슨 뜻일까?"
곰곰이는 정확하게 알고 싶어졌습니다. -중략-
"어떻게 하면 지혜가 무엇인지 알 수 있을까?" -중략-
"지혜는 어디에서 오는 거지? 지혜는 어떻게 해야 생기는 거야?" -중략-
세계 여러 곳에서 온 올빼미들이었습니다. -중략-
올빼미들은 마치 서로서로 질문하고 대답하고, 충고해 주며, 때로는 중요한 판단을 내리기도 하는 것처럼 보였습니다. -중략-
곰곰이는 (여러 올빼미들에게) 물어보았습니다. -중략-
"나더러 지혜로운 곰이라고 하는데, 지혜롭다는 게 무슨 뜻이니?" -중략-
대답해 주는 올빼미는 아무도 없었습니다.
-중략-
곰곰이는 그전처럼 많이 구부정하게 앉아 있지는 않았으며, 더 자주 생각에 잠겨 있곤 했습니다.
인형들의 질문에 대답도 잘 해 주고, 좋은 충고도 해 주고, 또 때론 중요한 판단을 내릴 수도 있는 지혜로운 곰 인형이 되려고 노력하는 것처럼 보였습니다.

잉펜, R. (2002). 무슨 생각하니?. 문우일 역. 국민서관.

Ⅳ. 철학적 사고와 논리

1. 철학적 사고

철학적으로 사고한다는 말은 우선적으로 합리적이고, 논리적이며, 비판적으로 사고한다는 뜻을 내포한다(김영채, 1998). 철학에서는 논리적인 비약을 허용하지 않는다는 것, 다시 말해 논리적인 비약을 범하지 않고서는 결론에 도달할 수 없는 문제에 대해서는 결론을 맺지 않는 상태로 두어도 좋다는 것이 철학하는 태도와 입장이다. 논리학자이면서 철학자가 아닌 사람이 있을 수 있으나, 적어도 철학을 하고자 하는 사람이면 누구나 논리학으로 시작해야 한다는 사실은 인정되고 있다.

철학적으로 사고하기 위해서, 즉 합리적, 논리적, 비판적으로 생각하기 위해서는 그 생각의 개념(concept)이 정리된 단어(낱말, word)의 의미를 잘 알고 있어야 한다(김용규, 2006; 황경식, 1993). 또한 우리가 사용하는 낱말의 뜻은 무엇이며, 한 낱말이 두 가지 이상의 뜻을 갖는 것은 좋은 일인가 아니면 우리를 혼란시키기만 하는 것인가, 낱말을 정의하는 이유는 무엇이며 정의의 종류에는 어떤 것이 있는가, 애매모호한 말은 어떤 것이며 어떻게 다른가 등도 알아야 한다.

이제 철학적 사고의 골격을 이루는 개념들을 살펴보자.

1) 개념

우리의 생각과 말을 담을 수 있는 기본 단위는 단어(낱말, word)이다(황경식, 1993). 단어의 의미를 제대로 이해하지 못한다면 단어로 이루어진 모든 말들의 의미도 애매모호해지고, 생각과 말의 전달에도 혼란과 혼동이 생겨난다. 상대방과의 의사소통도 불가능해지며 진리의 길로부터도 멀어지게 된다.

개념(concept)이란, 전통적 논리학에 따르면 한 무리의 각각의 것에서 공통적인 성질을 추출하여 새로 만든 관념(idea, notion, intention, thought; sense, spirit; conception)을 말한다. 예를 들어, 부모 · 형제 · 남자 · 여자 · 교사 · 유아 등 개개인에 공통되는 성질로서의 '인간' 이 개념이다. 또 몇몇 개념이 지니는 각각의 성질을 통일하는 성질에 관한 개념이 있을 수 있다. 진돗개, 푸들강아지, 고양이, 쥐, 까치, 금붕어, 거북이, 장수벌레 등의 개념에서는 '동물' 개념을, 또 동물과 식물의 개념을 통합하면 '생물' 이란 개념을 만들 수 있다.

일상적으로는 한 인간이 어떤 사항에 관하여 무엇인가를 짐작할 수 있을 때 개념을 가지고 있다고 한다. 학교를 다녀 본 사람, 아이를 키워 본 사람, 교사 생활을 해 본 사람은 각기 교육에 관한 개념을 가지고 있다고 짐작할 수 있는 것이다. 여기서 개념이란 지식의 뜻과 유사하다. 이 외에 어떤 새로운 경험을 반복함으로써 그 일에 익숙해질 때 '개념을 파악했다' 고 말하기도 한다.

개념 또는 용어의 의미를 설명하는 것을 정의라고 한다. 개념의 정의는 외연적 정의와 내포적 정의로 크게 나눌 수 있다(김용규, 2006). 외연적 정의는 개념이 가리키는 대상들을 열거하는 것으로서, '척추동물이란 양서류 · 조류 · 어류 · 포유류 · 파충류를 포함한다.' 와 같은 예이다. 내포적 정의는 개념의 내포를 기술하여 내리는 정의이다. 예를 들면 '척추동물이란 척추동물문의 동물을 통틀어 이르는 말로서, 좌우 대칭으로 머리 · 몸통 · 사지와 꼬리로 구분되며, 몸의 등 쪽에 세로로 늘어선 척추뼈로 된 척추가 있는 동물이다.' 의 형식이다.

내포적 정의의 대표적인 경우가 유(類)와 종차(種差)에 의한 정의이다. 예를 들어 '삼각형' 은 유개념이고, 정삼각형, 이등변삼각형, 부등변삼각형 등은 종개념이다. 한 삼각형을 다른 삼각형들과 구별시켜 주는 차이점을 종차라고 하며,

한 예로, '세 변의 길이가 같다'는 것은 정삼각형을 다른 삼각형과 구별시켜 주는 종차이다.

유와 종차에 의한 정의, 즉 내포적 정의가 잘 되어 있는지 또는 못 되어 있는지를 평가하기 위한 규칙이 있다. 정의는 종의 본질적 속성을 기술해야 하며, 순환적이어서는 안 되고, 또 정의가 너무 넓어서도 너무 좁아서도 안 되며, 애매모호하거나 비유적인 표현을 사용해서도 안 된다. 그리고 긍정적인 정의가 가능한 경우에는 부정적인 정의를 해서는 안 된다.

다른 한편 개념을 구분(division)하고 분류(classification)한다고 할 때, 구분은 어떤 개념을 일정한 기준에 따라 두 개 이상의 독립된 범주들로 나누는 것을 말한다(Marzano & Arredondo, 1998). '사람'을 예로 든다면, 성별에 의해서 남자·여자로, 연령에 따라 영아·아동·청소년·성인 등으로 나누는 것이다. 개념을 구분할 때는 구분의 기준이 명료(clear)해야 하고, 그 기준은 하나로 통일(uniform)되어야 하며, 구분은 총괄적(exhaustive)이고 배타적(exclusive)이어야 한다. 분류는 일련의 연쇄적인 구분을 말한다. 직업을 예로 든다면 우선 직업을 전문직·비전문직으로 구분하고, 전문직을 다시 의사·교수·법조인·기타 등으로, 그리고 의사는 내과의사·외과의사·기타 등으로 구분하는 것이다.

2) 진술·문장·명제·판단

각각의 낱말은 모여서 문장(statement)이 된다. 문장의 주어와 술어는 각기 하나의 낱말들이다. 그런데 문장은 그 쓰임새에 따라 여러 가지가 있다. 어떤 것은 감정을 나타내고(감탄문, an exclamatory sentence), 어떤 것은 물음을 묻는 것이며(의문문, an interrogative sentence), 어떤 것은 행위를 지시(명령문, an imperative sentence)한다. 또한 사실을 묘사하거나 마음속의 판단(judgment)을 표현하는 문장(서술문, a declarative sentence)도 있다(황경식, 1993).

논리학에서 참과 거짓을 따질 수 있는 문장은 서술문이다. 우리는 서술문을 통해 어떤 사실에 대한 믿음과 판단(judgment)을 표현하는데, 이를 진술(statement) 또는 문장이라 한다. 어떤 진술은 단순한(원자적) 진술이고, 어떤 진술은 복합적(분자적) 진술이다. 우리가 무엇을 알고, 그것을 상대방에게 전달하기 위해서는 먼저 진술의 의미를 분명히 알아야 한다. 어떤 진술은 반드시 참이고, 어떤 진술은 반드시 거짓이며, 이 밖의 대부분의 진술은 사실에 의거해서 그 참과 거짓이 정해진다. 진술들은 또한 상호관계를 맺는다. 한 쌍의 진술은 서로 양립하기도 하고 그렇지 않기도 하며, 상호 모순되기도 하며 되지 않기도 하며, 동일한 의미를 갖기도 하고 갖지 않기도 한다.

그런데 논리학의 기본 단위를 말할 때는 흔히들 '진술(statement) 또는 문장' 이란 말을 쓰지 않고 '명제(proposition)' 라는 말을 쓴다(소흥열, 1980; 김광수, 1990, 1997; 김용옥, 2006; 위기철, 1992, 1993; 조성민, 정선심, 1993; 황경식, 1993; Wilson, 1993). 한 명제는 하나의 사실을 진술하는 문장의 내용이라고 할 수 있다. '문장, 진술' 보다는 '명제' 라는 말을 쓰고자 하는 이유는 '문장' 이란 말이 사실을 진술하는 표현만이 아닌 다른 표현에도 적용되기 때문이다. 논리학의 관심은 사실을 진술하는 문장에 있으므로 이런 종류의 문장을 '명제' 라고 한다.

정언명제(定言命題, categorical proposition)는 술어가 다른 제한 조건 없이 주어의 전체나 부분을 긍정 또는 부정하는 명제를 말하며, 각각 A명제(전체 긍정 명제), E명제(전체 부정 명제), I명제(부분 긍정 명제), O명제(부분 부정 명제)의 네 가지 형식으로 표시된다. A와 I는 긍정을 의미하는 라틴어 Affirmo(AffIrmo)에서, 그리고 E와 O는 부정을 의미하는 Nego(nEgO)에서 유래한 것이다. 특히 정언명제는 논리적 연결이 아니라 사실을 주장한다는 점에서 "만일 모든 사람이 죽는다면, 소크라테스는 죽는다."와 같은 형식의 가언명제와 대비된다.

그런가 하면 '판단(judgment)' 은 논리학 용어로서, 개개의 사실이나 의문에 대하여 단정하는 작용이다. 검은 구름이 잔뜩 끼인 하늘을 보고 "비가 내릴 것 같다."라고 말할 때, '따옴표' 속의 인용문은 판단을 나타낸다. 또는 언어로 표현하지 않아도 어떤 행동을 통해 그 주체가 판단하고 있음을 추정할 수도 있다. 예를 들어 강아지가 목줄을 입에 물고 와서 주인 앞에 가져다 놓는 것은 강아지가 "산책할 시간이니 목줄을 걸어야 한다."고 판단했다고 할 수 있다.

전통적인 논리학에서는 'A는 B이다' 형태의 글을 논증(logical arguments; reasoning)의 기본 단위로서, 이런 글의 형식과 이것에 대응하는 판단을 정언판단(定言判斷, categorical judgment)이라고 한다. 또 'A이면 B이다' 라는 형식과 이것에 대응하는 판단을 가언판단(假言判斷, hypothetical judgment), 'A 또는 B' 라는 형식과 이것에 대응하는 판단을 선언판단(選言判斷, declarative judgment)이라 한다.

2. 논리

논리(logic)란 우리가 생각을 할 때 이용하는 기본적인 규칙들과 그 추리(推理, reasoning; inference) 또는 추론(inference) 과정을 일컫는 말이다. 추리(reasoning)는 몇 개의 증거를 바탕으로 하여 어떤 사실이 성립되어 있음을 미루어 추측하는 일 또는 미리 알고 있는 한 개 또는 두 개 이상의 전제로부터 새로운 하나의 결론을 이끌어 내는 일을 말한다. 이것을 현대 논리학에서는 추론이라고 한다.

전통적 논리학에서는 논증을 추리(추론)라 하고, 이것을 직접추리(추론, immediate inference)와 간접추리(추론, mediate inference)로 나누었다. 하나의 전제를 변형하여 결론을 이끌어 내는 과정을 직접추리(추론), 두 개 이상의 전제에서 결론을 이끌어 내는 과정을 간접추리(추론)라고 하며, 특히 전제가 두 개인 경우를 삼단논법이라고 한다.

1) 직접추리 · 추론(immediate inference)

직접추리(추론)란 하나의 판단을 전제로 하여 다른 한 판단을 결론으로 끌어내는 일, 어떤 한 명제로부터 다른 명제를 직접 이끌어 내는 추리이다(소흥열, 1980; 김광수, 1990, 1997; 김용옥, 2006; 위기철, 1992, 1993; 조성민, 정선심, 1993; 황경식, 1993; Wilson, 1993). 한 예로 "모든 유아가 비옷을 입고 있는 것은 아니다."라는 말에서 "몇몇 유아는 비옷을 입지 않았다."라고 추리하는 등의 경우를 일컫는다.

직접추리를 이해하기 위해서는 정언명제의 네 가지 표준 형식 A명제, E명제,

I명제, O명제를 이해할 필요가 있다.

A명제: 모든 스타킹 출연자는 천재이다. (전체 긍정 명제)
E명제: 어느 스타킹 출연자도 천재가 아니다. (전체 부정 명제)
I 명제: 어떤 스타킹 출연자는 천재이다. (부분 긍정 명제)
O명제: 어떤 스타킹 출연자는 천재가 아니다. (부분 부정 명제)

(1) 모순 관계와 반대 관계에 의한 직접추리

A명제, E명제, I명제, O명제 중에서 두 명제 중 하나가 다른 하나의 부정일 때 서로 모순 관계에 있다고 한다. 이때 두 명제는 동시에 참일 수도 없고, 동시에 거짓일 수도 없다. 즉, 하나가 참이면 다른 것은 거짓이고, 하나가 거짓이면 다른 것은 참이다. A명제와 O명제는 모순 관계에 있으며, E명제와 I명제도 모순 관계에 있다.

두 명제가 동시에 참일 수는 없지만 동시에 거짓일 수 있을 때 서로 반대 관계에 있다고 한다. 즉, 두 명제가 반대 관계에 있을 때에는 하나가 참이면 다른 것은 거짓이지만, 하나가 거짓이라고 해서 다른 것이 반드시 참이라고 말할 수는 없다. 왜냐하면 둘 다 거짓일 수 있기 때문이다. A명제와 E명제는 반대 관계이며, I명제와 O명제는 부분 반대 관계이다.

(2) 변형에 의한 직접추리

변형에 의한 직접추리는 진리치를 바꾸지 않고 한 명제를 다른 명제로 변형하는 방법이다. 여기에는 환위, 환질, 이환의 방법이 있다.

환위(換位, conversion)란 한 명제의 주어와 술어의 위치를 서로 바꾸는 방법을 환위라고 한다. 환위는 E명제와 I명제의 경우에만 가능하다. 여기서 처음의 명제가 참이라면 그 환위 명제도 참이고, 처음의 명제가 거짓이라면 그 환위 명제도 거짓이다. 이 경우에 두 명제가 논리적으로 '동치' 라고 말한다.

환질(換質, obversion)은 한 명제의 주어는 그대로 두고 술어를 그 여집합 개념, 즉 모순 개념으로 바꾸면서 명제의 질을 바꾸는 방법이다. 즉, 원래 명제의 술어의 모순 개념을 술어로 취하면서 긍정은 부정으로, 부정은 긍정으로 바꾸는 방법이다. 환질을 할 때에는 술어 개념이 반대 개념을 취하는 것이 아니라 모순 개념을 취한다.

이환(裏換, contraposition) 술어의 모순 개념을 주어로 삼고, 주어의 모순 개념을 술어로 삼음으로써 명제를 변형하는 방법이다. 이환은 A명제와 O명제에서 가능하다. 이환은 한 명제를 환질, 환위, 환질함으로써 이루어지기 때문에 새로운 방법이 아니다.

(3) 정언명제의 표준화

일상적인 언어로 표현되는 정언명제는 위에서와 같이 반드시 표준형으로만 되어 있지 않다. 직접추리를 정확하게 하기 위해서는 표준화되어 있지 않은 정언명제를 표준형의 정언명제로 바꾸는 것이 요구된다.

전통적으로 단칭(a, an) 명제는 전칭(all, no) 명제로 해석되어 왔다. 그러나 새로운 해석에 의하면, 단칭 명제는 전칭 명제와 특칭(some, any) 명제의 속성을 모두 갖고 있는 것으로 이해된다. 술어가 명사 또는 명사구로 되어 있지 않은 경우에는, 집합을 가리키는 명사나 명사구로 술어를 바꾸고, "…은 어떠한 … 것이든", "…은 어느 것도" 등등의 말이 포함된 명제는 긍정 또는 부정 형식의 전칭 명제로 바꾼다. '모든' '어떤' 등의 양화어가 포함되어 있지 않은 경우에는 대부분 전칭을 의미하지만 문맥에 따라서는 특칭을 의미하기도 하므로 주의가 필요하다.

2) 간접추리 · 추론

간접추리는 두 개 이상의 전제에서 결론을 이끌어 내는 과정을 말하며, 특히 전제가 두 개인 경우를 삼단논법(syllogism)이라 한다. 간접추리는 연역추리(연역적 추론), 귀납추리(귀납적 추론), 유비추리(유추적 추론) 등을 포함한다(소흥열, 1980; 조성민, 정선심, 1993; Marzano R. J. & Arredondo, D. E., 1998).

(1) 연역 · 귀납 · 유추

연역추리(연역적 추론)는 명제(proposition)를 증명하는 데 사용되는 방법으로서, 어떤 명제를 증명하는 것은 그 명제를 이미 증명된 다른 명제들과 결합시키는 것, 그 명제를 다른 명제들로부터 연역하는 것이다. 연역은 경험에 의존하는 것이 아니라 필연적이고 분석적이라는 점에서 선험적이다. 대전제와 소전제를 통해 결론을 만들어 내는 것으로서 연역법은 결론을 실제로 증명하는 유일한 논리적 추론이다.

한편 귀납추리(귀납적 추론)는 실제로 관찰된 사실로부터 관찰되지 않은 사실을 이끌어 내는, 즉 개개 사례를 관찰함으로써 이러한 사례들이 포함되는 일반명제를 확립시키기 위한 추리로서 과학에서부터 일상생활까지 여러 분야의 판단에 쓰인다. 귀납적인 추리 방법을 체계적으로 조직화한 것을 귀납법이라 하며, 이미 알고 있는 일단의 모양, 상태, 행위로부터 그것을 포함하는 모든 집단의 모양, 상태 또는 행위를 추리하는 것을 귀납적 일반화라고 한다.

유비추리는 개별적인 사례들이 지닌 유사성을 근거로 하여 미지의 사실을 예측해 내는 유추적 추론을 말한다. 유추(類推, analogical inference; reasoning by analogy; analogy; analogism)는 유비(類比) 또는 아날로지(analogy)라고도 하며, 특수한 것으로부터 특수한 것을 이끄는 추리이다. 유추는 두 개의 특수한 대상에서 어떤 징표가 일치하고 있기 때문에 다른 징표도 일치하고 있음을 추정함으로써, 개연적인 결론밖에 주지 않으나 과학적 가설을 세울 때에 중요한 역할을 할 때가 있다. 유비추리가 귀납추리와 유사해 보이나, 귀납추리가 유비추리보다 많은 관찰을 통하여 일반적 법칙을 이끌어 낸다는 점에서 더 가치 있게 여겨진다.

(2) 삼단논법

삼단논법은 전통적 형식논리학에서 대표적인 간접추리논법이다. 아리스토텔레스가 그 이론적 기초를 마련하였으며, 두 개의 전제와 한 개의 결론으로 형성된다. 삼단논법은 그 전제의 성격에 따라 정언삼단논법, 가언삼단논법, 선언삼단논법으로 구분된다.

일반적으로 삼단논법이라면 정언삼단논법을 일컫는다. 흔히 드는 예가

(대전제) 인간은 모두 죽는다.
(소전제) 소크라테스는 인간이다.
(결론) 따라서 소크라테스는 죽는다.

라는 논법이다. 여기서 결론은 소크라테스와 죽음의 관계를 말하며, 대전제는 인간과 죽음의 관계, 소전제는 소크라테스와 인간의 관계를 말한다. 이것이 전통적 논리학에서 전형적인 추론법이며 정언삼단논법이다.

가언삼단논법은 "만일 A라면 B다" "A이다" "그러므로 B다"라는 형식을 취하는 논법이다. 선언삼단논법은 "A 또는 B이다" "A는 아니다" "그러므로 B다"라는 형식을 취하는 논법이다. 그러나 가언삼단논법과 선언삼단논법은 결국 정언삼단논법에 귀착한다는 것이 전통 논리학의 입장이다.

3. 논증

1) 논증(論證, proof; demonstration)

논리학(論理學, logic)은 논증(論證, reasoning) 및 논증의 결합으로서의 이론구조를 연구하는 학문을 일컫는다(김영채, 1995; 김용옥, 2006; 황경식, 1993). 넓은 의미로 인식론을 논리학이라고 할 때도 있으나, 그런 경우 여기서 말하는 논리학은 형식논리학이라 한다. 동양에서는 BC 4세기 무렵부터 인도에서 논증 형식의 분류가 시작되었고, 특히 불교가 형성되면서 상세한 논리학의 연구가 행해졌다고 한다. 서양에서는 고대 그리스에서 이미 상당히 진보된 논리학 연구가 이루어졌고, 그 결과를 아리스토텔레스가 집대성하여 자기의 독창적인 의견을 붙여서 체계화한 것이 논리학의 가장 오래된 문헌으로 전해진다. 아리스토텔레스 논리학이 중세의 스콜라철학을 거쳐서 약간 변형되어, 근세 초에 하나의 교육과정

으로 정착한 것이 전통적 논리학이다(이상욱, 2008).

논증(論證)이란 몇 가지 명제가 성립되는 것을 전제로 하여 다른 명제가 성립되는 것을 나타내는 절차로서 특히 언어에 의해 표현되는 것을 말한다(황경식, 1993; 탁석산, 2002). 정치나 재판 분야에서 처음 사용된 것으로 보이는데, 고대 그리스에서 철학이나 수학에 채용된 이래 서양 학문에서는 없어서는 안 될 수단이 되었다.

논증 중에서도 여러 개(個)의 전제 밑에 1개의 결론이 직접 나오는 것을 나타내는 극히 짧은 논증을 추론이라고 한다. 논리학에 따르면, 추론은 유한 개(有限個)의 패턴으로 분류할 수 있으며 모든 논증은 이 추론의 집합으로 분석할 수 있다. 그중 수학의 논증, 즉 증명의 구조는 특히 잘 분석되어 있다.

논증은 증명 또는 입증이라고도 하며, 어떤 판단이 참(眞)이란 것의 이유를 부여할 때 논증한다고 말한다. 논증해야만 할 판단을 제제(提題) · 논제(論題) · 정립(定立)이라 하고, 이유를 주는 판단을 논거(論據)라고 한다. 논증은 논거를 전제로 하며, 제제(提題)를 결론으로 하는 추리 형식으로 행하여진다. 논증의 궁극적인 논거가 되는 판단을 공리(公理)라고 하며, 그것으로써 이유가 주어진 제제를 정리(定理)라고 한다.

여기서 이유(理由)란 넓은 뜻으로는 사물의 존재와 발생의 원인, 또는 사상과 주어진 명제(命題)의 진리를 나타내는 논리적 근거이다. 좁은 뜻으로는 논리적 근거라는 의미로 쓰이는 경우가 많은데, 이때의 이유는 원인에 대한 결과가 아니라 논리적 결론으로서의 귀결에 대응하는 것이 된다. '이유' 에 해당하는 영어 reason, 프랑스어 raison 등은 이성(理性) · 판단력의 의미를 동시에 가지며, 그리스어 logos도 이유와 이성(비례) 관계에 걸친 뜻을 가지고 있다.

쉽게 말하자면 논증은 '좋다 나쁘다' 혹은 '잘됐다 잘못됐다' 를 판단하는 것이 아니라 왜 그렇게 되었어야만 했는가를 밝히는 일이다. 논증은 독자에게 객관적 근거를 들어 이해시킴으로써 목적을 이루는 것이므로, 감정에 호소하지 않고 이성에 호소하며, 강제나 비약을 피해야 한다(탁석산, 2002).

실제로 논증은 하나의 명제를 시작으로 전제를 내세워 그것을 증명하여 원래의 명제를 확정하는 것으로 끝난다. 즉, 논증을 할 때는 명제를 밝히고, 그 명제가 어떤 과정을 거쳐 나왔는가를 논리적으로 설명하여 처음의 명제가 성립되는 이유를 나타내는 것이다(김광수, 1995).

논증에 필요한 명제(황경식, 1993)는 우선 사실명제와 당위명제가 있다. 사실명제는 말 그대로 명제가 사실임을 드러내는 것이다. '사실이 ~하다' 라는 형식으로 어떤 사실을 다루는 것이다. 당위명제는 그 사실로부터 어떤 행동의 당위성을 이끌어 내는 것이다. 즉, '~해야 한다' 는 행동이 나오는 것이다. 다음으로 논증에 필요한 명제에는 가치에 대한 명제가 있다. 가치명제는 어떤 제도나 이상(理想), 사상(思想), 예술작품 등에 대한 가치 판단을 주장하는 것이다. 이러한 명제는 명확성, 공정성을 요건으로 한다. 명제가 되려면, 진술이 막연하지 않고 분명해야 하며, 선입견이나 편견이 들어가서는 안 되는 것이다.

2) 논증의 요소

논증을 이루는 요소에는 전제, 가설, 가정, 이유, 근거 등이 있다. 우선 전제(premise)란 논증에서 그것으로부터 출발하여 결론을 얻을 수 있는 명제를 말한다. 일반적으로 전제는 복수이다. 그리고 일상적인 언어로 쓰인 논증의 경우는 모두가 다 잘 알고 있는 것에 대한 전제는 생략할 때가 많으므로 전제되어 있는 것을 찾아내기란 그리 쉽지 않다(김영채, 1995).

가설(hypothesis)은 일련의 현상을 설명하기 위하여 어떤 학설을 논리적으로 구성하는 명제를 말한다. 가설은 그 목적으로 하는 설명이 모순 없이 행해질 때 하나의 원리 또는 법칙이 된다. 처음에는 가설이었던 것이 실험과 증명으로 많은 사상(事象)에 대한 설명이 거듭됨에 따라 하나의 과학적 법칙으로 인정되는 것이다. 그러나 일상생활에서 통용되는 진리나 법칙도 철학적으로는 가설이라 할 것들이 많다. 가설은 이미 알고 있는 경험적 진리나 개념에 의거하여 새로운 명제나 개념을 산출해 내는 것이므로, 가설의 제기는 가장 창조적인 사고라 할 수 있다. 듀이(Dewey, 1979)의 반성적 사고 5단계, 즉 문제 인식 → 자료 수집 → 가설 설정 → 가설 검증 → 일반화에서도 가설은 매우 중요한 위치를 점한다.

가정(assumption)이란 증거 없이 주어진 하나의 믿음이다. 일상적인 진술들은 보통 하나 또는 그 이상의 가정들을 포함한다. 그리고 그 가정들은 명확하게 표현되거나 또는 암시의 형태로 나타날 수 있다. "유아에게 매일 우유를 먹이는 것이 좋다."고 말하는 사람은, 이미 "우유는 유아의 태변 및 건강 발육에 절대적으로 필요한 요소를 함유하고 있다."고 가정하고 있어야 하는 것이다.

유아를 위한 철학 교육은 형식논리와 함께 '바람직한 논거'와 관련된 비형식 논리도 반성적 사고의 일부로서 포함하는데, 반성적 사고의 중요한 구성 요소의 하나가 '가정 알아내기'이다.

이유(reason)는 어떤 관점이나 행동을 설명하거나 뒷받침하기 위해 내세우는 진술이다. 보통 '왜냐하면'이란 단어로 시작된다. "오늘 아침에는 유치원에 일찍 왔어요. 왜냐하면 올챙이에게 다리가 생겼는지 빨리 알아보고 싶었거든요."와 같은 진술을 일컫는다. 적절한 이유가 되려면, 주제의 핵심과 관련이 있어야 하고, 듣는 사람에게 그럴듯하거나 신뢰를 줄 수 있는 실제적 관점이나 설명을 할 수 있어야 한다. 그러나 모든 상황이 뚜렷한 이유를 가지는 것도 아니며 또 그런 이유를 요구하는 것은 아니다. "그냥 그렇게 하고 싶어서 그랬어요." "왜 그런지 그것일 것 같았어요."라는 진술만으로 충분히 용납되는 상황도 얼마든지 있을 수 있다.

근거(basis, ground)란 어떤 것을 정당화하거나, 설명하거나, 증명하기 위해 필요한 것이다. 어떠한 의견을 다른 사람에게 설득시키거나, 자신이 주장하고 있는 의견이 가치 있는 의견이라고 확신하기 위해서는 자신의 의견에 대해 적절한 근거를 제시할 수 있어야 한다. 좋은 근거가 되려면, 사실적 기초를 가지고 있어야 하며, 제시된 의견과 관계가 있어야 하고, 그 의견을 이해하기 쉽게 도와주며 지원하는 것이어야 하고, 듣는 사람에게 잘 알려져 있어 더 익숙하고 더 믿을 만한 것이어야 한다.

✤ 전래동화 그림책과 논리적 사고

전래동화는 우리 선조들의 민족적 공동 심의에 의해서 이루어지고 일정한 구조를 가진 꾸며 낸 이야기인 설화 중에서 동심을 바탕으로 한 이야기이다(정대련, 1990, 1995). 전래동화는 주제나 내용에 있어서 우리 민족이나 집단의 생활, 습속, 사상, 가치관, 정서, 신앙 등 모든 면을 내포하고 있다. 특히 그림책 『슬기로운 아이』처럼 일상생활 속에서 어린이가 지혜나 슬기, 윤리 도덕의 주체자로서 논리적이고 합리적이며 보편성을 근거로 문제 해결의 중심 역할을 담당하고 있는 전래동화도 얼마든지 찾을 수 있다.

옛날 어느 마을에 심술꾸러기 사또가 살았어요.

하루는 사또가 길을 가다가 소를 끌고 가는 농부를 만났어요. 사또는 소가 욕심이 나서 괜한 트집을 잡았습니다.

"황소가 낳은 송아지 한 마리를 데려오너라. 만일 데려오지 못하는 날에는 네 소를 빼앗을 테다."

-중략-

이튿날, 농부의 아들은 사또를 찾아갔어요.

"사또께서 황소가 낳은 송아지를 데려오라고 하신 농부의 아들입니다."

"아버지가 어젯밤 제 동생을 낳았습니다. 그래서 누워 있는 아버지 대신 제가 왔습니다."

"네 이놈! 남자가 어떻게 아이를 낳는단 말이냐?"

"사또 나리, 남자가 아이를 낳지 못하는데 어떻게 황소가 새끼를 낳을 수 있겠습니까?"

사또는 농부의 아들을 집으로 보낼 수밖에 없었어요.

-중략-

"내일까지 돌로 배 한 척을 만들어 오너라. 만들지 못하면 네 놈을 감옥에 가둬 버릴 테다."

-중략-

사또 일행이 길을 가는데 농부가 헐레벌떡 달려왔어요.

"사또 나리, 돌로 만든 배가 떠내려가고 있습니다. 빨리 모래로 꼰 새끼줄을 가지고 절 따라오십시오."

사또는 버럭 소리를 질렀어요.

"이놈아, 모래로 어떻게 새끼줄을 꼰단 말이냐?"

"어유, 그렇담, 큰일났네! 모래로 꼰 새끼줄이 없으면 돌로 만든 배를 끌고 올 수 없는데……."

사또는 그만 땅바닥에 털썩 주저앉고 말았어요.

－중략－

사또는 다시 농부를 불렀어요.

"갑자기 산딸기가 먹고 싶구나. 내일까지 산딸기 한 바구니만 따 오너라. 만일 빈손으로 돌아오면 살아남지 못할 줄 알아라."

－중략－

아들은 곰곰이 궁리를 했어요.

이튿날, 아들은 엉엉 울면서 사또를 찾아갔어요.

"사또 나리, 우리 아버지를 살려주십시오. 어제 산딸기를 따러 갔다가 독사한테 물렸습니다."

"네 이놈! 한겨울에 독사가 어디 있단 말이냐?"

"겨울에 산딸기도 있는데 독사가 왜 없겠습니까?"

아들은 더 큰 소리로 엉엉 울어댔어요.

"아이고, 골치야! 알았으니 제발 물러가거라."

사또는 두 손으로 머리를 감싸 쥐며 말했어요.

－생략－

최래옥, 박완서, 정채봉 편(2002). 슬기로운 아이(한국전래동화 6), 고려원미디어.

V. 논리와 논술

1. 말과 글 그리고 수사법

우리는 말을 통해 또는 글을 통해 느낌과 생각을 표현한다. 문장은 우리가 말로 나타낼 느낌과 생각을 문자로 나타낸 것이며, 모든 글도 문자로 이루어져 있다. 그러한 문자가 모여 낱말이 되고, 이러한 낱말들이 모인 것이 문장이며 의미가 형성된다. 낱말은 문장을 구성하는 기초인 것이다. 그리고 다시 이들 문장들이 단락을 이루고 마침내 완성된 하나의 글을 이룬다(소흥열, 1980; 황경식, 1993).

일반적으로 문장이란 의미를 갖고 있는 낱말들과 단지 문장이 되도록 문법적인 기능만을 가진 어휘들로 구성된다. 낱말의 뜻을 알아가는 데는 두 가지 방식이 있다. 내포란 한 낱말이 지시하고 있는 대상의 속성을 말한다. 외연은 낱말 속에 포함되는 대상들의 집합을 가리킨다. 낱말을 쓸 때 외연을 적절히 제한함으로써 그 의미, 즉 내포를 충분히 전달할 수 있어야 한다.

그리고 한 낱말의 뜻은 그 사용된 방식에 따라 함축적인 의미 또는 지시적 의미를 갖는다. 어떤 낱말의 의미를 알고자 할 때는 그 낱말이 사용되고 있는 문장의 문맥 안에서 그 낱말이 어떻게 사용되고 있는지를 확인해야 한다. 문맥에 의해 낱말의 뜻이 확대 혹은 변화되는 경우도 있기 때문이다.

한편 말은 생각하는 바가 즉각적으로 튀어나오는 전달 수단인 데 비해, 문장은 체계적인 생각을 거쳐 쓰게 되기 때문에 말에 비해 주어와 서술어의 호응, 조사의 호응, 시제의 호응이 잘 되어 있다. 우리나라 말에서는 주어가 종종 생략되지만, 문장에서는 주어를 확실하게 밝혀 주어야 하며, '~이', '~가', '~을', '~는' 등 혼동하기 쉬운 조사들을 잘 구별하여 사용하여야 한다. 어떤 동작이나 상태의 과거, 현재, 미래를 표시하는 시제를 적절하게 사용하는 것도 문장 구성에서 중요하다.

좋은 문장이 되기 위해서는 무엇보다도 진실성과 감정을 과장하지 않고, 전달하려는 내용에 대한 뚜렷한 인식을 기본으로 해야 한다. 그런가 하면, 간결하게, 구체적인 단어를 선택하여 짧게 끊어서, 문장의 길이나 어미의 다양한 변화를 주어 탄력 있고 다양하게, 독자에게 호소하거나 자신의 주장을 명확히 하고 싶을 때는 강조해서, 그러나 같은 말의 의미 없는 반복을 피할 때 좋은 문장이 이루어진다.

좋은 글, 좋은 문장이 되기 위해서는 수사법을 적절하게 활용할 필요가 있다. 수사법에는 비유법, 강조법, 변화법이 있다.

1) 비유법

비유법은 자신의 사상과 감정을 보다 효과적으로 나타내기 위한 표현 기교의 하나로서, 표현하려는 대상을 그와 비슷한 사물과 빗대서 표현하는 방법이다 (Lipman, 1980; 황경식, 1993; 정대련, 2000; 이민재, 정대련, 2001; 이은진, 정대련, 2004). 우언법(寓言法)이라고 부르기도 하는데, 비유에는 표현하고자 하는 것인 원관념과 비유하는 사물인 보조관념의 상관관계가 성립된다. 즉, 원관념(A)과 보조관념(B) 사이에 유추가 이루어질 수 있는 유사성이 있어야 한다. 비유는 다른 사물을 가리키면서, 다만 비유하는 낱말만 내세워 그 숨은 뜻을 스스로 알아내도록, 자신의 생각을 보다 구체적이고 직접적이며 선명하게 표현하기 위해 쓰인다. 일상어 등 모든 낱말과 마찬가지로, 비유는 문맥 안에서 그 의미를 가지며 특히 시에서 많이 쓰인다.

직유는 서로 비교되고 있는 두 개의 사물을 '~처럼' 혹은 '~같이', '~인 양', '~듯' 등의 조사로 결합시켜 놓고 있는 비유이다. 원래 표현하고자 하는 사물인 원관념을 그것에 비유되고 있는 보조관념이 보완해 주는 'A like B'의 형태의 수사법이다. "구름에 달 가듯이 가는 나그네", "긴 머리카락이 … 마치 연못 속 물고기가 꼬리지느러미를 살랑거리며 헤엄치는 것 같아" 등의 표현이 이에 속한다. 은유는 서로 다른 두 사물을 비교한다는 점에서는 직유와 같으나 은유는 두 사물을 동일시한다. 전혀 다른 두 가지의 내용을 같은 성질로써 연결시키는 방법이며, 원관념과 보조 관념을 직접적으로 연결시키지 않고 간접적으로 연결시키는 방법으로 '암유(暗喩)' 라고도 한다. 'A(원관념)는 B(보조관념)다.' 의 형태로서 나타나며, 두 관념의 밀도는 직유보다 강하다. 'A is B' 의 형태로 "내 마음은 호수요", "엄마의 파마한 머리카락은 통통 튀는 탱탱볼" 등은 은유법으로 쓰인 문장이다.

의인법은 사람이 아닌 무생물이나 동식물에 인격적 요소를 부여하여 사람의 의지, 감정, 생각 등을 지니도록 하는 방법이다. 의인법은 사물을 마음의 눈으로 바라봄으로써, 즉 고정관념의 눈을 벗어나 사물을 바라보는 것이다. 눈에 보이는 사물은 물론이고 꿈, 사람, 우정 같은 추상적 대상들도 마음의 눈으로 바라봄으로써 대상을 인격화하여 존엄성 있게 나타내는 데에 그 의의가 있다. "작은 집 아기 인형이 숨바꼭질해요", "아기 인형이 소꿉놀이해요." 등의 문장에서 인형이 마치 살아 있는 아이인 것처럼 의인화되어 묘사되었다. 한편 활유법은 의인법과 대비되어 무생물을 생물로 표현하는 방법이다. "발에 차인 돌멩이가 아플까 봐"처럼 돌이나 눈 비같이 생명 없는 사물을 살아 생동하는 상태의 생물인 것처럼 표현하는 것이 활유법이다. 풍유법은 비유법을 보다 발전시킨 표현으로 어떤 내용을 직접적으로 말하기보다는 간접적으로 암시하는 방법이다. 우화에서처럼 말하고 싶은 도덕이나 교훈 등을 나타낼 때 풍자를 통해 표면적인 뜻 밑에 교훈을 숨겨서 간접적으로 전달하기 위한 방법이 풍유법이다. 대유법은 어떤 대상을 나타내기 위해 그 대상의 매우 특징적인 일부분으로 그 대상 전체를 표현하거나, 또는 그 대상과 관계된 다른 사물을 제시하여 그 대상을 나타내는 방법이다. "사람이 빵만으로 사는 것은 아니다."라는 말에서 '빵'은 물, 야채, 육류 등등 육체의 필요를 위해 우리가 먹는 모든 것(전체)을 포괄하는 대유적 표현이다.

중의법은 하나의 말을 통해 둘 이상의 뜻을 갖도록 표현하는 방법이다. 조선 시대 사육신 중 한 사람인 성삼문이 지은 시조 "수양산 바라보며……"에서의 수양산은 중국의 '수양산'과 조선 시대 '수양대군'을 동시에 지칭하는 중의적 표현이다. 의성법과 의태법은 그 표현법이 서로 닮아 있어서 구분하는 데 약간의 혼란을 겪기도 한다. 의성법은 사물의 동작이나 상태, 의미를 소리를 통해 나타내면서 그것을 떠올리게 하는 비유법이다. 의태법은 사물의 모양이나 움직임을 모습을 통해 표현하는 방법으로서, 모습을 그냥 보여 준다 하여 시자법(示姿法)이라고도 한다.

2) 강조법

수사법은 그 글이 말하고자 하는 의미를 강조하기 위해서 쓰인다. 강조법은 글의 표현을 보다 생생하고 절실하게, 더욱 힘 있게 표현하기 위한 방법이다.

과장법은 어떤 사물을 실제보다 확대하거나 축소시켜서 표현하는 방법이다. '하늘 땅만큼 큰 사랑', '아기 손톱만 한 달님'과 같이 말하려는 대상이 '크다, 작다, 혹은 많다, 적다' 하는 것을 더욱 돋보이게 하기 위해 과장해서 표현하는 방법이다. 점층법은 글을 진행시키면서 그 뜻을 조금씩 점차로 더욱 강조하여 나중에는 절정에 다다르도록 표현하는 수사법을 말한다. 읽는 이를 글 속으로 빨아들여 강한 이미지를 남기는 것, 즉 글의 내용이나 의미를 더욱 강렬하게 고조시키는 것이 점층법의 특징이다. 반면 점강법은 점층법과는 반대로 글이 진행되어 가면서 점차로 그 표현이나 의미를 축소하고 약화시키는 방법이다. 범위나 규모, 강도 등을 점점 좁히거나 약화시키는 형태로 표현하는 것이 점강법이다.

대조법은 반대되거나 서로 다른 표현들을 이용하여 두 개 이상 대상의 형식이나 내용상의 차이점을 더욱 뚜렷이 나타내는 수사법이다. 이미 지나가 버린 과거의 일이나 미래에 다가올 일 등을 마치 지금 벌어지고 있는 일인 것처럼 나타내는 방법은 현재법이라고 한다. 즉, 현재 시제를 사용함으로써 과거나 미래의 일을 더욱 생생하게 우리 눈앞에 있는 것처럼 표현하는 방식으로서 현사법(現寫法)이라고도 한다.

반복법은 어떤 뜻을 강조하기 위해 같은 어구나 낱말 또는 비슷한 말 등을 거듭해서 되풀이하여 사용하거나, 때로는 문장의 운율을 맞추기 위해 사용된다. 이 외에도 강조법에는 강한 여운이나 암시를 나타내기 위한 생략법이나, 자신의 주장에 더욱 공감하도록 그 예를 하나하나 제시하는 열거법, 글을 쓰는 음조를 변화시키는 억양법, 사물을 실제 이상으로 고상하게 표현하는 미화법 등이 있다.

3) 변화법

글의 흐름을 바꾸어 읽는 이의 관심을 새로이 끌거나 문자의 단조로움을 피하는 수사법을 변화법이라고 한다. 변화법에는 설의법, 도치법, 대구법 등이 있다.

설의법은 누구나 쉽게 알 수 있는 사실이나 상대편이 기꺼이 동의할 수 있는 의견을 서술형으로 평범하게 적지 않고 의문형으로 표현하여 그 뜻을 더욱 강조하고 글을 읽는 사람의 동의를 얻는 표현 방법이다. "우리나라는 삼 면이 바다로 둘러싸여 있잖니? 그래서 수산물이 풍부한 거라고."처럼 상대편이 동의하리라는 생각을 미리 염두에 둔 채 그 뜻을 더욱 강조하기 위해 의문형으로 묻는 방법이 설의법이다. 반어법은 말하고자 하는 진짜의 뜻과는 반대되는 말을 해서 그 뜻을 더욱 강조하는 방법이다. 할머니가 귀여운 손자를 '내 못난 똥강아지' 라고 부르는 것과 못마땅한 사태나 결과를 초래했을 때 '잘~한다' 라고 표현하는 것처럼 마음을 반대로 표현함으로써 화자의 뜻을 더욱 강하게 표현하는 방법이 그것이다.

도치법은 주어와 용언, 또는 주절과 부사절 등의 위치를 정상적 순서에 따르지 않고 주절을 부사절보다 앞세운다든가 용언이 문장 가장 앞에 오도록 하는 수사법이다. 단순한 문장을 읽을 때보다 글이 평이한 방향으로 흐르지 않도록 문장에 변화를 주는 방법인 것이다. 대구법은 뜻이 서로 상반되거나 운율이 엇비슷한 구절을 나란히 내세우는 수사법으로서, 우리나라 속담이나 옛 한시에서 문장을 아름답게 표현하는 동시에 그 뜻을 분명하게 나타내 주는 방법이다. 변화법에는 이 밖에도 익살이나 재치를 섞어서 기발하게 우리에게 교훈을 전하는 경구법과, 두 사람 이상의 사람들을 내세워 서로 묻고 답을 하도록 구성하는 문답법이 있다.

수사법과 그림책

그림책『옛날 스님들은 어떻게 살았을까』는 한 편의 시가 담을 수 있는 철학적 삶의 의미를 다양한 수사법으로 그려 보여 준다. 비유법, 강조법, 변화법, 즉 구체적으로는 반복법, 활유법, 도치법, 대유법 등 시 문학에서 활용 가능한 수사 형식의 총체적 동원으로, 작가는 자비와 지혜라는 불교적 삶의 지향을 자연스럽게 유아들의 삶의 공간으로 옮겨 주고 있다(정대련, 2007).

옛날 스님들은/ 씨앗을 심을 때/ 한 호미 자국에 세 개씩 심었대요./
새와 벌레와 똑같이 나눠 먹으려고.
옛날 스님들은/ 쓰던 바가지가 깨지면/ 솔뿌리로 꿰맸대요./
낡은 바가지도 살려 쓰려고.
옛날 스님들은/ 붓을 맹물에 찍어/ 묵판에 글씨 연습을 했대요./
종이와 먹물을 아끼려고.
옛날 스님들은/ 좋은 신발을 두고도/ 엉성한 짚신을 신었대요./
벌레가 밟혀도 죽지 말라고.
옛날 스님들은/ 갓 돋은 싹은 밟지 않았대요./
어린 것이 다치기라도 하면/ 너무 가엾다고.
옛날 스님들은/ 돌 하나도 함부로 옮기지 않았대요./
세상의 모든 것은/ 지금 있는 자리가 제자리라고.
옛날 스님들은/ 힘든 일이 있어도 좋게 생각했대요./
그늘이 있으면/ 양지도 있게 마련이라고.
옛날 스님들은/ 길을 갈 때도 염불을 했대요./
목숨 가진 모든 것들에게/ 축복 있으라고.
옛날 스님들은/ 생명 있는 모든 것들의/ 무게는 같다고 했대요./
목숨 귀하기는 무엇 하나 다르지 않다고.
옛날 스님들은/ 옷에 붙은 풀씨도 떼버리지 않았대요.
새 땅으로 데려다 달라는/ 풀씨의 마음을 헤아려서.

옛날 스님들은/ 살아 있는 물고기를 팔면/ 사다가 강물에 풀어 주었대요./
　　제 목숨만큼 더 살아가라고.
옛날 스님들은/ 먼 길에 몹시 지쳐도/ 수레는 타지 않았대요./
　　수레 끄는 소나 말이 힘들다고.
옛날 스님들은/ 자연을 귀하게 받들어/ 산에 가는 것을 입산이라고 했대요./
　　산의 품에 든다는 뜻으로.
옛날 스님들은/ 빛나는 보석보다/ 한 자루 촛불을 귀히 여겼대요./
　　촛불은 스스로를 태워 남을 밝힌다고.

김종상(2003). 옛날 스님들은 어떻게 살았을까. 파랑새.

2. 논리적인 말과 글 : 논술

논리란 우리가 생각을 할 때 이용하는 기본적인 규칙들과 그 추론 과정이다. 유아를 위한 철학 교육에 있어 논리는 3가지 의미를 가진다. 첫째, 논리란 형식 논리를 의미하며, 문장 구조와 문장 사이의 연계를 지배하는 법칙을 말한다. 둘째, 논리는 근거를 제시하는 것으로서, 말하고 혹은 행한 무엇인가에 대한 근거를 찾고 그 근거를 평가하는 것이다. 마지막으로, 논리란 합리적으로 행동하는 것을 의미하는데, 이는 합리적인 행동 기준에 관심을 둔다는 말이다(Lipman, Sharp & Oscanyan, 1980).

논술(論述, discourse; statement; enunciation)은 우리가 생각하고 있는 바를 논리에 따라 글로써 그 근거를 제시하면서 표현하는 것을 말한다. 논리와 논술은 그 정의에서처럼 서로 연결되어 있으며, '논리적인 사고'를 떠나서는 논술을 할 수가 없다.

엄밀히 말하면 논술에는 말로 하는 것과 글로 하는 것의 두 가지 형식이 있지만 일반적으로 논술이라 함은 글로 표현하는 경우를 지칭할 때가 많다. 논술은 어떤 것에 대한 주장이나 의견을 글로 표현한 것으로서, 어떤 사실에 대해서 연구하고 비판, 평가, 종합한 것, 혹은 자신의 의견으로 다른 사람을 설득하기 위해, 설명, 묘사, 서사, 논증의 방법을 통해 논리적으로 진술하거나 기술한 글이다. 즉, 논술은 어떤 논제에 대하여 자신의 의견이나 주장을 내세운 다음 여러 가지 근거를 제시하는 논리적 과정을 통하여 그 의견이나 주장이 옳음을 진술하거나 기술하는 것이다(황경식, 1993).

논술은 때때로 주장하는 글이나 논설문과 같은 개념으로 생각되기도 하지만 각각의 개념은 차이가 있다(http://eKongbu.com). 주장하는 글은 주장하는 내용을 자유로운 형식으로 쓴 글로서 편지 형식도 주장하는 글에 속한다. 이에 비해 논설문은 논리적으로 설득하는 글로서, 서론 · 본론 · 결론이라는 일정한 형식에 맞춰 주장하는 내용을 쓴 글이다. 그러므로 논설문보다는 주장하는 글이, 주장하는 글보다는 논술이 좀 더 큰 의미를 가진 개념이라 할 수 있다.

논술을 하기 위해서는 첫째, 문제되는 내용을 차근차근 살펴 정확히 풀어내는 과정을 통해 문제를 파악해야 한다. 둘째, 구조 · 성질 · 요소 · 역사 · 기능 등 논의 대상이 지닌 모든 것을 포함하여 사실을 구체적이고 정확하게 이해해야 한다. 셋째, 어떤 문제를 해결하기 위해 사실과 논리에 맞춰 타당한 해결 방안을 찾아내는 절차를 수행하는 능력, 즉 설명 · 선택 · 규명 · 권고 · 비교 · 대조 또는 인과 관계의 양상을 통해 사실과 논리에 맞춰 타당한 해결 방안을 찾아내는 절차를 수행하는 능력을 길러야 한다. 넷째, 타당하거나 타인이 수긍할 수 있도록 주장하는 논지가 적절해야 한다. 다섯째, 논술은 주제나 표기법과 용어 및 논점에 있어서 일관성을 유지하여 논의를 이어 가야 한다. 여섯째, 확실하고 풍부한 근거를 확보하여 논거 제시의 적합성과 주장의 타당성을 유지해야 한다. 일곱째, 논술은 연역 · 귀납 · 유추 등의 추론 방법으로 논리적인 입증 내지는 논증의 과정을 거쳐야 한다. 여덟째, 정확하고 풍부한 어휘로 참신하고 정확한 의미를 표현해야 한다. 아홉째, 논술에서는 주어와 서술어가 일치하고 앞뒤 문장의 서술이 일관되어 효율적으로 의미를 전달하여야 하고, 마지막으로, 각각의 문단은 글의 단위성과 유기성을 갖추어 그 자체로서 뿐만 아니라 앞뒤 다른 문단들과도 긴밀한 관계를 맺고 있어야 한다(황경식, 1993).

한편 논술로 말한다는 것은 사실에 바탕을 둔 근거를 제시하여 독자로부터 공감을 얻어내는 것이다. 논술에 있어서 중요한 것은 논증과 설득이다. 논증은 글쓴이의 의견이나 신념이 옳다는 객관적인 근거를 제시하는 것이고, 설득은 글쓴이의 의견이나 주장이 옳다는 객관적인 근거의 유무와 상관없이 상대의 공감을 얻어내는 일이다. 때로는 그 증거가 주관적일 수도 있는데, 그러한 경우에는 타당한 논리성이 뒷받침되어야 한다. 논술은 단순히 자신의 주장을 펴거나 설명하기 위해서 쓰는 것이 아니라 독자를 설득하기 위해서 쓰는 것이기 때문에, 그 논술에서 주장하는 것이 얼마만큼 설득력이 있는가가 중요하다.

논술로써 공감을 얻기 위해서는 공감대를 형성하는 방법과 독자를 설득하기 위한 도구, 즉 논술의 기본 요건이 필요하다. 논술할 때에는 사용되는 모든 정보 자료가 정확해야 함은 물론이고, 새로운 정보를 밝히고 평가하는 것을 중심으로 하여 독창적인 글이 되어야 한다. 논술은 자기의 단순한 의견이나 편견 · 감정 · 선입관 · 주관적인 판단이 아닌 객관적인 분석 자료를 바탕으로 해야 하며, 다른 사람도 같은 조건에서는 동일한 결과를 얻을 수 있도록 검증 가능한 글이어야 한다. 또한 논술은 독자가 이해할 수 있도록 논리적이고 간결하며 명확한 문장, 즉 평이한 문장으로 이루어진 글로서 자신뿐 아니라 다른 사람에게도 도움이 되는 글이어야 한다(http://aromi.co.kr).

3. 논쟁과 오류

쇼펜하우어(2001)에 따르면, 고대 사람들은 논리학(독, Logik)과 토론술(독, Dialectik, 또는 논쟁술)을 동의어로 사용하였다. Logik(논리학)과 Dialectik(토론술)이라는 말은 중세와 근세를 거쳐 동의어로 사용되었으며, 근세에 들어서 칸트는 Dialectik이라는 말을 자주 궤변론적 논쟁술(sophistische Disputierkunst)이라는 의미로 사용하기도 하였다. 그러나 원래부터 두 단어는 동일한 것을 뜻하며 최근에 들어서도 그렇게 간주되고 있다.

쇼펜하우어는 논리학(Logik)을 사고의 법칙, 이성의 행동방식에 관한 학문으로 정의한다. 논리학은 순수하게 선험적인, 즉 경험의 개입 없이 규정할 수 있는 대상과 사고의 법칙, 그리고 이성의 방식을 가지고 있다. 이성은 스스로의 판단에 따라 어떠한 방해도 받지 않고, 그 무엇에 의해서도 미혹되지 않는 하나의 이성적인 존재로서 고독하게 사고할 때 이 방식을 따른다.

논쟁하는 기술이라 정의되는 토론술(Dialectik)은 두 이성적 존재의 관계를 다룬다. 이성적인 두 존재는 같은 대상을 놓고 함께 사고하는데, 순수한 이성을 지닌 존재로서 논리적으로는 상호 의견의 일치를 보일 수도 있다. 그러나 모든 인격(개성)의 본질인 상이성(相異性)에 연유하여, 개인적인 사고를 상대방에게 관철시키기 위해서 쌍방이 사용하는 수단들에 대한 경험적인 인식에서 그들 간에 의견 차이가 발견됨은 필연적이다.

논쟁술(論爭術)은 철학적 논쟁에 사용되는 논박의 기술이다(Schopenhauer,

2001). 플라톤은 소피스트들이 사용한 논쟁술적 논증을 부정적으로 평가했다. 논쟁술은 진리에 도달하기보다는 성공적 논박을 목적으로 삼는 수단이며, 철학적 탐구의 수준을 수사학(修辭學)으로 떨어뜨리며, 쉽게 말해 겉만 번지르르한 약삭빠른 사고 과정에 의존한 논증이라는 것이다. 쇼펜하우어의 토론술도 오직 논쟁에서 이기기 위한 도구로서 부정적인 분위기의 논박과 논증을 포함하고 있는 것이다.

유아들이 참여하는 철학적 탐구에 있어서 논리나 논증, 쇼펜하우어가 주장하는 논박의 의미까지 함축하기는 어렵다. 그러나 교사는 자신의 과거 교사생활을 반성하고 현재의 교수 행위를 긍정적 또는 부정적으로 검토하는 가운데, 유아들로 하여금 공동체 속에서 논리적으로 사고하고 대화하며, 철학적 탐구의 과정을 거치며 논증하고 토론을 전개할 수 있도록, 다양한 길을 열어 놓아야 한다.

논술하거나 논리를 전개하는 과정에서 잘못된 생각이나 믿음을 드러내는 경우가 있는데 이를 오류라고 한다(김득순, 1993; 성일제, 곽병선 외, 1987, 1988; 탁석산, 2002; 허경철 외, 1989; 황경식, 1993). 특히 논리학에서는 보다 좁은 의미로 추론 또는 논증에서의 잘못을 오류라고 한다. '오류' 라는 말은 실수 혹은 속임수를 각각 의미하는 라틴어 fallere 혹은 fallacia로부터 유래한다. 이러한 실수나 속임수들은 의도적일 수도 있고 비의도적일 수도 있다. 도덕적인 관점에서 보면 비의도적인 속임수나 오류들로부터 의도적인 것들을 구별하는 일이 중요할 수 있으나 논리적인 관점에서는 그러한 구분이 별로 중요하지 않다. 논리학에 있어서는 오류를 범하는 사람의 심리적 특성이나 동기에 주목하는 것이 아니라 오류 그 자체에만 관심을 갖는다.

오류는 크게 형식적 오류(Formal Fallacies)와 비형식적 오류(Informal Fallac) 또는 일상 언어생활에서의 오류로 나뉜다. 형식적인 오류는 추론 또는 논증의 형식 자체가 타당하지 않음으로 인해 생기는 오류이다. 전건 부정의 오류(부정전제의 오류, fallacy of exclusive premiss), 후건 긍정의 오류(긍정결론의 오류, fallacy of affirmative conclusion), 선택지 불완전의 오류(또는 선언삼단논법의 오류, 중개념 부주연의 오류, fallacy of undistributed middle), 불합리한 결론의 오류(대개념 또는 소개념 부당주연의 오류, fallacy of illicit major 〈minor〉) 등이 형식적 오류에 속한다(소흥열, 1980).

비형식적 오류는 관련성(적합성)의 오류 · 애매성의 오류 등 크게 2가지 분류, 무관련성의 오류 · 수용 가능성 오류 · 불충분한 근거의 오류 · 반박 피하기 오류 등 4가지 분류, 또는 언어적 오류 · 심리적 오류 · 자료적 오류 등 3가지로 나누기도 한다(조성민, 정선심, 1993; 김용규, 2008; 탁석산, 2002).

비형식적 오류의 3가지 분류에 따르면, '언어적 오류'에는 애매한 단어의 오류, 문장의 모호성에 의한 오류, 강조의 오류, 동일성 추론의 오류, 부당한 재정의의 오류, 정의에 의한 존재 실체화의 오류, 사용과 언급을 혼동하는 오류가 있다. '심리적 오류'에는 위력에 호소하는 논증의 오류, 동정 · 연민 · 자비에 호소하는 오류, 권위에 호소하는 오류, 증오나 분노에 호소하는 논증의 오류, 공통 의견에 호소하는 오류, 전통에 호소하는 오류, 대중에 호소하는 논증의 오류, 사람에게 향하는 논증의 오류, 인신공격의 오류, 정황에의 오류, 피장파장의 오류 등이 속한다. '자료적 오류'는 합성의 오류, 분할의 오류, 우연의 오류, 역우연의 오류 또는 성급한 일반화의 오류, 사실 외면의 오류, 망각적 귀납의 오류, 근시안적 귀납의 오류, 도박사의 오류, 잘못된 유비추론의 오류, 의도확대의 오류, 무지에 호소하는 논증의 오류, 흑백 사고의 오류, 복합 질의의 오류, 발생학적 오류, 거짓 원인의 오류, 허수아비 공격의 오류, 본말 전도의 오류, 가정 망각의 오류, 논점 일탈의 오류, 순환 논증의 오류, 자가당착의 오류, 자연주의적 오류, 자기 합리화의 오류, 원천 봉쇄의 오류 등을 포함한다.

비형식적 오류는 삶의 여러 국면 속에서 자칫 범해지기 쉬우나, 그 오류의 파장은 오히려 심각할 수 있다. 나름의 논리를 펴거나 상호 간 논쟁을 벌일 때, 또는 논술을 쓰려고 할 때, 비형식적 오류를 범하지 않도록 그 명칭과 의미를 밝히고 유념하여 오류의 가능성을 줄일 필요가 있다.

논리적 오류와 전래동화

우리나라 전래동화에 등장하는 동물 중 가장 많이 등장하는 동물은 호랑이이다. 전래동화에서 호랑이는 주로 영맹형, 정의형, 우직형, 충성형, 보은형, 둔갑형 등으로 등장한다(손동인, 1984). 그러나 호랑이는 때때로 논리적 오류 또는 판단오류를 범하고 상대 등장인물인 토끼에게 자신의 어리석은 억지 논리와 논증을 들키고 만다. 때문에 토끼에게는 물론 전래동화를 읽는 어린 독자에게 웃음거리가 되곤 한다. 전래동화에 그려진 호랑이의 논리적 오류를 통해, 유아들은 억눌린 감정과 무서움, 그리고 두려운 세상을 한바탕 웃어넘길 수 있는 여유와 만족을 얻게 되는 것이다.

바람이 윙윙 불었어요. 얼음이 꽁꽁 얼고 눈이 펄펄 날렸어요.
"호랑이야, 안녕?"
"응, 토끼 너 참 잘 만났다."
으으흥! 으응 으흥! 호랑이가 토끼를 잡아먹으려고 했어요.
"나를 해치지 마. 물고기 많이 잡아 줄게."
"뭐라구, 물고기? 그럼 좋아!"

토끼는 꽁꽁 언 강바닥에 구멍을 냈어요.
"여기에 꼬리를 넣고 있어 봐. 고기가 주렁주렁 매달릴 거야."
"쉬이– 쉬이–."
토끼는 강가를 뛰어다니면서 고기를 모는 척했어요.
"호랑아, 꼬리를 들어 봐. 고기가 주렁주렁 매달렸을 거야."
"어어? 이거 안 빠지는데?" 호랑이 꼬리는 꽁꽁 얼어붙었어요.
"으응, 으으응……."
호랑이는 꼬리를 빼려 힘을 끙끙 쓰다가 그만 사람들에게 잡혔어요.
–생략–

신현득(1995). 토끼와 호랑이(세계유아문학대전집 위대한 탄생 26). 보림.

Ⅵ. 윤리적 탐구와 배려

1. 도덕과 도덕성 발달

도덕(moral)이란 라틴어의 'mores' 에 기원을 둔 말로서, 예의 · 태도 · 관습 · 습관 · 풍속 등을 가리키는 다양한 의미로 사용된다. 사회생활의 규범, 즉 인간 행위의 준칙으로서, 평범한 인간으로 하여금 그가 속한 집단이 기대하는 바람직한 행동 규범에 부합되게 행동하고 사고하게 하는 행동 체제가 도덕이다(정대련, 1990).

도덕성은 사회생활에 있어서 그 사회가 구성원 모두에게 기대하는 바람직한 행동을 따르려는 심성을 뜻한다. 도덕성은 바람직한 행동에 대한 인식과 판단, 그렇게 하려는 실천적 행위, 그리고 행위 속에 유발되는 정서적 측면을 포함하며, 궁극적으로는 자율적인, 성숙된 자기만의 규범을 창조하는 과정에까지 확장된 개념이다.

도덕성 발달은 어떤 행동의 옳고 그름에 대한 평가를 담당하는 인지적 측면의 '도덕적 판단', 사고나 행동에 대해 정서적 반응을 보이는 정의적 측면의 '도덕적 감정', 그리고 실제 행동으로 나타나는 행동적 측면의 '도덕적 행동' 을 모두 포괄하는 개념이다. 인지발달이론, 정신분석이론, 사회행동이론은 각각 도덕성 발달 단계를 설명하고 있다.

피아제(2000)에 따르면, 도덕 전 시기 중 2~4세 시기의 유아는 규칙에 대한 관심을 거의 보이지 않거나 규칙이 있다는 것조차 자각하지 못하다가, 4~5세경에는 규칙에 따라 놀이하는 손위 아동의 행동을 주시하여 모방함으로써 규칙을 알게 된다. 그리고 4~7세경 타율적 도덕성 시기가 되면 유아는 규칙과 신념에 대해 이해하며 그것에 항상 복종해야만 한다고 생각하는 단계로 발전한다.

피아제는 유아의 사고란 "논리적 필연성과 적절한 의미를 결여하고 있다."고 주장하며, 단지 유아가 아니더라도 모든 인간의 추론 작업은 심리학적 법칙에 따라 "각각의 행위를 짜 맞추는 일련의 태도이지 논리적으로 적절한 개념을 이어 가는 것은 아니다."라고 가정한다. 그러나 만약 이 같은 가정이 도덕적 경험의 영역에까지 확대된다면, 도덕적 합리성이란 개념은 어차피 성립될 수 없으며, 더불어 도덕적 가치도 기대할 수가 없다. 유아는 논리적 법칙에 따라 추론된, 또는 원리에 기초를 둔 체계적인 행위를 할 능력이 결여되어 있다는 가정은 유아를 도덕적 판단 주체로서 대접하지 않는 것이다.

2. 윤리적 탐구

현대 교육에 있어 가장 어려운 것 중의 하나는 '교사가 어떻게 유아들을 도덕적 존재로 키우는가' 하는 문제이다. 교사들이 이 문제에 대해 당혹감을 갖는 원천적 이유의 하나는 교육사상가나 이론가에 따라 각각 다르게 제시되는 아동관과 윤리적 관점 때문이다.

그러나 교사는 각각의 유아가 개인인 동시에 학급이라는 작은 사회의 일원이라는 양면성을 숙지해야 한다. 개인으로서의 유아는 개성적인 존재이면서 교실 집단 내 구성원으로서의 역할 속에서 스스로의 고유한 능력을 계발하게 된다. 유아의 도덕적 성장을 돕는 가장 주요한 최적의 환경은 가정이나 사회보다도 교사가 주체가 된 교실 환경인 것이다.

교사가 유아로 하여금 철학적 논의에 입문시키는 시발점은 논리적 · 합리적 · 비판적 사고 능력이다. 그러나 차가운 논리로 표백된 비판자들의 교실을 만드는 것은 철학적 탐구의 목적이 아니다. 유아 스스로 자유롭고 창의적으로 표현할 능력, 그리고 세계와 자신을 객관적으로 평가할 능력을 길러 주는 것이 철학적 탐구의 목적이다. 교사는 사회와 유아 사이의 매개자(mediator)이지 심판자(arbitrator)가 아니다. 유아를 사회에 적응시키는 것이 아니라, 유아가 자기 관심에 더욱 부합되는 사회를 형성해 나갈 수 있도록 이끄는 것이 교사의 역할이다. 교사는 변화·발전할 수 있는 유아의 가소성 및 공동체의 혁신, 더불어 사회의 가소성에 대해 인식할 수 있어야 한다(IAPC, 1982; 미국어린이철학개발원, 1999).

도덕 교육에는 추론 작업의 요소와 더불어 성격 형성, 감수성 훈련의 요소도 공존한다. 중요한 것은 이러한 요소들에 대한 이분법적 관점을 극복하는 일이다(Lipma, Sharp & Oscanyan, 1980). 우선, 사고와 감정에 대한 이분법적 관점의 극복이다. 도덕 교육에 있어 감성적인 면과 인지적인 면을 분리하는 자체가 기만적이며 학습의 본질을 그르치는 결과이다. 지적 교육은 가능하나 감성 교육은 불가능하다거나, 감성이 지성보다 우월하므로 모든 교육의 초점이 되어야 한다는 주장도 기만적이다. 또한 극복되어야 할 관점은 사실(fact)과 가치(value)의 이분법이다. 흔히 가치 교육은 교육과정의 다른 내용과는 구별되어 자족적이고 자율적인 훈련으로서 여겨진다. '사실'은 객관적이며 '가치'는 주관적이어서, 그 둘은 서로 다른 영역이므로, 가치와 사실은 서로 분리되는 것이 타당하다고 결론짓곤 한다. 그러나 논리와 탐구를 중시하는 철학 교육은 "모든 것은 상대적이다. 네게 옳은 것이 내게는 그른 것이 될 수 있다."와 같은 주관주의를 경계하며, 유아들이 적절하고 믿을만한 결론에 이를 수 있도록 상황을 분석할 때 사용할 유용한 도구를 제공하고자 한다. 꼼꼼하고 비판적으로 사고하는 습관을 키움으로써 스스로의 감정을 분석하고 나아가 체계적이고 사실적인 근거를 찾아 다른 사람들과 자신의 느낌을 교환하며 가치문제를 객관적으로 이해하도록 돕는 것이다.

대개의 경우 도덕적 추론이라 하면 단지 전제나 사실적 근거로부터 결론을 이끌어내는 논리적 추론과 유사하게 인식된다. 그러나 도덕적 추론의 중요한 내용의 하나는 도덕적 상상력이다. 도덕과 관련된 훈련을 함에 있어서 우선 다양한 수단과 목적의 관계를 숙고할 수 있어야 한다. 유아는 자신이 이루고 싶은 '목적' 이 있을 때, 지금 당장의 불만족스러운 상황을 어떻게 변혁시킬 수 있을지 상상해 보고, 이를 보완하고 수정할 수 있는 '수단' 을 찾아보며, 목적과 수단의 관계를 정립하는 훈련을 해 보아야 한다. 또한 도덕적 상상력은 부분과 전체의 연관(part-whole connections)을 이해하기 위해서도 필요하다. 여러 구성원들이 참여하는 철학적 탐구가 '함께' 이루어내려는 공동체적 목적 활동에 대해 유아 각각의 특정한 활동이 그 '일부' 가 됨을 바라볼 수 있어야 하는 것이다.

유아를 위한 철학 교육이 도덕 교육에 도움이 되는 근거는 다양하다(IAPC, 1976, 1977, 1981, 1982; 미국어린이철학개발원, 1999; 피터즈, 1983). 첫째, 철학은 사고 방법을 제공함으로써 유아로 하여금 도덕적 갈등 상황의 논리적 측면을 객관적이고 일관성 있게 다룰 수 있게 한다. 둘째, 철학은 이론적 · 실제적 대안을 탐구하도록 도움으로써 유아들에게 유연하고 열린 삶의 자세를 갖추게 한다. 셋째, 철학은 인간 존재의 복합성 및 다양한 차원(multi-dimensionality)에 대한 자각을 촉구함으로써 유아의 자기 존재에의 균형감각을 습득 발전시킨다. 넷째, 철학은 질문하고(questioning) 대화하는 방법론으로 유아들이 타인의 감정을 민감하게 수용할 수 있는 계기를 마련해 준다. 단적으로 말해서 철학적 탐구는 관점의 다양성과 서로 다른 의견과 신조들이 펼쳐지는 교실에서 유아로 하여금 서로 다른 사람들의 신념과 관점에 눈뜨게 하고 그것을 철학적 기준, 즉 일관성, 객관성, 공정성에 따라 되새김으로써 서로를 사고하고 느끼는 개인으로 의식하게 이끈다.

유아의 도덕성에 관한 질문에 효과적으로 답하기 어려운 또 다른 이유는 도덕에 관한 문제가 너무 광범위하여 단번에 대응하기 어렵다는 데 있다. 도덕적 상황 내지 도덕적 문제에 대해 절대적 권위를 가지거나 윤리적 원리가 확고한 사람이 되기란 쉬운 일이 아니며, 양심에 비추어 본다거나 가치명료화(value clarification)에 의존하여 해결하기도 쉽지 않다. 그럼에도 불구하고 상황에 따른 임기응변적인 정당화를 넘어서서 도덕적으로 강한 정당화를 추구해야 하는 것이 유아를 도덕적 존재로 키우고자 하는 교사들의 딜레마이다. 유아들의 삶은 통합성(integrity)을 가지고 있다. 유아는 사고와 행위가 서로 일관되어 있다고 생각하며, 자신의 생활과 양립 불가능한 행위에 대해서는 저항감을 느끼고, 자신들의 생활 노선과 어긋나는 행위에 대해서는 어른보다 훨씬 큰 충격과 혐오감을 느낀다. 도덕적 추론이 무엇인지 알아보고 경험해 본 유아들은 스스로 자신의 사고와 행위를 통합해 보고, 이 두 측면이 서로 양립할 수 있는 가능성을 숙고할 것이다. 도덕 교육에 있어서 추론에 대한 이해가 필수적인 이유가 바로 이 때문이다.

유아를 위한 철학 교육은 윤리학적 요소를 인지적 능력이나 도덕적 추론 능력 강화라는 이성적 측면에만 제한하지 않는다(소흥열, 1980). 철학적 탐구는 유아들이 비합리성에 기울지 않고 합리성에 대한 더욱 강한 충동을 느끼며, 의미를 추구하고 이해하려는 욕망과 욕구, 사고와 감정이 통일되는 느낌, 그리고 새로운 가치나 신념에 대한 사고의 길을 모색하려는 이성적 정열(rational passion)을 가지도록 촉구한다. 윤리적 탐구 과정에 대한 끈질긴 관심은 도덕군자의 훈화가 담긴 책 한 장을 읽는 것보다 유아들의 도덕적 판단력 향상에 훨씬 더 도움이 될 것이다(Lipman, 1980).

인간관계가 켜켜이 쌓인 삶의 두께를 꿰뚫어 보고 서로 다른 사람들을 소통시키는 데 필요한 민감성은 문학이 자랑하는 고유한 장점이다(Cullinan, B. E. & Galda, L., 2003). 도덕적 판단력의 향상을 위해서는 도덕적 자각의 양식과 도덕적 통합성의 본질, 도덕적 탐구의 방법, 윤리적인 이해심들을 구체화시켜 드러내 주는 문학작품에서 관련된 부분을 찾아 재구성해 보는 작업이 도움이 된다. 유아를 위한 철학이 윤리 교육을 지향하는 효율적 교육 과정이 되기 위해서는 논리적 훈련, 미학적 감수성, 인식론적 통찰, 형이상학적 이해를 목표로 하는 철학적 내용과 문학 교재와의 조화로운 만남이 필수적인 것이다.

3. 배려적 사고

배려적 사고란 타인에 대한 관심과 공감을 전제로 하여 대상을 존중하고 적극적으로 돌보려는 성향을 지닌 사고이다. 타인이나 대상이 소중하게 여겨지면 우리는 자연스럽게 배려하게 된다. 어떤 대상에 대한 우리의 관심이나 가치분별에 따라 배려가 이루어진다는 말이다(Brunt, J., 1996; Gilligan, C. & Attanucci, J., 1988; Nodding, N., 1984). 배려가 행해지는 순간의 감정 상태가 지속적이고 합리적인 성향으로 이어지도록 인지적인 작용이 요구되는 것이다. 이렇게 배려와 더불어 분별력과 지속성, 그리고 합리성이 갖추어진 사고 작용이 배려적 사고이다 (Lipman, 2003).

배려적 사고란 배려를 올바르게 실천할 수 있도록 이끌어 주는 사고 작용으로서, 지각적이고 감각적인 그리고 정서적인 삶에서부터 출발하여 어떠한 상황에서 어떻게 행동해야 하는지의 방식을 결정한다(박보연, 정대련, 2006; 박진환, 2005; 이춘희, 2008; 정연경, 2004; Lipman, 1995; Sharp, 1995, 2004, 2006; Schleifer, Daniel, Peyronnet & Lecomte, 2003). 즉, 배려적 사고는 유아로 하여금 건전하면서도 인정이 담긴 결정을 할 수 있도록 건전한 가치 체계를 정립하게 한다. 어떤 문제를 도덕적 문제로 인식하는 것은 도덕적 판단이고, 도덕적 문제 자체를 인식하는 것은 배려적 사고이다. 대상에 대한 공감, 동정, 정서적 집중 그리고 깊은 민감성은 배려적 사고의 핵심이다.

배려적 사고는 가치부여적 사고, 규범적 사고, 정서적 사고, 감정이입적 사고, 행동적 사고 등 다섯 유형을 포함한다. 각 유형은 특정 영역에 한정된 개별성이기보다는 본질상 배려적 특성을 모두 공유하고 있다는 점에서 상호 보완적 성격을 지닌다. 배려적 사고의 유형은 각각 다음과 같다(이춘희, 2007; Lipman, 2003).

첫째, 가치부여적 사고(Appreciative thinking)란 가치를 높게 인정하거나 소중히 여기며, 타인에 대해 관심이나 염려를 보이는 모든 종류의 사고를 말한다. 가치부여적 사고는 소중하게 또는 가치 있게 여기고, 축하하고, 마음에 간직하고, 감탄할 줄 알며, 존중하고, 보존하려는, 또 칭찬해 주는 … 등의 특성을 가진다.

둘째, 규범적 사고(Normative thinking)는 실제와 이상(理想)을 비교하여 마땅히 이루어져야 할 바(what ought to be)를 고려하는 사고이다. 규범적 사고의 특성에는 무엇인가 요청하거나 강하게 요구하고, 기꺼이 의무를 지거나, 강제적인 의무를 따르고, 적절하게 할 줄 알고, 권면하며, 기대도 해 보는 … 등이 포함된다.

셋째, 정서적 사고(Affective thinking)는 이성과 감정을 이어 주는 사고로서, 일종의 판단이다. 정서적 사고는 좋아하고, 사랑하고, 길러 주고, 경의를 표하고, 화해하고, 친근하게 대하고, 격려하는 … 등의 특성으로 나타난다.

넷째, 감정이입적 사고(Empathic thinking)는 다른 이의 실제 마음속을 투사하여, 그 대상을 완전히 이해하고, 숙고하는 것이다. 감정이입적 사고의 특성에는 고려해보거나, 동정하거나, 성원을 보내고, 주의 깊게 돌보고, 연대감을 갖고, 세심하게 주의를 기울이거나, 진지해지고, 상상해 보고 … 등등이 해당된다.

다섯째, 행동적 사고(Active thinking)는 행동으로 나타난다. 행동 또한 자신의 사고를 나타내는 언어라고 보는 것이다. 돌봄이 필요한지 관심을 갖는 것(caring about)은 가치부여적이거나 정서적인 사고이고, 직접 돌보는 것(caring for)은 행동적 사고이다. 조직하고, 참여하고, 관리하고, 집행하고, 구축하고, 공헌하고, 맡은 바 도리를 다하고, 구조하는 … 등에서 행동적 사고가 나타난다.

단적으로 말하면, 배려적 사고는 특정한 상황, 즉 윤리적 · 미적 또는 과학적 상황에서 중요하게 생각하는 것을 선택하도록 돕는 사고이다. 배려적 사고는 '타자', 즉 사람, 사물, 동물 등에게 마음으로(내면으로부터) 접근하면서, 자기 자신에 대한 또는 다른 이들에 대한 관심을 정당화하는 역할을 한다. 상대방에 대한 '관계 인식'을 촉진시키는 역할을 하는 것이 배려적 사고인 것이다.

✠ 그림책과 배려적 사고

흔히 한 편의 그림책은 한 주제와 하나의 소재를 중심으로 구성된다. 하지만 로젠탈과 다이어(2008)의 『쿠키 한 입의 인생 수업』은 쿠키라는 작은 과자 한 조각을 통해 참으로 깊고 넓은 인간 삶의 윤리성과 배려적 사고를 아름답고 숭고하게 풀어놓고 있다.

서로 돕는다는 건 이런 거야.
"내가 반죽을 저을게. 너는 초콜릿 조각을 넣을래?"

참는다는 건,
쿠키가 다 익을 때까지 기다리고 또 기다리는 거야.
조금 더 기다리고, "나 정말 잘 기다리지?"

당당하다는 건, 고개를 들고
"내가 만든 쿠키는 정말 맛있어." 하고 말하는 거야.
겸손하다는 건,
쿠키는 진짜 잘 구웠어도 동네방네 자랑하고 다니지 않는 거야.
정말 그랬더라도 말이야.
어른을 공경한다는 건,
갓 구운 쿠키를 맨 먼저 할머니께 드리는 거야.

믿음을 준다는 건,
친구가 나가면서 쿠키를 맡기면,
돌아올 때까지 안 먹고 잘 가지고 있는 거야.

공평하다는 건 이런 거야.
"너 한 입, 나 한 입." "너 크게 한 입, 나도 크게 한 입."

불공평하다는 건 이런 거야.
"너 한 입, 나머지는 다 내 것."

남을 배려한다는 건,
"걱정 마, 괜찮아. 내 쿠키 나눠 먹으면 돼."라고 말하는 거야.
-중략-
마음이 넓다는 건,
다른 아이들에게도 쿠키를 나눠 주는 거야.
"하나 먹어 봐. 너도. 먹고 싶은 사람 더 없어?"

부정적이라는 건,
'어떡해, 속상해. 쿠키가 반쪽밖에 안 남았어.' 하고 생각하는 거야.
긍정적이라는 건,
'와, 쿠키가 아직 반쪽이나 남았네.' 하고 생각하는 거야.
예의바르다는 건,
"미안하지만 그 쿠키 좀 이리 줄래?" 하고 말하는 거야.
"고마워."

정직하다는 건 이런 거야.
"말씀드릴 게 있는데요. 실은 그 쿠키,
나비가 가져간 게 아니라 제가 가져갔어요."
용감하다는 건 이런 거야.
"제가 쿠키를 가져갔다고 말씀드리는 게 쉽진 않았어요.
그래도 숨을 한 번 크게 들이쉬고, 사실대로 얘기한 거예요."
-중략-

우정이란,
"새로 온 아이가 훨씬 커다란 쿠키를 가지고 있지만,

난 너랑 네 자그만 쿠키가 더 좋아. 우리는 가장 친한 친구니까."라고 말하는 거야.

열린 마음이란 이런 거야.

"이렇게 생긴 쿠키는 처음 봐. 음……, 좋아. 하나 먹어 볼게."

후회한다는 건 이런 거야.

"쿠키를 그렇게 많이 먹는 게 아니었는데."

만족스럽다는 건,

너랑 나랑 둘이서 쿠키 하나씩 들고 계단에 앉아만 있어도 좋은 거야.

지혜롭다는 건 이런 거야.

"난 내가 쿠키에 대해 다 안다고 생각했는데,

이제 보니 겨우 초콜릿 조각 하나 아는 것 같아."

로젠탈, A. K. & 다이어, J. (2008). 쿠키 한 입의 인생 수업. 김지선 역. 책읽는곰.

Ⅶ. 윤리적 정당화와 전래동화

1. 공리와 정의

윤리학은 본질적으로 "도덕적 행위자로서의 인간은 누구나 주체적 판단을 할 수 있다"는 점을 바탕으로 한다(소흥열, 1985). 윤리는 인간의 자유에 의해서 실현되어야 할 이법으로서 당의의 이법을 의미하며, 도덕은 '덕' 자에 중점을 두고 도를 실천해야 할 주체적 태도를 의미한다(정대련, 1990). 이런 점에서 도덕원리에서 비롯되는 윤리 또는 규범은 모두 실천해야 할 인간의 주체적 태도라는 면이 부각된다. 다시 말해 윤리적 이론 체계나 덕성은 결국 개개인의 주체적인 도덕적 판단을 통하여서만 그 실천적 목적을 달성하게 된다.

윤리적 사고방법은 기본 가치들을 서로 비교해 보는 것으로 시작한다(소흥열, 1985). 윤리적 관점 중에서 중요한 것들을 선택하여 서로 비교하고 비판하고 보완하게 하는 것이 포괄적이고 합리적이며 공감적으로 판단하려는 윤리적 판단 기준에 부합하기 때문이다.

도덕원리의 집합은 윤리관의 차이에 따라 달리 구성된다. 플라톤과 콜버그(1985) 등은 정의의 원리를 최고의 유일한 도덕원리로 주장하며, 프랑케나(2003)는 의무론적 윤리관에서 선행과 정의를 도덕원리로 세운다. 피터스(1983)는 담론의 일반적인 지침을 정하는 절차적인 것으로서, 공평, 이익의 고려, 자유, 인간존중, 진실 말하기 등을 도덕원리로 채택하고 있다.

서로 독립적이면서 각각 뚜렷한 하나의 관점을 제시하는 윤리관들을 분류하면 우선, 개인을 위한 가치, 즉 행복, 쾌락, 만족감, 자기 개발 등을 기본으로 하는 윤리관으로서, '공리(功利, utility, 유용성)'가 그 기본 도덕원리이다. 둘째는 개인들 간의 관계에 관한 가치, 즉 동등, 우월, 공평, 공정 등을 기본으로 하는 윤리관으로서, '정의'가 그 기본 원리이다(소흥열, 1985; 황경식, 1983, 1985). 여기서 공리와 정의를 도덕원리로 선택함에 있어서 그 의미 영역이 제한적으로 이해될 필요가 있다. 공리주의(功利主義, utilitarianism)는 개인적 가치만이 아니라 사회 전체를 위한 가치를 기본으로 하는 것으로 이해되기도 하며, 때로는 개인들 간의 관계에 대한 가치를 기본으로 하는 것처럼 주장되기도 한다. 정의도 플라톤의 이상 국가에서는 질서를 뜻하는가 하면, 때에 따라 자유나 권리를 뜻하기도 한다. 이러한 개념적 혼동을 막기 위해 의미 영역을 제한하여 논의할 필요가 있는 것이다.

1) 공리

밀(Mill, J. S.)에 의하면, 공리성 혹은 최대 행복의 원리는 어떤 행위가 행복을 증가시키는 경향에 비례하는 것을 옳다고 보고, 감소시키는 경향에 비례하는 것을 나쁘다고 보는 것이다. 이런 의견을 규칙공리주의(질적 '質的' 공리주의)라고 부른다. 반면 벤담(Bentham, J.)은 행위공리주의(양적 '量的' 공리주의)의 입장에서, 매 행위의 쾌락이나 고통의 증가율을 측정해서 윤리적 평가를 내릴 것을 주장하였다.

공리주의는 먼저 사회 전체를 위한 가치를 기본으로 하여 이해된다(소흥열, 1985). 사회적 가치를 중요시하는 공리주의자들은 사회 정의를 최대 다수의 최대 행복(the greatest happiness of the greatest number)'을 보장하는 것이라고 정의한다. 한편 개인주의적 관점에서 공리(principle of utility)는 두 가지 관점으로 이해된다. 우선 적극적 공리로서 개개인의 가치를 최대한으로 하고 또한 더 많은 사람들에게 그런 최대의 가치가 될 수 있게 하는 것이다. 반면 소극적 공리의 원리는 어떤 개인의 희생이 그 자신의 고통이나 다른 이들의 역가치(– 'minus' 가치, 불행 등) 체험을 최소한으로 줄이도록 하는 것이 바람직하다고 본다.

2) 정의

평등주의적 정의론에 따르면, 정당한 이유가 없는 한 누구나 차별 없이 공평하고 공정하게 대우하는 것이 도덕적으로 바람직하다(소흥열, 1985). 이러한 정의론은 공평과 공정의 두 관점으로 대별된다.

공평적 정의의 원리는 개인의 능력이나 업적 같은 것과는 상관없이 모든 사람들이 동등하게 대우받아야 하는 일에 차별을 두지 않아야 한다는 것이다. "엄마는 항상 아빠 편이야. 불공평해."라는 말은 엄마가 아빠와 자녀를 동등하게 대우하지 않고 아빠에게만 기회를 부여하고 있음을 지적한 말이다.

공정적 정의의 원리란 개인의 업적, 공적, 노력, 자격, 능력, 희생, 피해 등에 대한 보상이나 대가를 결정하는 데 있어서 동일한 평가의 기준이나 규칙에 따라 모든 사람들이 같은 방법으로 평가받아야 한다는 것이다. "손을 들고 한 사람씩 말하기로 약속했어요.", "선생님을 향해 눈길을 맞추고 입을 꼭 다문 채, 친구들이 손을 들고 기다렸어." 등의 이야기는 참여하고 있는 모든 유아들이 서로 약속하여 결정한 동일한 규칙에 준거하여 기회를 보장받는 장면을 연출하고 있다.

2. 도덕적 정당화

테일러에 의하면, 도덕적 정당화의 논리적 구조는 사실적 정당화(verification), 논리적 정당화(validation), 실제적 정당화(vindication)의 세 단계로 이루어진다(황경식, 1985). 어떤 가치판단이 사실에 관한 경험적인 테스트에 의해 평가되고 나아가 규칙의 적절성, 예외성, 우선성 등에 의해서도 지지되며, 끝으로 그 가치 체계를 스스로 채택하고 그 입장을 취한 것일 때, 강한 정당화가 성립한다고 보는 것이다.

윤리적 사고는 어떤 도덕적 문제에 대한 도덕 판단을 함에 있어서 우선 실제로 적용할 수 있는 또는 적용되고 있는 도덕원리나 규범이 무엇인지를 살펴본다. 이어서 윤리적 사고는 그러한 원리나 규범이 윤리적 사고의 기준에 의해 정당화될 수 있는지 또는 정당화 될 수 없는지, 즉 강하게 지지받을 수 있는지(강한 정당화) 또는 그 지지도가 약한지(약한 정당화), 아니면 전혀 정당화될 수 없는지를 평가해 본다. 마지막으로 윤리적 사고는 그런 평가에 기초하여 자신이 앞으로 또는 다시금 적용할 도덕원리나 규범을 보다 강한 정당화를 갖는 것으로 선택하게 한다. 한마디로 윤리적 사고의 목적이란 행위의 실천에 선행되는 도덕행위의 전제를 탐구하는 데 있다.

3. 전래동화와 도덕적 정당화

전래동화 『말에게서 배운 부모님 은혜』에 제기된 고려장 문제를 가지고 도덕적 정당화와 윤리적 사고 과정을 구성해 본다(정대련, 1990). 고려장은 늙고 병약한 부모를 유기하는 일을 사회적으로 인정했던 일이다. 오늘날 인간의 생명은 그 개인의 선하거나 악한 성품에 관계없이 보호되고 보장되어야 한다고 인식되고 있다. 이러한 관점에서 볼 때 고려장은 정당화될 수 있는가?

우선 공리론에 따르면, 개인마다 최대의 가치가 되게 하면서 더 많은 개인들에게 그런 결과가 돌아가도록 행동하는 것이 바람직하다. 그렇다면 고려장을 통해 '늙거나 병든 자'를 임의로 죽게 하는 일은 개인에게마다 최대의 가치가 되게 하고 또한 더 많은 개인들에게 그런 결과를 가져오는가?

고려장 제도는 늙거나 병든 각 개인에게 최대의 가치를 주는가? 고려장을 함으로써 노인과 병약자가 고려장을 가치 있게 여기는 경우란 자신들의 역가치를 제거해 주는 경우이다. 노인이나 병약자가 노쇠 현상이나 질병으로 인해 삶의 영위가 자유롭지 못하고 활동의 성취감을 느끼지 못하거나 스스로를 산송장과 다름없다고 여긴다면, 이러한 것들은 그들에게 역가치가 된다. 그러므로 이런 역가치를 제거해 준다는 의미에서 고려장은 바람직하다고 볼 수 있다.

그러나 모든 노인이 말년의 삶을 그렇게 보내지는 않는다. 젊은 시절에 성실히 노력한 대가로 안락한 삶을 누리고 청년기보다 더욱 심오하고 풍요로운 정신적 · 영적 삶을 보내기도 하며, 오랜 경험 끝에 형성된 지혜를 바탕으로 후세에게 도움을 주는 문자 그대로 가치 있는 삶을 사는 노인이 있다. 이런 노인들에게 고려장은 자신들의 가치를 저해하는 바람직하지 못한 제도이다. 더불어 인간 생명의 존귀함을 고려할 때, 이런 노인들은 가장 가치 있는 것을 강제로 박탈당하는 것이므로, 고려장은 결코 정당화되지 않는다. 또한 병약자의 경우도 회복과 재기를 위해 노력하는 자로서는 임의로 그런 기회를 영구히 제거하는 고려장이 결코 가치로울 수 없다. 자신의 생명을 포기하게 하는 고려장은 그에게 역가치만을 산출하는 것이다.

여기서 우리는 관점을 바꾸어 볼 수 있다. 고려장을 당하는 노인이나 병약자들이 보다 많은 다른 개인들, 즉 자식, 친지, 기타 관계인 등을 위해 어느 시점에서 희생을 하는 것이라고 볼 수 있다. 그들에 대한 효도, 봉양, 간호 등으로 인해 정신적으로나 물질적으로나 고통을 당할 수도 있을 보다 많은 사람들의 역가치를 제거하기 위해 전래동화에서처럼 고려장을 선택하는 사람도 있을 수 있다.

그러나 효도, 봉양, 간호는 존경과 사랑과 은혜에 대한 보답에서 이루어지는 가치 있는 행위들이다. 이러한 가치를 추구하는 자들에게 역가치의 주장은 아무런 효력을 갖지 못한다. 효도와 봉양과 간호를 해야 할 보다 많은 개인들을 위해 소수의 부모나 환자를 죽게 하는 것은 존경과 은혜 그리고 사랑을 실천하고자 하는 보다 많은 사람들에게 고통을 주는, 즉 역가치를 초래한다.

이러한 이유로 고려장은 개인주의적 공리론에 따르면 정당화되지 않는다. 고려장에 의한 역가치는 그것에 따른 가치를 상쇄하고도 남는다. 특히 '인간 생명'을 죽이는 역가치는 어떠한 다른 부수적 가치로도 상쇄할 수 없는 것으로서, '늙거나 병든 자'를 임의로 죽이는 고려장은 결코 정당화되지 않는다.

정의의 원리는 정당한 이유가 없는 한 누구나 차별 없이 공평하고 공정하게 대우하는 것이 도덕적으로 바람직하다는 것이다. 고려장은 노령이나 병약을 기준으로 인간을 생매장하는 것이다. 이런 고려장이 정의의 원리에 의해 정당화될 수 있는가? 고려장을 당하는 사람은 빈부, 귀천, 선악에 관계없이 오직 노령과 병약을 기준으로 선정된다. 그렇다면 '노령'과 '병약'은 과연 '죽어야 하는' 차별 대우를 정당화하는 기준인가?

결과부터 말하자면, 그렇지 않다. 늙고 병들었다는 것은 오히려 보호와 관대한 차별 대우를 받을 기준이지 결코 유기되어야 할 차별 대우를 받을 기준은 아니다. 늙거나 병든 자도 인간으로서 인간답게 살 권리를 당연히 가진다. 따라서 늙거나 병들었기 때문에 죽게끔 강요하는 것은 불공정하게 대우하는 것이며, 누구나 동등하게 인간으로서의 삶을 살 권리를 빼앗는다는 의미에서 불공평하게 대우하는 것이다. 즉, 공정적 또는 공평적 정의의 원리에서 볼 때 고려장은 정당화되지 않는다.

고려장은 공리, 정의의 원리에서 결코 정당화되지 않는다. 두 원리 모두에 의해 정당화되지 못하고 강하게 부정된다. 따라서 고려장은 폐지되어야 한다는 주장은 강한 정당화를 확보하며 적극적으로 제기될 수 있다. 인간 생명을 존중하지 않는 제도나 법은 결코 성립될 수 없으며, 그러한 제도나 법이 있다면 폐지되는 것이 옳다는 것이다.

✠ 전래동화에 나타난 도덕적 정당성

앞서 도덕적 정당화의 사례가 되었던 전래동화『말에게서 배운 부모님 은혜』의 내용을 요약하면 다음과 같다. 고구려 시대 중국과의 지혜 겨루기라는 계기를 통해 논리적 사고는 물론 생명의 가치와 모성애의 가치를 느끼게 하고, 나아가 예를 기초로 한 전통적 도덕관이 오늘날의 가치 평가에서도 강하게 정당화될 수 있음을 보여 주는 이야기이다.

옛날 고구려 때 나이 많은 늙은이나 몸이 병들어 쇠약한 사람을 죽기 전에 구덩이나 굴 속에 묻는 '고려장' 제도가 있었다. 그런데 박 정승은 나이 많은 어머니를 마루 밑에 거적을 덮어서 숨겨 놓고 남몰래 봉양하고 있었다.

어느 날 당나라에서 지혜 겨룸을 하자는 청을 하고는 똑같이 생기고 크기도 똑같은 말 두 필을 끌고 와 어미와 새끼를 구별하라 하였다. 약속한 날 이틀 전까지 아무도 그 문제를 해결하지 못했다. 박 정승이 수심 어린 얼굴로 어머니께 문안을 올리자 어머니는 까닭을 물었다 그 까닭을 들은 어머니는 답을 가르쳐 주었다.

약속한 날, 박 정승은 임금과 신하, 그리고 중국 사신이 보는 앞에서 두 말에게 여물을 먹인다. 그리고 그는 여물을 먼저 먹은 말이 새끼이고, 나중 먹는 말이 어미라 하여 문제의 답을 풀었다. 임금이 칭찬하자 박 정승은 어머니가 가르쳐 준 지혜였다고 말한다.

고려장을 하지 않았다는 사실에 임금은 잠시 언짢게 생각한다. 그러나 임금은 그 늙은 어머니가 지혜 겨룸에서 이기게 해 주었음을 생각한다. 또한 임금은 어미 말을 통해 나이 많은 분이 항상 젊은이들을 보살피고 사랑하며, 올바르게 살아가는 법을 가르친다는 것을 배웠다고 말한다. 그리하여 임금은 고려장 하는 나쁜 법을 없애고 박 정승과 그 어머니에게 큰 상을 내렸다.

이원수, 손동인 편(1984). 말에게서 배운 부모님 은혜. 황금 대들보(한국전래동화집 4). 창비. 291-304.

Ⅷ. 철학과 창의적 사고

1. 창의성

2013년 시행되기 시작한 누리과정에서 지향하는 기본적인 내용의 하나가 창의성 발달이다(교육과학기술부, 2013. 2). 지식 정보화 시대에 유아에게 필수적인 능력의 하나가 창의성이기 때문이다. 창의성은 타인과 다르게 다양하고 독특하게 생각하고 표현하는 능력과 이러한 능력을 뒷받침해 주는 창의적 성향이 합해진 것으로서, 자신만의 방법으로 주변 세계에 대한 관심을 가지고 탐색하는 과정을 통해 형성된다. 유아기에는 성인에 비해 정형화된 사고와 관점으로 세계를 해석하는 능력이 아직 부족하다. 하지만 창의적 사고의 밑거름이 되는 직관적 사고 시기이며 창의적 사고 발달이 인생의 전 시기 중 가장 활발하게 이루어지는 때이다. 따라서 2013년 시행된 누리과정은 유아들의 기초적인 사고 능력을 토대로 유연하고 창의적인 사고 능력을 기르는 데 중점을 두고 개성을 지닌 존재로 성장할 수 있도록 도우려한다.

창의성(creativity)은 일반적으로 무엇인가 지금까지 없었던 새로운 것을 만들어 내거나 기발한 것을 생각해 내는 능력으로서 창의력, 창조성, 창조력, 독창성, 독창력, 고등정신 능력, 문제 해결력, 창의적(또는 창조적) 사고력 등과 동일한 의미로 사용되고 있다(정대련, 박혜경, 1997). 어원을 보면 영어 create는 to grow, 또는 cause to grow라는 뜻을 지닌 희랍어의 'kre-'를 어근으로 한 to make 의미의 라틴어 creare에서 유래하였다.

오늘날 창의성 개념은 학자들에 따라 다양하게 정의되고 있다. 임선하(1995)는 창의성을 "새로움에 이르게 하는 개인의 사고 관련 특성"이라 하였고, 윤종건(1995)은 "개척정신이며 발전 지향적이고 성취 지향적인 성향"이라고 정의하였다. 한국행동과학연구소는 "기존하는 요소들로부터 적어도 자기 자신에게는 새롭고 유용한 결합을 이루어 내는 능력으로 지적인 개념"이라 보았다. 길포드(Guilford)(1976)는 지능구조 모형을 제시하면서, 확산적 사고를 창의성과 동일한 개념이라 보고, "문제를 볼 줄 알고, 주어진 시간에 많은 아이디어를 생각해 내며, 주어진 자료를 재정의할 줄 알고, 엉성한 것을 정교하게 만드는 능력"이라고 정의하였다.

박종삼(1989)은 창의성의 근본적 성격을 몇 가지로 추론하였다. 창의성은 첫째, 신이 만물을 창조하는 것처럼 무에서 유를 갑자기 이끌어 내는 것이 아니라 성질이나 형태 등 이미 존재하고 있는 무엇을 변화시키거나 또는 두 가지 이상의 것을 종합하여 새로운 모습이나 성질의 것으로 만든다. 둘째로 창의성은 부족하거나 필요할 경우 그 부족 필요를 만족시키기 위해서 그 부분을 채우고 실현하여 보다 완전하고, 셋째, 변화되거나 결합되었을 때 그 변화·결합은 갑자기 나타나기보다는 끊임없는 성장을 통해서 이루어진다. 넷째, 창의성의 그러한 변화와 결합을 시키는 힘 또는 성향도 끊임없이 성장한다.

창의성 개념은 토랜스(Torrance)가 말하는 창의적인 인간의 특성 48가지에서 보다 구체화되고 있다(윤종건, 1995). 창의적 인간이란, 진한 감동을 느낄 수 있으며, 이타적이고, 늘 무엇엔가 골몰하고, 신비로운 것에 대한 호기심을 가지고 있으며, 어려운 일에 도전하고, 표면상 수줍음을 타기도 하며, 비판하되 건설적이며, 용기 있고, 깊고 진지한 신념을 가지고 허례허식에 대해 거부하며, 전통적 건강비법이란 것을 거부하고, 탁월성으로의 욕망을 지닌다. 또한 창의적 인간은 결단력이 있으며, 색다른 가치체계를 지니고, 무엇엔가 불만족스러워하며, (힘에 바탕한 것이 아닌 것에) 우월감을 느끼며, 결점 찾기의 명수이며, '별난 놈'이란 표현에 개의치 않으며, 단일한 형식의 총진군은 비정상적이라 생각하고 고독을 즐긴다. 또한 근면하지만 내성적이고, 자신의 시간을 별나게 보내며, 사업수완은 오히려 부족한 편이고, 실수를 잘하지만 결코 싫증 내지 않으며, 적대적이거나 부정적이지는 않다. 다소 괴벽스러우며, 인내심이 있고, 타인의 아이디어를 수용할 줄 아는가 하면, 이따금 역행하기도 하고, 사태를 유보하기도 하며, 단호하지만 자발적으로 행한다. 그 외에도 창의적 인간은 방향감각, 권력을 멀리함, 진실성, 대범성, 투시적, 반골기질, 집요성, 철저성, 야성적, 순진성, 적당주의 배격, 공상가, 다재다능, 모험성 등을 지니고 있다.

스미스(Smith, F.)(1990)는 모든 사람이 창의적으로 사고할 수 있다고 전제한다. 보다 창의적 인간이라고 일컬어지는 예술가들도, 신체적 특성에 다양한 심리학적 요인, 즉 지속성, 결단성 및 다방면이 서로 융합되어 있는 민감성을 지니고서 동시에 독특한 자신의 분야에 대한 지식과 기술을 가지고 있는 점에서는 일반인과 크게 다를 바 없으나, 다만 그 영역이 희소가치를 가지며 그에 관한 기술을 습득하고 표출하는 수준이 다를 뿐이다. 보노(Bono, E.)(1995)는 예술가의 창의적 사고란 수평적 사고로서, 극단적인 합리화의 단순성 및 신기성(novelty)이나 독특성이 그 사고의 특성이며 유머와도 깊은 관계가 있다고 하였다.

맨스필드와 부세(Mansfield, R. S. & Busse, T. V.)(1993)는 과학과 과학 관련 영역에 한정하여 '창의적인 사람' 의 특성을 일반화하였다. 우선, 과학 연구에 필요한 선결 조건에는 평균 이상의 지능, 고도의 인내력을 기초로 하는 한 영역에서의 광범위한 훈련, 그리고 최소한의 정서적 적응 등도 포함된다. 나아가 전문적 수준의 창의적인 과학자의 특성은 첫째, 외부의 영향에 대해 독자성을 가지고 거부하는 '자율성', 둘째, 새로운 방법을 가지고 마음껏 실험하고 시도하는 '개인적인 융통성' 과 자신의 감정에 개방적이고 모험적이며 상상력이 풍부한 '경험에의 개방성', 셋째, 독창적이고 참신하게 되려는 욕구, 넷째, 자신의 동료들로부터 전문적인 능력을 인정받으려는 욕구, 다른 동료들에 비해 더 열심히 그리고 더 오랫동안 일하여 생산적임을 일관되게 보여 주는 '일에 대한 몰두' 등으로 요약된다. 그리고 결정적인 특성은 아니지만 해결책이 우아하기를 바라고 진리와 미를 함께 추구하는 '심미적인 민감성' 도 창의성에 포함되고 있다.

창의성 개념은 토랜스(Torrance)가 말하는 창의적인 인간의 특성 48가지에서 보다 구체화되고 있다(윤종건, 1995). 창의적 인간이란, 진한 감동을 느낄 수 있으며, 이타적이고, 늘 무엇엔가 골몰하고, 신비로운 것에 대한 호기심을 가지고 있으며, 어려운 일에 도전하고, 표면상 수줍음을 타기도 하며, 비판하되 건설적이며, 용기 있고, 깊고 진지한 신념을 가지고 허례허식에 대해 거부하며, 전통적 건강비법이란 것을 거부하고, 탁월성으로의 욕망을 지닌다. 또한 창의적 인간은 결단력이 있으며, 색다른 가치체계를 지니고, 무엇엔가 불만족스러워하며, (힘에 바탕한 것이 아닌 것에) 우월감을 느끼며, 결점 찾기의 명수이며, '별난 놈'이란 표현에 개의치 않으며, 단일한 형식의 총진군은 비정상적이라 생각하고 고독을 즐긴다. 또한 근면하지만 내성적이고, 자신의 시간을 별나게 보내며, 사업수완은 오히려 부족한 편이고, 실수를 잘하지만 결코 싫증 내지 않으며, 적대적이거나 부정적이지는 않다. 다소 괴벽스러우며, 인내심이 있고, 타인의 아이디어를 수용할 줄 아는가 하면, 이따금 역행하기도 하고, 사태를 유보하기도 하며, 단호하지만 자발적으로 행한다. 그 외에도 창의적 인간은 방향감각, 권력을 멀리함, 진실성, 대범성, 투시적, 반골기질, 집요성, 철저성, 야성적, 순진성, 적당주의 배격, 공상가, 다재다능, 모험성 등을 지니고 있다.

박종삼(1989)은 창의성의 근본적 성격을 몇 가지로 추론하였다. 창의성은 첫째, 신이 만물을 창조하는 것처럼 무에서 유를 갑자기 이끌어 내는 것이 아니라 성질이나 형태 등 이미 존재하고 있는 무엇을 변화시키거나 또는 두 가지 이상의 것을 종합하여 새로운 모습이나 성질의 것으로 만들며, 둘째, 부족하거나 필요할 경우 그 부족 필요를 만족시키기 위해서 그 부분을 채우고 실현하여 보다 완전하고, 셋째, 변화되거나 결합되었을 때 그 변화 · 결합은 갑자기 나타나기보다는 끊임없는 성장을 통해서 이루어지며, 넷째, 그러한 변화와 결합을 시키는 힘 또는 성향도 끊임없이 성장한다.

요약하자면, 창의성이란 누구나 갖고 있는 천부적인 성향으로서 '바꾸어 생각하는 능력'을 말한다. 인간성의 다양한 측면을 포섭하면서 동시에 기존의 것을 새롭게 변화시키는 데에 반드시 필요한 것이 창의성인 것이다.

2. 창의성 증진을 위한 환경

사실 우리 주위의 많은 요소들이 창의력을 저해하는 요인으로 작용하고 있다. 크로플리(Cropley, A. J.)(1995)는 학교의 수업 상황에서 아동의 창의력에 방해가 되는 요소들을 지적하였다. 우선, 흩어진 사실이나 정보의 학습, 외우는 것을 중요시하는 수업, 외워서 익힌 학습의 반복, 기계적인 문제 해결 기술 학습, 지식을 쌓기 위한 비경제적인 규칙 학습 등은 아동의 창의력을 중단시킨다. 더불어 '정확한 것' 에 대한 일방적인 강조, 일방적이고 엄격한 외적인 평가, 시간의 압력을 받는 교사의 조급함, 일률적인 행동을 강요하는 적응에의 압력, 자유로운 상상 · 유머 · 재치 등은 학교 수업에 어울리지 않는다고 생각하는 일과 놀이의 엄격한 구분 등은 아동의 창의성을 방해하는 요소가 된다.

윤종건(1995)에 따르면, 그릇된 지식과 정보, 과거의 습관 또는 경험, 규범의식 등도 오히려 새로운 것에로의 변화를 추구하는 창의력을 구속하며, 태도와 성격이 창의력을 저해하는 요인이 되기도 한다. 적극적 태도가 부족하거나, 동조성(무조건적 타인 지향형, 선별적 동조형, 반대 세력 동조형, 즉 '선천성 부정형' 등 모두를 지칭한다)이 강하거나, 권위에 맹종하고, 스스로 노력하지 않거나, 비판의식이 결여된 성격도 창의성의 싹을 틔우기가 어렵다. 또한 첫 아이디어에 집착한다거나, 성급하게 판단한다든지, 지나치게 높은 동기(의욕)를 가지고, 쉬지 않고 노력한다든지, 구체적 또는 실제적인 것에만 관심을 두고, 복잡한 것을 참지 못하며, 경험에만 바탕을 둔 판단을 하고, 판단 또는 평가를 보류하거나 연기하는 데 익숙하지 못한 점 등 '문제 해결 방법이 미숙' 한 것도 창의성의 저해 요인이 된다. '환경적 장애' 또한 심각한 창의성 저해 요인이다. 규범과 원리, 절차 등을 강조하는 환경 조직의 영향, 변화를 싫어하는 환경의 속성—안정지향성, 자기방어 본능 의식의 팽배, 창의력을 발휘할 시간 부족—시간에 쫓기는 생활환경, 지나치게 협동과 경쟁을 강조하는 풍토, 문제의식의 결여, 백일몽 공상 등에 대하여 부정적으로 생각하는 풍토, 창의적 인간이 고립되는 풍토, 아이디어가 도용될까 우려하여 공개를 꺼리는 풍토, 직장의 경직적이고 수직적인 의사소통 경로 등은 창의성이 자랄 수 있는 환경이 되지 못한다.

창의성을 증진시킬 수 있기 위해서는 무엇보다 유아를 비롯한 아동이 자율적으로 응하도록 해야 한다. 예리한 관찰을 하고, 호기심을 높여야 하고, 그들이 주어진 과제에 열중하여 집념을 가지도록 분위기를 조성하며, 정보의 수집과 지식·경험의 축적을 쌓아서 현장의 경험과 연계성을 가지며, 논리적 사고와 직관력의 조화를 이루어야 한다(한기정, 1993). 또한 창의성 증진을 위한 개인의 외적 조건으로 개방적인 분위기와 그 분위기를 지원하는 인적 자원이 요청된다. 개방적인 분위기란 열린 교육으로 경직성을 배제하고 자기표현을 허용하며 상상, 행동에 있어서 다른 이와 다를 수 있다는 것을 인정하고 그런 특성을 유지할 수 있도록 하며 마음껏 만들고 궁리하고 고안해 낼 수 있는 분위기이다. 그리고 인적 자원으로서 교사의 역할은 아동에 대해 개방적, 허용적인 태도를 가지고 자유스러운 분위기를 만들며 교단에 선 교사 스스로가 창의적이어야 하고, 아동이 개인적 경험을 쌓을 수 있도록 배려하며 진실에 대한 지식을 중시하는 데에 있다.

3. 철학적 물음과 창의성

철학적 물음은 사람들의 익숙한 사고로부터 자라 나온다. 자기가 믿고 있는 바를 믿는 일이 과연 합리적인가 하고 자문해 보는 사고가 바로 철학적 물음을 키워내는 사고이기 때문이다. '합리적' 신념(reasonable belief)이란 그 신념을 입증하는 훌륭한 근거를 거느리고 있는 신념이란 뜻으로서, 대부분의 철학적 물음들이란 신념들에 대해 비판적인 검토를 시도했기 때문에 제기된 물음들인 것이다.

다시 말해, 철학적 사고 또는 철학적 질문의 특징은 다음과 같이 요약된다(비어슬리 & 비어슬리, 1987). 첫째, 존재하는 모든 것들에 관한 물음으로서 고도로 일반적인 물음(highly general question)이며, 둘째, 근본적인 신념의 진리성에 관한 문제로서 지극히 근본적인 물음(highly fundamental question)이며 신념을 탐구하는 일(exploring)과 신념을 음미하는 일(examining)을 포함한다. 이러한 능동적인 철학적 사고의 훈련은 기본적 '지적 가치'인 명료성(clarity)·합리성(reasonableness)·정합성(consistency)을 지향한다.

리프맨(1991)에 의하면 비판적 사고는 '참(truth, 일종의 의미이기도 함)에 대한 관심' 이란 대범주하에, 옳은 '판단' 을 목적으로 하며, 단일 범주에 의해 지배되고, 자기 수정적이며, 전후 맥락에 민감하다는 특성을 지닌다. 그리고 창의적인 사고는 '의미(meaning)' 라는 대범주하에 역시 '판단' 을 목적으로 하지만, 대조적인 범주에도 민감하고, 자기 초월적이며, 전체론적 맥락에 의해 지배되는 사고이다. 그는 창의적 사고가 범주에 민감하다는 점을 강조하며 창의적 사고가 무비판적이거나 비이성적이라는 인상을 지우려 한다. 비판적 판단이 결여된 창의적 사고란 없으며, 마찬가지로 모든 창의적 판단은 비판적 판단으로 차고 넘친다. 비판적 사고 과정은 문제 인식, 가설 설정, 관련 정보 수입, 검사 및 평가, 결론짓기 등의 5단계를 거치며, 비판적 사고가 관련 정보 이해와 가설 설정을 요구한다는 점에서 창의적인 사고와 관련되는 것이다(Feldhusen & Treffinger, 1994).

사실 전통적인 교육에서는 상상력과 창조성을 억압함으로써 논리적 엄정성을 유지할 수 있다고 가정해 왔다. 그러나 IAPC의 어린이 철학 교육 프로그램에서는 논리적 사고가 창조 행위에 의해 촉진되며, 역으로 창조성은 논리 능력의 계발에 의해 촉진될 수 있다고 가정한다(Lipman, Sharp & Oscanyan, 1980). 일례로 논리학의 기초가 되는 추론에 있어서, 귀납적 또는 유추적 논의에서와 같이 어떤 결정된 함의의 경계를 넘어서서 전개되는 확산적 추론(ampliative reasoning)은 '철학함' 과 '창의성 표출' 의 중심에 위치하고 있다(Lipman, 1988). 물론 대부분의 상황에서는 엄격하고 논리적인 사고가 요구된다. 그러나 공상이나 가상하는 행위, 예를 들면 논리적으로 오류를 범함으로써 실제와 반대되는 상황을 고려하는 일은 아동의 상상력과 창의력을 자유롭게 한다. 아동이 성장하는 과정에서는 각 성장 단계마다 적당한 도전이 강구되어야만 하는데 논리적 능력만으로는 부족하며, 창의력과 창조성이 포함되어야 하는 것이다.

피아제(Piaget)의 발달 이론을 기초로 하여 '창의적 유아교육 과정' 을 구성한 도지와 콜커(Dodge & Colke)(1992)에 따르면, 유아는 영아기부터 능동적인 탐험을 통해 그들의 환경에 대한 지식을 구성한다. 유아들은 대상을 유목 · 수 관련성에 의거하여 파악하기 시작하며 사물을 하나 또는 다수의 도식으로 분류하며, 즉 서술적(설명적) 분류, 일반적 (속)분류, 연관성 분류 등에 기초하여 집단화한다.

이러한 집단화는 유아가 실제 대상을 신체적으로 조작하고 그들의 행위에 대해 토론하면서 이루어진다.

유아가 정보를 분류하고 조직하는 능력은 자신의 경험을 이해하게 하는 비판적 사고의 바탕이 된다. 언어 발달 및 유목·수 관련 등에 의거하여 사고할 수 있는 능력을 통하여, 유아는 읽기·쓰기·셈하기와 같은 추상적 기술의 기초를 획득하므로 그들이 언어를 사용하고 상징하며, 분류할 때처럼 실제 사물을 가지고 놀 수 있는 많은 기회가 필요하다. 창의적 유아교육 과정은 유아가 교재를 직접 조작할 것을 강조하며, 교사로 하여금 각각의 유아에게 정보 수집과 질문 전략을 제공하여 문제 해결을 할 수 있도록 돕는다. 이러한 과정을 통해 문제 해결자인 유아는 점차적으로 복잡해지는 세계에 대해 보다 잘 준비하게 되고, 보다 융통성 있는 사고를 하며 다양한 문제 해결 테크닉을 사용하게 된다. 한마디로 창의적 교육 과정이 추구하는 방법론은 정보 수집 및 조직과 분류, 언어와 수와 관련한 추상적 기술, 상징 등 당면한 문제에 대한 융통성 있는 해결 등을 위해 비판적 사고와 질문 전략 및 토론을 기본으로 한다는 점에서, 이미 철학 교육 프로그램의 탐구 대상 및 방법에 상통하고 있음을 알 수 있다.

한편 철학은 예술의 한 형식인 미학을 포함하는 바, 철학적 행위는 곧 예술 행위를 일컬으며, 또 예술 행위는 창의성을 드러내는 예술 작품들을 생산한다. 따라서 유아가 철학적으로 행위할 수 있다고 할 때, 이러한 행위의 산물로 아동이 창의성을 나타내 보일 것은 자명하다. 또한 유아는 합당성을 규제적 이상으로 삼아 일상생활 속에 행함과 말함, 느낌과 창출하는 도덕적 삶의 주체라는 점에서, 이러한 특성을 공유하는 미적 삶의 주체가 될 수 있다(박진환, 2005).

그리고 미학적 관계는 전체에 대한 부분의 관계와 연관되기도 하는데, 이러한 관계에 대한 감수성이 없으면 유아의 창조적 계발은 심각하게 방해받게 된다(Lipman, Sharp & Oscanyan, 1980). 만일 유아의 생활이 의미 있는 부분—전체 관계로 충만하다면, 그리고 교사들이 지식의 단편들을 보다 확대된 그들의 경험 구조와 관련시켜 가르친다면, 심화된 부분—전체 관계의 이해를 기초로 예술적인 창조력 계발이 이어질 것이다. 요컨대 철학 교육을 통하여 유아의 창의성을 계발하려는 어린이 철학 교육의 교육 목적은 타당한 것이다.

창의적 사고와 그림책

위스너(Wiesner, D.)의 『1999년 6월 29일』은 논리적이고 과학적이면서도 단연코 창의적 사고가 돋보이는 그림책이다. 과학적인 현상에 대한 호기심과 궁금증이 많은 소녀가 상공에서 채소가 어떻게 자라는지 궁금해하며 11종류의 채소 씨앗을 화분에 심어 기구에 달아 공중에 띄워 보내는데 예기치 않게 공상과학적 사건이 동시에 발생하여, 이야기에 긴장감과 재미를 더하는 내용이다. 현실 세계를 배경으로 상상 속 사건을 창의적으로 엮어 냄으로써, 특히 종반부에서 벌어지는 장면은 누구도 예상하지 못했던 구성으로 위스너만이 지니는 상상력과 창작 세계의 기발함과 독특함을 보여 준다(정대련, 어은정, 2008). 외계인이라는 환상 세계의 존재와 인간 세계를 초월하는 엄청난 크기의 큰 채소를 그려 낸 상상력과 창의성을 바탕으로 한 위스너의 그림들은 인과관계를 바탕으로 하는 논리적 스토리와 인간 사회의 경제적 맥락 및 미학적 관점과 함께 유아들에게 통쾌함을 줌과 동시에 유머의 세계를 열어 준다.

1999년 5월 11일, 미국 뉴저지 주 호호쿠스에 사는 홀리 에반스는 채소 씨앗을 심은 화분을 하늘로 날려 보냈습니다. 이 실험은 한 달 전부터 연구해서 계획한 것입니다.

5월 18일, 꼬마 과학자 홀리는 과학 시간에 이 실험에 대해 발표했습니다. 홀리는, 하늘 높은 곳에서 채소가 어떻게 자라는지 알고 싶어 실험을 시작했으며, 하늘로 올라간 화분은 몇 주일 뒤에 다시 내려올 것이라고 설명했습니다. 친구들은 할 말을 잃은 채 듣고만 있었습니다.

-중략-

텔레비전에서는 하루 종일 '하늘에서 내려온 채소' 이야기만 나왔습니다.

캘리포니아에 깔린 꽃양배추, 시카고를 덮은 시금치, 시애틀을 덮은 상추 소식들이었지요.

홀리는 이상하다고 생각했습니다. 상추는 자신의 실험 목록에 들어 있지 않았거든요. 상추, 가지, 아보카도, 이제는 붉은 순무까지……. 홀리가 실험하려고 심었던 씨앗 가운데 이런 채소는 없었어요.

홀리는 곧 이 커다란 채소들이 자기가 심은 것이 아니라는 사실을 알았습니다.

홀리는 풀이 죽기보다 오히려 잔뜩 호기심만 생겼습니다.

"내가 심은 채소는 어떻게 되었을까? 여기 있는 이 브로콜리는 그럼 누구 거야?"

같은 날 6월 29일, 여기는 지구 대기 이온층. 외계인이 탄 우주선 당도리호가 행성 사이를 여행하다가 노르웨이의 피요르드 해안이 보이는 곳에 이르게 되었습니다.

그때 우주선 안에 있는 부엌에서 보조 요리사가, 그만 잘못하여 채소를 모조리 우주선 밖으로 날려 버리는 일이 벌어졌습니다. 채소들이 작고 파란 행성으로 떠내려가는 동안, 우주선에 있던 외계인들은 모두 같은 생각을 하고 있었습니다.

"이젠 저녁을 어떻게 짓지?"

(그림 : 외계인 앞에 아주 작은 기구에 매달린 11종류의 채소 바구니가 둥둥 떠서 다가오고 있다.)

Wiesner, D. (2007). 1999년 6월 29일. 이지유 역. 미래M&B.

Ⅸ. 철학적 사고와 아동문학

1. 문학과 철학적 지평

상상력이 풍부한 작가들은 일반인들과는 달리 자신의 글 쓰는 능력을 빌려 꿈에 그리는 세상을 마음껏 탐험한다. 일상생활과 반대되는 상황이 과연 어떠한 것인지, 지금의 현상 세계와는 전혀 다른 어떤 것이 있을지 적극적으로 찾고 또 스스로 건설하여 독자들에게 자세히 묘사해 준다. 작가의 창의성은 독자들로 하여금 새로운 세상의 흥분 속에 휘말리게 하고 그러면서도 원래의 개념과 상반된 개념의 의미 영역을 반성하게 하는 철학적 회의의 여지를 남기고 있다.

모든 현실적인 문학은 다층적 상징 속에 복잡한 현실을 압축해 놓고 있는 까닭에, 문학적 언어는 공감을 이루는 관찰과 사색적 분석이 어우러짐으로써 비로소 이해된다. 외적 표상에 대한 감각적 관찰 사실과 내적으로 부여되어 있는 심층적 의미를 해석할 수 있을 때, 문학의 현실성은 생명력을 지니며 독자로 인하여 새롭게 재창조된다. 작품이 이루어지는 순간 창조자인 작가는 이미 그 작품에서 벗어나 있다. 작가가 그의 작품 속에 남기는 것은 순수한 논리이다. 그러나 작품이라는 하나의 창조물이 살아남으려면 그 속에 생동하는 인간상과 그 인간상 속에 묘사되어 있는 인간 삶에 대한 물음이 담겨 있어야 한다. 그리고 실존적 진리를 입증하려는 작가의 창조적 노력은 예술 작품의 해석을 통하여 이해되어야 한다.

동화작가는 동화라는 형식을 통해 유아로 하여금 상상력 풍부한 창조의 세계를 경험하게 하는 한편 잠시 호흡을 늦추고 기존의 질서와 새로운 질서에 대한 의미 한계를 사고하도록 인도한다.

동화작가가 그려 준 세상은 독자인 유아의 삶 속에 들어가 새로운 지평을 열어 주며 철학적 음미를 가능하게 하고 독자만의 세계를 새롭게 창조하는 계기를 마련해 주기도 한다.

✤ 생각과 이야기 만들기

로벨(Lobel, A.)의 이야기 동화 『개구리와 두꺼비는 친구』는 아파서 누워 있는 개구리 친구를 위해 이야기 하나를 지어서 들려주려는 두꺼비가 이야기를 떠올리려 생각하고 또 생각하며 애쓰는 과정을 보여 준다(정연경, 정대련, 2004). 이야기를 생각해 내기 위해 온갖 (외적) 방법을 동원하던 두꺼비는 마침내 지쳐서 침대에 드러눕게 되고, 이런 친구의 노력에 감동한 개구리는 자리를 털고 일어나 친구가 애쓴 과정을 그대로 담담하게 엮어서 멋진 이야기로 탄생시킨다.

–생략–

개구리가 말했어.

“옛날 옛날에 좋은 친구 둘이 살고 있었더란다. 개구리와 두꺼비였어.

(어느 날) 개구리는 기분이 별로 좋지 않았어.

개구리는 두꺼비 친구에게 이야기 하나만 들려 달라고 했지.

두꺼비는 이야기를 생각할 수가 없었어.

현관 앞에서 오르락내리락 해 봤지만 이야기는 생각나지 않았어.

물구나무서기를 해 보아도 이야기는 생각나지 않았어.

머리 위에 찬물을 부어 보아도 이야기는 생각나지 않았단다.

벽에다 머리를 쥐어박아 보았지만 이야기는 여전히 생각나지 않는 거야.

그러자 두꺼비는 기분이 아주 안 좋아졌는데, 개구리는 기분이 훨씬 나아졌더란다.

그래서 두꺼비가 침대에 가서 눕고 개구리는 일어나서 두꺼비에게 이야기 하나를 들려주었대.

이게 끝이야. 어떤 것 같니, 두껍아?” 개구리가 물었어.

하지만 두꺼비는 대답하지 않았어.

잠이 들어 버렸거든.

Lobel, A.(1970). The Story. Frog and Toad Are Friends.
New York: HarperCollins Publishers. 26-27.

2. 동화와 철학적 사고

우리나라의 전래동화는 철학적 사고의 단초를 담고 있는 보고(寶庫)의 하나다. 전래동화는 예절, 친구 간의 우정, 부모와 자녀의 관계 등의 주제를 전달하며 인간으로서 지켜야 할 예의범절을 다루고 있고, 많은 동물을 의인화시켜 사람들과 밀접한 느낌을 갖게 하며, 사랑을 베풀고 살생을 하지 않으며 은혜를 갚는 등 인간과 관련된 길흉화복의 메시지를 전한다(정대련, 1990). 전래동화는 자유로운 분위기에서 유아의 질문에 답하고, 의사소통을 유도하며, 이야기 내용을 기초로 계획을 세워 보고, 연령에 따라 각기 다른 수준의 개념과 주제에 대해 발문하고 대화하며, 단기간 또는 장기간에 걸쳐 유아의 관심과 능력을 파악하고자 하는 등 철학적 사고를 유도할 수 있다.

전래동화 「질문대장」은 어린이의 호기심과 궁금함, 알고자 하는 욕구와 끊임없이 이어지는 질문, 그 질문에 대한 훈장의 성실한 답변과 문제 해결 과정으로의 인도 및 교육 등 많은 것을 느끼고 생각하게 하는 동화이다.

옛날에 한 아이가 글방에서 '천자문'을 배우는데 공부 시간에는 질문을 많이 했습니다.

'천자문'이란 책에 나오는 '하늘 천' 자를 맨 먼저 배웠습니다. 그러자 이 아이는 하늘에 관한 온갖 것을 다 물었습니다. 가령 하늘에 있는 해는 얼마나 크냐? 해는 이 땅에서 얼마나 멀리 떨어졌느냐? 햇빛은 왜 눈이 부시고 뜨겁느냐? 해는 왜 뜨고 지느냐? 달과 해는 어느 쪽이 크냐? 달은 왜 밤에만 보이느냐? 초생달과 반달과 보름달은 왜 생기느냐?는 등 하늘에 관한 온갖 것들을 일일이 다 물었습니다.

그 때마다 선생님은 아는 대로 설명을 하자니, '하늘 천' 자 한 자를 다 배우는 데 자그마치 십 년이 걸렸습니다.

이번에는 둘째 자인 '따(땅) 지' 자를 배우게 되었습니다. 그러자 이 아이는 이번에도 많은 질문을 했습니다.

땅은 왜 생겼느냐? 땅의 넓이는 얼마냐 되느냐? 땅 속에는 무엇이 있느냐? 바다는 왜 생겼느냐? 바다의 넓이는? 바다의 깊이는? 바다 속에 있는 것은? 이 땅

위에 있는 온갖 것들과 바다 속에 있는 온갖 것들을 일일이 다 물었습니다. 선생님이 이 질문에 다 대답해 주자니 또 십 년이 걸렸습니다.

그러니까 이 아이는 '하늘 천'과 '따 지', 두 자를 배우는 데 자그마치 이십 년이나 걸렸습니다.

그러나 이 아이는 글을 더 이상 배울 필요가 없게 되었습니다. 왜냐하면 하늘에 관해서 다 알고, 땅 위, 물속까지 다 알았으니 그 이상 더 배워야 할 것이 없었기 때문입니다.

이원수, 손동인 편(1980). 질문대장. 연이와 버들잎(한국전래동화집 1). 창비. 18-20.

전래동화 「질문대장」은 질문으로 가득 찬 동화이지만, 동화를 끝까지 읽고 난 독자의 머릿속에 또 다른 의문들을 가득 차게 만드는 이야기이다. 하늘과 관련된 질문을 십 년이나 계속하였다면, 과연 위에 제기된 질문 외에 아이는 어떠한 질문을 더 했을까? 하늘과 연관된 문제로 또 무엇이 있을까? 나는 하늘에 대해 무엇을 알고 있지? 내가 알고 있는 하늘과 관련된 것들 외에도 또 어떤 것이 있을까? 그게 무엇이지? 내가 하늘에 관련된 질문을 한다면 몇 개나 할 수 있으며, 얼마나 오랫동안 그에 관한 문제로 이어 갈 수 있을까? 「질문대장」은 십 년이라는 오랜 세월 동안 끝없이 질문을 이어 갔다는 이야기를 통해 이 이야기를 듣고 읽는 이들로 하여금 신기함을 느끼게 하고 탄성을 자아내게 한다.

동화 「질문대장」에 표현되어 있는 아이의 호기심은 대부분 과학적 해답을 찾는 질문이다. 그러나 십 년을 하루같이 하늘과 관련된 질문을 하고 또 땅과 관련된 질문을 하면서 훈장의 답변을 들으며, 또 그 답변과 연계하여 새로운 의문을 제기하면서 지식을 넓히고 인간사를 익히는 과정을 통해 아이는 성장하며 자신의 세계를 구축한다. 아이가 더 이상 물어볼 내용이 없을 정도로 캐묻고 다시 물으며 더 이상 하늘과 땅에 관련된 문제를 남기지 않을 만큼 알게 되는 과정은, 과학적 세계에 대한 지식을 형성하는 데 필수적인 논리적 사고와 함께 우주적 진리와 인간 삶에 관한 진리 및 지혜를 깨닫게 하는 형이상학적, 윤리적, 심미적 사고를 포함할 수밖에 없다. 호기심과 궁금함에서 시작하여 꼬리에 꼬리를 물고 이어지는 질문과 회의의 연결 고리는 세계에 관한 개개의 지식을 얻고 나아가 보다 상위의 앎을 형성하며, 결국은 자신의 세계관을 형성하고 우주의 진리를 깨닫는 철학적 탐구의 과정이기도 한 것이다.

창작동화 *Winnie-the-Pooh*도 유아를 위한 철학 교육의 목적 달성에 있어서 중요한 교재가 된다(정대련, 2002). 곰돌이 푸우를 비롯한 등장인물들은 작은 숲 속에서 각각의 캐릭터를 유지하며 대화하고 토론하며 삶의 질곡을 함께 공유한다. 등장인물의 독특한 성격들은 이야기의 재미를 더해 줌과 동시에, 문제 상황 발생 시에 문제를 인식하고 해결하는 방법의 상이함도 보여 준다. 논리적으로 따지며 문제를 조직적으로 분석하여 이해하는 캐릭터가 있는 반면 소심하여 문제 수용에 두려움을 느끼고 감정에 호소하며 우연의 결과로 넘기는 캐릭터도 있다.

의인화된 동물들, 즉 푸우, 피글릿, 래빗, 그리고 이요레는 언제나 궁금해하고 생각하며 노래하고 시를 쓰며 조직하고 계획하며 모험을 한다. 자신이 무엇을 생각하고 있는지 또 생각해야 하는지를 염두에 두고, 어떤 시를 쓸지 오랜 시간 생각하고, 친구가 생각해 낸 것을 부러워하며 다시 생각해 보고, 당면한 문제를 해결할 방법을 생각해 내고, 다른 사람이 자신에게 보여 주는 배려에 대해 생각하는 등, 푸우 친구들의 생각은 사고 개념의 함축 범위만큼이나 넓고 다양하다. 소크라테스가 무지를 전제하고 참 앎을 찾아 질문의 고리를 풀어 가듯이, 곰돌이 푸우와 동물 친구들은 자신의 머릿속에 존재하는 사고의 편린을 찾아 헤매고, 퍼즐을 맞추듯 조각조각 이어진 전체의 모습이 무엇일지 의문의 끝을 쥐고 탐색하여 마침내 진실을 발견하고 의미를 엮어 낸다. 독자인 유아들도 100에이커 숲 속 작은 사유의 파티에 초대되어 함께 느끼고 웃고 대화하며 자연스럽게 '철학함'에 참여하게 되는 것이다.

> 당나귀 이요레는 애처롭게도 때때로 '왜?' 하고 생각하고, 때때로 '무슨 이유로?'를 생각하고, 그리고 때로는 '어떤 거 때문에?' 하며 생각하는데, 사실 때로는 자기가 무엇을 생각하는지 전혀 알지 못하기도 했단다.
>
> Milne, A. A.(1988). Winnie-the-Pooh. New York: Dutton Children's Books. 44-45.

그런가 하면 생 텍쥐페리(Saint-Exupery)의 『어린 왕자』는 존재의 가치나 삶의 궁극적인 목적에 대해 사색하는 존재이다(정대련, 2000). 어린 왕자는 세계 내 존재를 목적론적 존재로 이해하는 형이상학적 사고의 틀을 보이며, 이 세상에 존재한다 함은 보다 높은 목적을 실현하는 데에 종속되어 있음을 보여 준다. 인간의 본질은 근본적으로 겸손한 데 있으며, 교만 뒤에 숨은 인간은 버섯 같은 기생적 존재로서 그 존재의 의미를 찾기 어렵다는 뜻이다. 또한 어린 왕자는 때때로 가치론적 사고의 틀에 따라 삶의 가치를 유용성에 두고 적극적인 가치와 소극적인 가치 또는 긍정적 가치와 부정적 가치 등을 서로 다른 상대적 관점에서 고려해 보기도 한다. 인간 삶의 궁극적 행복이 물질적 가치가 아닌 정신적 또는 내적 가치의 실현에서 성취되는 것임을 '어린' 친구의 생각과 말을 통해 들려주고 있는 것이다.

> "아저씨처럼, 그 사람은 온종일 '나는 중요한 사람이야. 나는 중요한 사람이라고!' 라고 되뇌면서, 잔뜩 교만에 차 있어요. 하지만 그는 사람이 아니에요. 한낱 버섯에 지나지 않아요!" -중략-
>
> "수백만 년 동안 꽃들은 가시를 만들어 왔어요. 양들은 수백만 년 전부터 언제나 그 꽃을 먹어 왔고요. 그런데도 그 꽃들이 쓸모없어 보이는 가시를 왜 계속 만들어 내는지 이해하는 게 중요치 않다는 건가요? 양과 꽃들의 전쟁이 중요한 게 아니라고요? 그게 얼굴 붉은 뚱보 신사가 셈하고 있는 숫자들보다 중요하거나 심각할 게 없다는 말인가요? 그래서 세상 어디에도 없고 오로지 내 별에만 존재하는 이 세상 단 하나뿐인 한 송이 꽃을, 어느 날 아침 작은 양 한 마리가 무심코 한 입에 먹어치운다는 것이 그리 중요한 일이 아니라는 거예요?" -중략-
>
> "수백만 개의 많은 별들 가운데에 오직 하나의 별에만 존재하고 있는 꽃을 사랑하는 어떤 사람은 그 많은 별들을 바라보는 것만으로도 충분히 행복해진답니다."

Saint-Exupery, A. de(1971). The Little Prince. trans. by K. Woods.
San Diego: Harcourt Brace Jovanovich, Publishers. 22-23.

정채봉(2000)의 『오세암』은 유아의 천진난만함과 어린 눈에 비친 세상의 이미지, 그리고 보이지 않는 이미지에 대한 체험적 해석을 보여 주는 창의적인 문학성의 극치를 보여 준다. 어린 남동생이 눈이 보이지 않는 맹인 누이와 길을 걸으며 주고받는 대화는 시각을 통해 보이는 색의 세계나 공간의 이해를 문자 언어와 미각 등의 체험적 감각으로 재해석하는 과정을 보여 준다. 시각적 사태를 문자 언어로 풀어내는 동생, 그리고 음성 문자를 이미지로 변환하여 다시 언어로 풀어내는 누이. 어린 두 친구 모두 가장 적절한 표현과 이해를 이끌어 내기 위해 깊이 사고하며 귀를 기울인다. 어린 친구들의 깊은 사고와 감각적 실재의 정합성을 찾아가는 과정이 각각 창의적인 사고로 이어지고 마침내 문학이 지닌 예술적 아름다움으로 구현된 작품이 『오세암』인 것이다.

"누나, 눈이 바다보다 넓게 내린다."

"스님이야. 머리에 머리카락 씨만 뿌려 있는 사람이야."

-중략-

"누나, 오늘 하늘이 저 스님이 입은 옷 색깔하고 같아. 저런 색을 뭐라고 하더라?"

"재색이라고 하지."

"우리 누나는 그런 말 못 알아들어. 맞아. 생각났다. 맛없는 국 색깔이야."

"알겠다. 그러니까 때 지난 나물국 빛이라 이거지?"

"누나, 식은 나물국 스님이 가고 있다."

정채봉(2000). 오세암. 동쪽나라.

✠ 그림책과 시의 미학

그림책 『프레드릭(*Frederick*)』에는 리오니(Lionni, L.)의 생철학(生哲學)에 기초한 주제로서 정체성(identity) 발견과 자긍심의 인식이 잘 나타나 있다(정대련, 이춘희, 2002). 들쥐 프레드릭은 친구들처럼 옥수수나 다른 양식을 모으는 일을 하지 못한다. 그는 친구들이 땀 흘리며 일할 여름 내내 햇살과 빛깔을 머릿속에 담으며 이야기를 키운다. 그렇게 친구들과 구별되는 다른 '나', 프레드릭은, 추운 겨울날 일할 수 없고 어둡고 지루한 곳에서 무엇인가 모두들 부족해할 때, 친구들에게 새롭고 아름다운 세계, 시인의 세계를 펼쳐 보인다. 프레드릭은 시인으로서 자아를 정립하고 주위와 자신의 정신적 세계를 공유하는 '나' 자신의 세계를 보여 준다.

> 그러자 들쥐들은 프레드릭이 햇살과 색깔과 이야기에 대해 말했던 것을 떠올렸습니다.
> "네 양식은 어떻게 되었니, 프레드릭?" 들쥐들이 물었습니다. −중략−
> "눈을 감아 봐."
> 프레드릭이 커다란 돌 위에 올라서서 말했습니다.
> "자 내가 너희들에게 햇살을 보낼게.
> 느껴지니? 햇살이 얼마나 아름답게 금빛으로 빛나는지……."
> 프레드릭이 해님 이야기를 하자,
> 네 마리 작은 들쥐들은 조금씩 따뜻함을 느끼기 시작했습니다.
> −중략−
> 프레드릭이 이야기를 마치자, 들쥐들은 모두 박수치며 감탄했습니다.
> "프레드릭," 친구들이 말했습니다. "넌, 시인이야!"
> 프레드릭은 얼굴을 붉히며 인사하고는 수줍게 말했습니다.
> "나도 알아."
>
> Lionni, L.(1967). Frederick. New York: Dragonfly Books, Alfred A. Knopf.

X. 유아를 위한 철학적 탐구 공동체

1. 유아를 위한 철학 교육

어린 유아들은 세상에 태어나 만나는 모든 것들이 새롭다. 유아들은 자신의 눈앞에 펼쳐지는 드넓은 자연과 하루하루 세상에 다가가며 접하는 많은 사물과 관계들에 대한 이름과 작용, 그 목적과 내용이 궁금하다. 나날이 새롭게 펼쳐지는 세상은 때때로 유아로 하여금 당혹감을 느끼게 하고 결국 유아들은 호기심에 가득 차서 어른들을 향해 질문을 쏟아 낸다. 유아들은 이 세상에 태어나 살아가는 데 필요한 것들을 알기 위해 묻고 또 알고 싶기 때문에 질문한다. 이런 유아들의 질문은 가장 기초적인 사실에 관한 것이지만 때로는 가장 근본적인 질문이기도 하다. 가장 근본적인 것을 묻는 질문은 일상적 삶 속에서 당연한 것으로 인식되어 더 이상 질문할 수 없는 수준의 것일 수도 있어서 가끔씩 어른들조차 대답을 찾지 못하고 당혹스러움을 느끼게 된다.

로크(1993)는 유아의 호기심이 유익한 기질이며 유아를 무지로부터 벗어나도록 자연이 부여한 지식욕이라고 한다. 그에 따르면, 유아의 질문에 답하고 유아가 그 대답으로 만족하면 유아의 사고는 무한히 확대된다. 교사는 유아의 질문에 성실히 대답해 주고 유아로 하여금 그러한 질문이 필요한 것이라고 이해시키며 칭찬해 주어야 한다. 유아의 질문을 가벼이 여겨서는 안 되며 항상 진리만을 말해 주어야 한다. 유아의 질문에 대해 저지하거나 창피를 주지 말아야 하며 그 질문 가운데 잘못된 것은 고쳐 주고 모든 질문에 대답해 주어야 한다. 유아 스스로 질문하도록 하며 미지의 새로운 것에 대해 알 기회를 주고, 유아의 호기심을 자극하는 것이 좋은 교수법이라는 것이다.

고갈되지 않는 궁금증으로 끊임없이 세상일에 대해 묻고 있다는 사실만으로도 유아들은 이미 작은 철학자이다. 당연한 일에 의문을 제기함으로써 상대의 무지를 드러내어 당혹스러움에 빠뜨리며 그 순간 진리를 찾는 길에 함께 들어서도록 촉구하는 유아는 어린 소크라테스인 것이다. 특히 유아의 사고하고 탐구하는 과정 그리고 그가 철학하는 가장 큰 특징은 순수하게 지적(知的)이라는 것이다. 그것을 안다고 무엇이 달라지는 것은 아니지만 단순히 진실을 알고 싶어 하는 것, 그것이 유아들의 질문이 갖는 특징이다.

보편적으로 철학 교육은 '스스로 사유함'에서 시작되는 소크라테스의 대화법을 기초로 한다. 그리고 철학 교육은 추론 능력을 향상시키고, 개인과 대인 관계의 성장을 도모하고, 윤리적 지성을 계발하며, 경험 중에서 의미를 발견하는 능력을 개발하며 창조성을 계발하는 데에 그 목적을 둔다(Lipman, Sharp & Oscanyan, 1980).

유아를 위한 철학 교육 역시 '스스로 사유함'에서 시작되는 소크라테스의 대화법에 그 기초를 둔다. 따라서 유아를 위한 철학 교육은 유아로 하여금 '스스로 사고하는 방법'을 습득하도록 돕는 데에 목적을 두고, '사고방식으로서의 철학', 즉 철학적 사고를 키우기 위한 방법을 경험하게 한다. 구체적으로 유아로 하여금 철학적 사고 방법을 경험하게 함이란 일상 대화 속에 함축된 추론 형식을 유념하여 언어를 습득하고, 지각적 자각을 강화하며, 대화를 통해 서로의 견해를 공유하고, 분류하기와 구별하기, 자신과 타인의 감정에 대해 추론해 보며, 나아가 또 다른 대안을 찾거나 한 단계 발전된 또는 전혀 다른 새로운 관점을 모색할 수 있는 창의적 사고의 기회를 갖게 하는 것이다.

단적으로 말해, 유아를 위한 철학 교육은 유아로 하여금 비판적 질문 행위(questioning)와 창조적 반성(reflection)에 참여하도록 한다(Lipman, 1985, 1988, 2003). 교실 상황에서 교사가 유아들의 철학적 사고력을 증진하기 위해서 할 수 있는 일은 교사가 유아의 사고를 촉발하는 산파의 역할을 하는 것이다. 교사는 적절한 질문을 함으로써 유아로 하여금 유아 자신의 호기심과 궁금함을 숙고하고 반성하며 자신의 질문과 대화로 풀어 갈 수 있는 계기를 마련해 주어야 한다.

2. 철학적 탐구 방법으로서의 질문법

일반적으로 교사가 교실 상황에서 활용하는 질문 형태는 두 가지를 포함한다. 두 가지란 수렴적 질문과 확산적 질문을 말한다. 수렴적 질문은 사실이나 정보의 회상을 요구하는 사실적인 질문으로서, 사고를 요구하지 않고 단순히 기억된 내용을 재생하도록 요구하는 질문이다. 따라서 질문이 요구하는 정보의 양이 제한적이며, 질문자의 목표나 의도에 맞춘 응답을 구하게 된다. 확산적 질문은 인지적 수준이 높은 질문으로서 응답자들의 사고 과정을 통한 개인의 의견이나 아이디어를 요구한다. 질문이 요구하는 정보의 범위가 제한되어 있지 않으며 응답자의 다양한 반응을 요구하면서 정답은 정해져 있지 않으므로, 확산적 질문은 창의력과 사고력 신장에 도움을 준다(성일제, 곽병선 외, 1987, 1988; 김영채, 1995, 1998; 허경철 외, 1989).

김영채(1996)는 창의성 사고의 기본 기능 내지 태도의 개발을 강조하고 사회적인 협동과 상호작용을 강조하며 비판적 사고와의 관계를 강조하는 기법의 하나로서 '탐구적 질문법(대화법)'을 제안한다. 탐구적 질문법은 모든 사고에는 논리, 즉 구조가 있다는 것과 어떠한 사고도 '더 나아질' 수 있다는 아이디어에 기초한다.

탐구적 질문법은 주장(이야기, 제품, 아이디어)의 논리를 외현적으로 표출시켜 비판적으로 사고하는 단계와 관성에서 벗어나 '더 나은' '좀 더 다른' 것을 탐구하고 창의적으로 사고하는 두 개의 단계로 나누어 볼 수 있다. 물론 이러한 두 단계가 명확한 경계를 이루는 것은 아니며, 두 사고 단계는 모두 적극적으로 경청하기와 비판적·촉진적으로 질문하기라는 2가지 요소를 포함한다. 또한 사고(추리)는 8가지 요소를 지닌다. 즉, 모든 사고는 가정(assumption)에서 시작하며, 의미를 만들거나(부여하거나) 주장을 하며(결론을 내리며), 어떤 결말(효과)과 함의를 가지며, 어떤 개념이나 아이디어를 사용하고, 거기에 집중하지만 다른 어떤 것은 배경 속으로 밀쳐 버리며, 목적, 이슈, 또는 과제(문제)에 따라 정의를 달리할 수 있으며, 그리고 어떤 사실을 사용하고 있다는 것 등이다.

유아의 철학적 사고를 도우려는 교사는 수렴적 질문과 확산적 질문 형태를 다음과 같은 질문으로 구체화할 수 있다(Lipman, Sharp & Oscanyan, 1980). 유아의 관심을 불러일으키는, 즉 유아의 의견을 유도하는 질문, 각자의 견해를 명료화하고 가다듬어 말할 수 있게 하는 질문, 자신의 견해를 해명하게 하는 질문, 유아의 표현을 해석하는 질문, 무모순성을 추구하는 질문, 유아가 사용하는 개념의 정의를 묻는 질문, 가정이나 전제의 정당성을 묻는 질문, 유아의 논리적 오류를 지적하는 질문, 유아가 지지하는 신념이나 의견의 논거를 요구하는 질문, 드러난 해답이나 결론을 알게 된 방법을 요구하는 질문, 새로운 대안을 도출하고 검토하게 하는 질문 등으로 교사는 유아의 사고를 촉발시킬 수 있어야 한다.

교사가 위와 같은 질문을 활용하며 유아의 철학적 사고를 유도하기 위해서는 우선적으로 교사 자신이 이러한 비판적 질문 행위와 창조적 반성에 익숙해져야 한다. 교사 자신이 소크라테스가 되어 철학적 사고를 실천하며 철학적 대화와 토론을 전개할 수 있도록 부단히 노력해야 하는 것이다.

유아와의 철학적 대화를 준비하는 교사는 우선 자신이 설명하려는 대상의 근거나 이유, 전제를 완전히 이해함으로써 정확하게 설명할 수 있어야 하며, 여러 철학자를 모델로 하여 철학적 대화를 시도하며 보다 충분한 설명을 할 수 있어야 한다. 그리고 교사는 이러한 경험을 보다 많이 축적함으로써 철학적 대화에 필요한 질문의 항목을 개발하고 순간순간 적절한 질문을 만들며 유아와의 철학적 대화를 보강시켜 주는 기술을 자연스럽게 몸에 익혀야 한다. 또한 유아의 철학적 대화 및 토론을 활발하게 하기 위하여 교사 자신이 유아를 잘 이해하고 철학적 문제에 민감하여 일상 활동 속에서도 철학적 탐구와 관련한 관심을 나타내야 하며, 교사 자신의 특정한 가치관을 주입 또는 교화하지 않도록 주의해야 한다. 나아가 유아의 철학적 사고 함양의 출발점은 유아임을 자각하여, 교사는 유아로 하여금 자신의 의견이나 비판이 존중되고 공정하게 검토되리라는 신뢰감을 형성할 수 있도록 노력해야 한다(정대련, 2004).

한편 유아들은 자신의 궁금함을 해결하고 스스로 사고함에 있어서 전적으로 자신에게만 의존하기는 어렵다. 세상에 태어나 살아온 기간이 적으면 2~3년, 길어야 6~7년 정도인 유아에게, 유아 자신이 체험한 세계는 물론 경험하지 못한 보다 넓은 미지의 세계, 그리고 그와 관련된 다양하고 복잡한 인간적, 사회적 관계에 관하여 적절하게 이해하고 판단하기란 결코 가능하지 않다. 따라서 유아들의 철학적 사고는 여럿이 함께 모여 서로의 경험과 지식 그리고 구할 수 있는 정보를 토대로 진지한 대화와 토론을 통해 보다 정확한 앎을 추구하고 보다 나은 판단과 대안을 모색하도록 장려되어야 한다. 즉, 유아들은 철학적 탐구를 함께 할 수 있는 공동체를 필요로 하는 것이다.

유아들은 철학적 탐구 공동체(A community of philosophical inquiry)에서 함께 모여 자신들에게 중요한 문제들을 정교하게 다루게 된다. 유아들은 철학적 탐구 공동체 안에서 서로가 상대방의 말을 경청하고, 상호 간의 가정을 물어보고, 실례와 반례를 제시하며, 이유를 캐묻고, 각각의 차이를 잘 구별하고, 서로의 아이디어를 새로이 구축하고, 탐구가 진행되는 대로 잘 따르게 된다. 그런가 하면 철학적 탐구 공동체에 참여하면서, 유아들은 순서를 지켜 이야기하는 법을 배우고, 상대의 표정을 읽고, 말 뒤에 숨어 있는 의미에 귀를 기울이고, 한 가지 이상의 다양한 견해로부터 중심 주제와 문제를 잘 살피게 된다. 이런 과정을 통해 유아들은 보다 나은 판단을 할 수 있게 되는 인지적, 사회적 기술들을 익히게 된다.

유아교사들이 활용할 수 있는 질문	
질문 유형	예 문
유아의 견해를 명료화하고 가다듬어 말할 수 있게 하는 질문	• 들어 보니, 네가 …라고 말하는 것 같구나. • 지금 네가 말한 건 …라는 말이니? • 너는 …라고 생각하는 것 같은데, 내가 제대로 알아들었니?
유아의 견해를 해명하게 하는 질문	• 네가 지금 말한 걸 이렇게 요약할 수 있을까? • 네 말을 좀 짧게 다시 말해 줄 수 있겠니?
유아의 표현을 해석하는 질문	• 방금 네가 말한 것이 무얼 의미하는지 다시 설명해 줄래? • 내가 네 말을 잘 이해한 건지 모르겠지만, 한마디로 …라는 말이니?
유아가 사용하는 개념의 정의를 묻는 질문	• …란 무슨 뜻이지?
유아가 지지하는 신념이나 의견의 논거를 요구하는 질문	• 왜 그렇게 생각하는지 말해 줄 수 있니?
새로운 대안을 도출하고 검토하게 하는 질문	• 그래 지금의 생각도 좋은데, 이번엔 조금 다르게 생각해 볼 수 있을까?
유아의 의견을 유도하는 질문	• 지금 들려준 동화에서 친구들과 함께 이야기 나누고 싶은 부분이 있니? • 이야기 중에서 잘 이해되지 않는 부분이 있니? • 들었던 말 중에 무슨 말인지 잘 모르겠다고 생각되는 부분이 있니?

3. 철학 동화와 유아를 위한 철학 교육

미국의 IAPC(Institute for Advancement of Philosophy for Children)에서 제공하는 철학 동화는 실재, 진, 선, 미, 인간 등에 대한 고대 그리스 철학의 중심적 탐구 주제를 선정하여, 의미에 대한 반성을 촉구하며 대화법적 탐구 방법을 보여 주기 위해 시작되었다. IAPC의 철학 교육 프로그램은 유아기부터 대학생(K-12)에 이르는 철학 교육을 동화와 소설의 형식으로 접근하도록 구성되어 있다. 유아를 비롯한 어린이들에게 제공되는 자료는 줄거리가 있는 이야기 형태로 제시될 때 논리적 형식만으로 조직된 자료보다 더 쉽게 기억한다는 인지 심리학 연구 보고를 참고한 방법론이다. 따라서 IAPC 프로그램은 철학 교재 및 관련 자료를 이야기 형식의 철학 동화 형식으로 준비하여 제공하고 있는 것이다(IAPC, 1974-2000).

IAPC의 유아를 위한 철학 교육 프로그램은 철학 동화 *The Doll Hospital*을 기본으로 한다(Sharp, 2000). 진술과 질문의 형태로 유아들의 순수한 대화를 보여 주는 *The Doll Hospital*은 독자인 유아로 하여금 주인공 유아의 성별에 대해 탐색하게 하고, 인형을 통해 친구의 의미를 되새기게 하며 여러 상황을 통해 타인에 대한 배려와 가치 문제, 또 세상에서 일어날 수 있는 여러 문제들에 대해 의문을 품고, 그에 대해 스스로 생각하고 함께 대화하며 토론해 가는 과정 속에서 새로운 언어를 습득하고 경험을 통한 의미를 구성하도록 돕는다.

또한 IAPC에서 제공하는 철학 동화 중 유아(K-2)가 활용할 수 있는 교재로 *Elfie*가 있다(Lipman, 1988). *Elfie*는 소설 형식으로서 정독 과정을 유도하고 질문을 형성하며, 이야기하기를 도우려는 목적을 지닌다. *Elfie*는 직유 · 은유 · 유추 등의 수사법으로 표현된 비교 개념을 경험하게 하고, '어느 X도 Y가 아니다' 또는 '어떤 X는 Y가 아니다'를 구별하며, '모든 X는 Y이다' '어떤 X는 Y이다'를 통해 관계를 이해할 수 있는 계기를 제공한다. 또한 *Elfie*는 이유를 제시하게 하거나 이야기를 들려줌으로써, 유아 스스로 질문을 형성하도록 하며 철학적 탐구에 참여하여 비판적 사고 기술과 사고 성향을 배양할 수 있도록 구성되어 있다.

유아들은 색과 행동이 있는 이야기를 좋아하며 선과 악 사이에 보다 많은 충

돌과 보다 많은 환상적인 사건들, 그리고 불가능할지라도 신나는 모험들을 기대한다. 또한 유아는 가끔씩 현실 세계가 자극 없고 흥미롭지 못하며 근본적인 도덕성을 지니고 있어야 함을 발견하기도 한다. *The Doll Hospital* 및 *Elfie*를 비롯한 IAPC의 동화들은 자연 세계 내에서 추리와 상상에 관심을 갖는가 하면 환상적이고, 경이롭고, 신나고, 아름다운 세상을 발견하는 일에 관심을 갖는다. 소설 속의 유아들은 자연 속에서 아름다움과 참됨을 찾고, 선과 악보다는 보다 낮은 차원에서의 도덕적 차이를 묻는 문제들에 관심을 보인다.

IAPC의 유아 및 어린이를 위한 철학 교육 프로그램은 기초 수준의 철학적 탐구에서 출발하여 읽기, 쓰기, 말하기, 듣기 능력 향상이라는 2단계 목적으로 이어지며, 다시 이러한 네 영역의 능력은 모든 학습의 기초로서 언어 및 문학, 수학, 과학, 체육, 그리고 사회과 수업 등과 상호 연관된다(Lipman, Sharp & Oscanyan, 1980). 이때 기성의 아동문학 작품들도 유아의 철학 교육에 활용될 수 있다. 동화를 선별하여 IAPC 교수법의 절차에 따라 활용하는 것도 유아의 철학적 사고를 돕는 방법론이 된다. 또한 유아들의 직접적인 질문이나 대화를 기초로 하여 재구성한 이야기를 예문으로 하여, 브레인스토밍의 방법이나 역할놀이 등의 형식으로 확장해 보는 것도 논리적이고 도덕적이며 창의적인 사고를 유도하는 의미 있는 방법이다(정대련, 1990).

4. 철학적 탐구 공동체의 교수법

IAPC의 어린이를 위한 철학 교육(P4C) 프로그램은 K학년 유아부터 12학년 대학생까지 동일한 절차로 진행된다. 철학적 탐구를 위해 개발된 교재, 즉 철학 동화 또는 철학 소설을 활용하여 수업을 진행하는 구체적인 절차는 다음과 같다(IAPC, 1982~2000; 미국어린이철학개발원, 1999).

우선 수업을 시작할 때 철학 동화 *The Doll Hospital*나 *Elfie*를 큰 소리로 '읽기' 부터 한다. 읽는 방법은 다양하다. 한 단락씩 돌아가며 읽는 방법, 순서 없이 아무나 임의로 읽어 가는 방법, 또는 이야기 속 등장인물이 되어 역할극 하듯이 감정을 넣어 읽어 가는 방법 등이 있다. 처음에는 유아들이 다소 어렵다고 느끼지만 점차 익숙해질 것이다.

*The Doll Hospital*이나 *Elfie*를 접하는 유아들은 읽기를 배우는 시점에 있으므로, 교사가 먼저 각각의 예화를 읽어 주고 다음 순서로 소그룹 또는 대그룹이 다 함께 읽기를 시도한다. 유아들은 점차 이러한 읽기에 동참하게 되고, 종국적으로 각각의 문단을 유아들이 큰 소리로 읽을 수 있게 된다. *Elfie*는 퍼즐 맞추기처럼 최종의 형태를 미리 짐작하기 어려워 당황하게 되는 구성으로 되어 있다. 따라서 명료함과 단순함을 추구하는 유아들은 정독하며 그러한 구성을 따라가는 과정 중에 철학적 음미와 토론 계획에 점차 빠져들어 흥미를 느끼게 된다. 정독을 통하여 유아는 어떤 점이 흥미로운지 또 문제인지를 집중적으로 검토하게 되고, 추론 기술과 더불어 저자의 의도를 자신의 말로 해독하는 기술을 키우게 된다. 또한 유아는 정독하는 동안 어떤 한 문장이 추정하거나 함축하고 있는 관련성에로 다가가게 된다. 정독은 저자의 사고 과정을 재설정해 보고 다양한 범주, 즉 미학적 · 인식론적 · 윤리적 범주에서 감상하게 함으로써 그 문장의 내적 의미에 다가서도록 해 준다.

다음으로, 철학 동화 *The Doll Hospital*이나 *Elfie* 등의 '읽기'를 하고 나면, 유아들에게 읽은 내용에 대한 생각을 묻는다. 이때 유아들의 생각이 교사의 의도대로 해석되고 있다고 느끼면, 유아들은 더 이상 자신의 궁금함이나 의견을 표현하는 데 주저하게 된다.

또한 한 번에 이야기 1쪽(page) 정도의 분량에서 유아가 흥미 있다고 느끼는 내용이나 궁금한 것이 있는지 묻는다. 그리고 그 시간에 제시된 생각들을 가능한 한 유아들의 말 그대로 충실하게 칠판에 적어 준다. 철학적 탐구를 진행하는 교사는 유아들이 각자가 탐구에 기여하고 있음을 자랑스럽게 여기도록 격려하며 의견을 낸 유아의 이름을 각 의견 옆에 적어 준다.

셋째 단계에서는 유아들이 낸 여러 질문들 중에서 그날의 토론 주제를 선정한다. 제시된 의견들을 검토하여 각각의 주제를 모두 토론 주제로 다룰 수도 있으며, 어떤 것은 다음 날 토론으로 연기할 수도 있다. 또 하나의 의견에 대해 간단하고 짧게 토의할 수도 있으나, 토론을 확장하기 위하여 다음 수업 시간을 기약하며 보류할 수도 있다.

철학적 탐구의 목적 중 중요한 하나는 유아가 서로의 말을 잘 경청하고 말하도록 도와주는 것이다. 교사는 유아들에게 칠판에 쓰여진 질문 또는 의견들에서 유사점과 차이점을 찾도록 질문하거나, 질문이나 의견에 관련된 책 내용을 유아들과 함께 다시 찾아보면서, 문제되는 것이 무엇인지 어떤 점이 궁금한지를 추가로 물어볼 수 있다.

이상의 과정에서 유아들과 나누는 대화를 잘 활용하면, 교사는 특별한 연습이나 강요 없이도 유아들이 추론 기능을 익히도록 도울 수 있다. 유아들끼리 나누는 대화의 성격이 자발적이고 놀이처럼 이루어지므로 유아들은 즐겁게 참여하고 내적 보상을 얻게 되는 것이다.

IAPC의 철학 교육 프로그램을 진행하며 교사가 유아들과의 철학적 대화 또는 토론을 촉진시키는 방법으로는 다음을 고려할 수 있다(IAPC, 1982-2000; 미국어린이철학개발원, 1999).

① 개념의 정의(definition)를 묻는 질문들이 나왔을 때, 혹시 교사의 입장에서 그 질문을 도입하고 싶지 않을 때라면, 유아들의 서로 다른 정의를 토대로 그 정의에 도전해 볼 수도 있다. 그 개념 정의가 언제나 참(truth)인지, 다른 어휘도 모두 그런지 물어보면서, 몇 번의 의견 교환 끝에 의견에 대한 더 이상 대응이 없다면 그 문제는 끝내도 좋겠다. 단, 유아들이 좀 더 토의하려 한다면 그것은 매우 가치 있는 일로서 토의는 계속되어야 할 것이다.

② 유아들 간에 다양한 의견들로 분분하다면, 서로의 입장을 정리하도록 도우며 자신의 논거를 옹호하거나 상대를 설득할 수 있도록 그들의 의견을 역이용할 수 있다. 유아들로 하여금 같은 문제에 대해 호야는 이렇게, 빛나는 저렇게 말하고 있다고 상기시키고, 자신의 생각이 왜 옳은지를 상대에게 말하도록 하는 것이다.

③ 이미 다루어지고 있는 정의에 대해서 또 다른 개념이나 관점이 제기되면 이를 가지고 유아들에게 다시 질문할 수도 있다. 이때 인정할 만한 정의는 어떤

것인지, 또 일상적으로 무심결에 사용하는 말 속에 감춰진 어떤 문제는 없는지에 대해 교사가 민감하게 인식하고 살피며 토론을 진행하여야 한다.

④ 위와 같은 방식으로 철학적 토론을 이끌어 가는 것이 쉬운 일은 아니다. 유아들의 표현을 올바른 질문으로 인도하는 일에 능숙해지려면 시간이 걸린다. 이러한 이유로 교사들을 위한 지침서가 마련된 것이다. IAPC에서 제공하는 교사용 지침서는 유아들의 대화를 촉진시키고, 어떤 아이디어나 개념, 주제에서 문제가 되는 측면을 드러내며, 다양한 해석들을 이끌어내고, 철학적 탐구 방법에 익숙해지도록, 또 유아가 내놓은 의견들에 함축된 의미를 탐구하도록, 그리고 철학 동화에 제시된 문제에 감추어져 있는 점 등을 찾아보도록 연습 문제와 활동들을 제공하고 있다.

지침서는 교사로 하여금 철학 동화에 들어 있는 아이디어를 유아들 간의 철학적 토론으로 연결시키는 교량 역할을 하며, 연습 문제와 토론 계획에 구현시킨 논리적 활동과 철학적 전략을 교사와 유아 둘 모두에게 내면화하도록 돕는다. 그러나 유아가 연습 문제들을 '교사의 문제'로 여기거나, 틀에 박힌 듯 그대로 따라야 하는 '길잡이 문제'라고 결론짓는다면, 철학적 탐구 과정이 추구하는 목표는 얻을 수 없다. 연습 문제는 여러 사고, 또는 탐구 가능한 길의 하나를 모범으로 보여 주는 것이다.

철학하는 방법, 즉 철학적 사고 기능을 익히는 유일한 방법은 계속 연습하는 것이다. 유아가 매일 매일의 활동에서 의미를 찾을 수 있도록, 그리고 그 일을 돕는 철학적 탐구 방법론이 내면화되고 습관화되어 당연하고 자연스럽게 행할 수 있는 경지에 이르도록 해 주는 것이 연습이다. 철학적 탐구에 익숙해지기 위해서는 교사와 유아 모두에게 연습이 필요하다. 그러나 연습은 유아들이 동화를 읽은 후 이야기 나누고 싶어 선택한 내용을 밝히는 데에 도움이 되어야 하며, 유아들의 대화를 침해해서는 안 된다.

철학 교육 프로그램을 처음 접하는 교사에게 위와 같은 일은 커다란 부담이 될 것이다. 이런 경우 연습 문제와 토론 계획을 미리 준비하고 복사하여 유아 개개인에게 나눠 주고 활용하는 것은 매우 유용하다. 그러나 유아들의 대화가 엉뚱한 방향으로 진행될 때는 교사의 융통성이 필요하다. 연습 문제의 내용들을 충분히 숙지함으로써, 교사는 유아들이 나누는 대화를 파악하여 각각의 상황에 맞는 적절한 연습 문제를 활용하며 대화를 이끌어 나갈 수 있어야 한다. 이러한 융통성은 연륜과 경험, 교사용 지침서의 창의적인 활용 등으로 발휘된다.

본서 실제편에서 활용하고 있는 '나는야, 어린 철학자' 시리즈 동화는 유아를 위한 철학 동화로서, 일차적으로는 IAPC 철학 교육의 목적을 달성하려고 한다. 또한 이 동화들은 우리의 문화와 유아들의 생활 세계를 반영한 이야기를 제공함으로써, 짧은 이야기를 단초로 하여 유아가 스스로 생각하고 자신의 끊임없는 새로운 호기심을 논리적이고 의미 있는 질문으로 발전시켜, 친구들 및 주변의 여러 사람들과 철학적 대화를 시도하고 여럿이 함께 토론하며 탐구할 수 있도록 돕고자 한다.

유아들의 철학적 탐구에서 가장 결정적인 역할은 역시 교사들의 몫이다. 철학적 탐구를 통해 유아들의 논리 논술을 도우려는 교사는 우선 자기 자신부터 철학적 방법론의 기본인 경청하기와 질문하기에 익숙해져야 한다. 교사는 스스로 이야기 전개에서 드러난 소재를 통해 주제를 발견하고, 전후 맥락에 내포된 메시지를 읽어 내며, 감추어진 상징에 귀 기울이면서 동시에 동화 독자인 유아들의 관심에 '귀 기울여야' 한다. 또한 드러난 유아의 관심을 격려하고 잠재된 관심을 이끌어 내며, 이러한 관심을 유아들 자신의 궁금함과 호기심으로 불러일으켜 '질문하기'로 발전시키기 위해, 교사 자신부터 우선 이야기 속 질문을 숙지하고, 이를 확장한 다양한 질문을 준비하여야 한다. 나아가 교사는, 언제 어디서 어떻게 제기될지 예측하기 어려운, 그러나 지극히 자연스러운 유아들의 창의적인 질문을 받아 이를 의미 있는 철학적 물음으로 키우기 위해, 누구보다 먼저 궁금함과 호기심으로 무장하고 질문하기를 계속하여야 한다.

그러나 오늘날 현장의 우리 교사들은 일인당 담당해야 할 유아들의 수가 많아, 그에 따른 문서 작업을 비롯한 지나치게 많은 업무량에 시달리고 있다. 또한 최근 부모들이 가정에서 극도의 자유로움과 존중의식을 바탕으로 유아를 키움으로써, 교사의 권위는 상대적으로 낮아지고 유아들에 대한 통솔 범위도 적잖이 압박받고 있다. 이러한 현실에서 교사들에게 또 하나의 새로운 교육 내용이나 방법을 준비하고 실천하라고 요청하기엔 무리가 따른다.

여기 제시된 철학적 탐구 방법은 전혀 새로운 방식의 교육 방법이 아니며, 주제 또한 새롭게 공부해서 익혀야 할 내용이 아니다. 여기 이야기에 마련된 소재들은 유아들과 함께 하는 나날의 일상 경험 속에서 삶에 애정을 가진 만큼 누구나 일으킬 수 있는 호기심과 궁금함이다. 평범하지만 각자에겐 소중한 나날 속에 유아와 유아, 유아와 교사가 서로에게 귀 기울이며 알고 싶은 바를 자연스럽게 묻고 풀어 가기 위해 열린 마음으로 대화하고 토론하는 것, 그것이 바로 철학적 탐구 방법이 지향하는 바이다.

『동화로 여는 유아의 논리 논술』은 유아들과 함께 이러한 철학적 탐구를 진행하려는 교사나 부모들, 즉 성인들이 먼저 준비하고 훈련하도록 도우려는 또 하나의 목적을 가지고 있다. 물론 유아들 각자가 스스로 또는 여러 유아들이 함께 서로 도우며, 각각의 과정에 참여하는 것이 첫 출발점이다. 그러나 이러한 과정이 끊임없이, 그리고 의미 있는 대화와 토론으로 이어지도록 돕기 위해서는 교사들이 그 과정의 흐름을 제대로 읽고 철학적 맥락을 견지할 수 있는 능력을 갖추어야 한다. 따라서 출발선에 서는 교사에게 길잡이가 되고, 토론 과정 중에 버팀목이 되어 줄 실제적 안내를 하기 위해 『동화로 여는 유아의 논리 논술』의 실제편이 마련된 것이다.

유아들의 철학적 탐구와 동시

만 5세 유아들이 철학적 탐구 방법으로 '용기'에 관하여 토론하였다(이현주, 2004). 2500년 전, '용기'를 주제로 소크라테스가 제자와 친구, 다른 소피스트와 함께 토론하였던 방법 그대로, 21세기를 사는 우리 유아들이 자신의 일상적 삶 속에서 용기와 관련된 경험을 찾고 그 의미를 해명하고 해석하며, 만용과 비겁의 의미와 비교한 후, 자신들에게 이해된 용기의 의미를 모아 동시를 지었다. 그렇게 동시로 표현된 유아들의 용기는 친절, 절제, 인내, 배려를 함의한 윤리성 바로 그 자체였다.

용 기

새로운 친구에게 인사를 먼저 하는 것도 용기
모르는 친구가 놀자고 해서 노는 것도 용기

엄마가 밥 먹으라고 했을 때 먹기 싫은 것을 먹는 것도 용기
자기가 싫어하는 야채를 '맛있다, 맛있다' 생각하며 먹는 것도 용기
오이 주스 꾹 참고 먹는 것도 용기
난 이 음식이 싫은데 그냥 먹는 것도 용기

전기가 나가서 어두웠지만 울지 않고 기다리는 것도 용기
깜깜한 거 싫어하는데 불 끄고 자는 것도 용기
집에 불이 나갔을 때 혼자 들어가는 것도 용기
엄마가 모기 들어올지 모른다고 문 닫아서 껌껌했지만 불 끄고 자는 것도 용기

내가 모르는 음악을 조용히 듣는 것도 용기
졸린데 엄마한테 짜증내지 않고 연주회장에 있는 것도 용기
부끄럽지만 친구들 앞에서 연주하는 것도 용기

이현주(2004). D유치원 5세 유아 12명.

실_제_편

동화와 논리 논술을 돕는 철학적 탐구

〈실제편〉의 성공적인 활용을 위해 꼭 읽어 두기

유아들의 철학적 탐구를 돕는 활동

유아들이 철학적 탐구 공동체(A community of philosophical inquiry)에 함께 모이면, 유아들은 자신의 문제를 소중하게 인식하며 정교하게 다루는 시간을 가질 수 있다.

철학적 탐구공동체의 한 구성원으로서, 유아들은 서로서로 상대방의 말에 귀를 기울이고(경청하기), 상대의 말 속에 잠재된 가정이 무엇인지 생각해 보며, 자신의 경험 속에서 비슷한 실례와 반례를 찾아 제시하면서, 각각의 사례에 담긴 이유를 캐묻고, 서로 다른 결과를 가져온 차이를 잘 구별할 수 있다. 또한 공동체를 이루고 함께 탐구하고 있는 유아들은 서로의 아이디어를 듣고 새로운 아이디어로 키우기도 하는데, 탐구가 진행되면 될수록 유아들은 탐구 활동의 절차나 내용에 더욱 익숙해지고 잘 따르게 된다. 그런가 하면 철학적 탐구 공동체에 참여하면서 유아들은 순서 지켜 이야기하는 법을 배우며, 머릿속 생각이 배어나는 상대의 표정을 읽어 내고, 언급된 말 뒤에 숨어 있는 의미에 귀를 기울이며, 한 가지 이상 다양한 견해를 듣고 판단하며, 다루고 있는 중심 주제와 문제를 잘 살피게 된다.

이러한 철학적 탐구 과정은 유아들로 하여금 보다 나은 판단은 물론 인지적·사회적 기술들까지 습득할 수 있는 통로가 된다. 철학적 탐구 과정을 통해 합리적이고 논리적인, 비판적이고 윤리적인 나아가 창의적인 판단까지 경험한 유아들은 일상생활은 물론 유아교육이 지향하는 5개 생활 영역, 즉 신체운동·건강 영역, 의사소통 영역, 사회관계 영역, 예술경험 영역, 자연탐구 영역과 관련한 여러 문제들을 만났을 때, 자연스럽게 스스로 사고하고 함께 대화하고 토론하며 당면한 문제들을 풀어 나갈 수 있다.

경청하기

유아를 위한 철학 교육의 가장 중요한 핵심은 '유아 스스로 생각하기'를 돕는 일이다. 교사가 유아들에게 생각을 심어 주거나 넣어 주는 것이 아니라, 유아 스스로가 자신이 궁금하게 여기는 바를 찾고 주변의 사태에 관하여 호기심을 가지며, 의심나는 사실을 문제로 인식하고 문제 해결을 위한 길을 찾기 위해 스스로 생각할 수 있는 기회를 가지도록 돕는 것이 유아를 위한 철학 교육의 첫 번째 역할인 것이다.

유아가 스스로 생각하기 위해서는 먼저 '경청하기', 즉 다른 사람의 말이나 이야기를 귀 기울여 들어야 한다. 유아가 자신 속에 생성되는 생각을 발견하고 이를 스스로 발전시키기 위해서는, 상대방의 말이나 이야기 속 등장인물들의 대화, 그리고 다양하게 전개되는 실제 상황이나 작품 속 상황을 반복하여 '경청'하는 기회를 가짐으로써, 누가 어떤 말을 하는지, 어디서 어떤 이야기가 전개되는지를 기억하고 되새길 필요가 있다.

『동화로 여는 유아의 논리 논술』 2부에 제공되는 동화와 활동 예시는 1단계로 유아가 이야기를 집중하여 잘 들었는지, 즉 경청하였는지 알아보기 위해 마련되었다. 다음의 구별은 문장 구성의 논리적 순서에 의한 것일 뿐, 실제의 탐구 활동에 있어서 절대적인 차례는 아니다. 유아들의 동화에 대한 관심과 경청하기의 성숙 정도에 따라 개념의 가감이나, 개념과 문장의 선후 전환도 얼마든지 가능하다.

1. 개념

유아들이 동화를 경청하도록 촉구하고 그들의 관심을 동화로 인도하기 위하여, 동화 속에 어떠한 말 · 단어 · 개념이 있는지를 찾아본다. 동화에 언급된 친숙한 개념이나 익숙하지 않은 단어들을 찾아보는 시간을 갖는 것이다. 이때 교사는 필요하다고 판단되면, 유아들이 관심을 표명한 단어들을 중심으로 유아들과 함께 개념에 대한 간단한 정의를 알아보거나 단어와 관련된 유아의 경험을 토대로 단어를 정확하게 이해할 수 있도록 도울 수 있다.

2. 명제

다음으로는 유아들이 귀 기울여 들은 동화 중 재미있는 문장 · 생각나는 문장 · 이해되지 않는 문장이 있는지 되새겨 본다. 동화 속에서 주인공 유아나 다른 등장인물들이 무엇을 보고, 어떻게 관찰하며, 어떤 생각을 하는지, 즉 그들을 중심으로 발생하는 각각의 상황이나 사태에 대해 어떠한 판단이 이루어지고 있는지를 동화 속 문장과 명제를 통해 알아보는 것이다. 동화 속에 표현된 하나의 판단이나 제시된 상황 및 느낌은 유아들이 그에 대한 궁금함이나 호기심을 가지고 동일하게 느끼고 판단하는 시간을 준다. 가끔 유아 자신이 생각하고 느끼는 바가 동화 속 인물들과 상이할 경우, 동화 속 명제들은 유아들의 궁금함을 자극하여 새로운 의문을 형성하는 계기가 된다. 동화 속에서 주인공이 관찰하고 있거나 판단한 내용, 그를 중심으로 발생하는 상황 설명이나 어떤 사태에 대한 주인공의 느낌이 나타나 있는 문장을 유아와 함께 찾아봄으로써 경청하기를 격려하는 단계이다.

질문하기

유아를 위한 철학 교육에서 또 하나 중요한 요소의 하나는 '질문하기' 이다. 유아들이 동화를 경청하고 나면, 교사는 유아들로 하여금 스스로 생각하기의 출발로서 동화와 관련된 '질문하기' 를 하도록 인도한다.

많은 경우, 유아 교육 현장에서 〈이야기 나누기 시간〉에 이루어지는 교사들의 질문과 유아들의 대응은 다음의 세 번째 유형으로 이루어지고 있다. 창의적 사고를 촉구하려는 교사들은 유아들의 상상과 비약을 중요하게 여기며, 유아들의 기발하고 다양한 반응을 긍정적으로 수용한다.

그러나 유아의 논리적 사고를 염두에 둔 교사는 동화 속에서 보다 세밀하게 인과관계를 살피고, 전후 맥락에 숨겨진 의미를 밝히며, 등장인물들의 의도와 가정, 전제들을 보다 섬세하게 살피는 질문과 대화를 준비해야 한다. 상대방이나 기타 관계 사이에서 이루어지는 생각 및 질문과 대답을 귀 기울여 듣고, 이를 바탕으로 차근차근 사고 절차의 틀을 전환하며 의미 영역의 범위를 확장시키도록, 교사는 유아와 함께 철학적 탐구 공동체의 공동 구성원이 되어 상호 간의 '질문하기' 활동에 참여하여야 한다.

『동화로 여는 유아의 논리 논술』 2부 실제편은 2단계로 질문하기의 논리적 절차를 보여 준다. 우선, 등장인물들의 질문, 즉 '물음표'를 가진 문장을 찾고, 두 번째로 동화 내용과 '관련된 또는 연상된' 질문을 발표하며, 세 번째로 동화 맥락을 벗어난 '새로운' 질문을 만들어 본다. 이 때 질문하기의 세 절차가 절대적으로 고정된 것은 아니며, 2, 3번에 제시된 질문들이 그대로 답습되어야 할 이유도 없다. 논리적 절차만 지켜진다면, 구체적인 질문 내용은 얼마든지 달라질 수 있다. 동화 전개에 대한 유아들의 관심과 교사의 첫 질문에 따라 유아들의 '질문하기' 방향도 바뀔 수 있기 때문이다. 그러나 유아들과 함께 논리적 사고 실험을 하고자 하는 교사는 보다 진지하고 차분하며 성실한 탐구를 위해 아래의 절차가 원만하게 진행되도록 인도하는 것이 보다 중요하다.

1. 등장인물들의 질문

등장인물들의 질문, 즉 '물음표'를 가진 문장을 찾는다. 동화 내용 중 주인공을 비롯한 기타 주변 등장인물들이 제기한 질문을 찾아보고, 찾아낸 질문을 함께 읽으며, 유아들과 함께 이에 대한 생각을 나눈다.

2. 동화 내용과 관련된 질문

유아들에게 동화 내용과 '관련된' 질문을 하거나 유아들이 동화를 들으며 직접 연상한 질문을 하도록 기회를 준다. 유아들이 주인공 유아의 질문이나 동화 속에 예시된 질문들을 길잡이 삼아 관련된 아이디어를 떠올리고 이들과 비슷한 유형의 질문을 만들 수 있도록 돕는다.

3. 동화의 맥락을 벗어난 창의적 질문

동화의 맥락을 벗어난 '새로운' 질문도 떠올려 본다. 동화의 맥락에서 한 단계 비약하거나 반대 상황 그려 보기, 동화 내용 살짝 비틀어 보기, 전혀 엉뚱한 상상하기 등을 허용하는 질문을 하거나, 유아 스스로 그러한 질문을 할 수 있도록 조장함으로써 유아의 사고 범위를 확장시켜 준다. 창의적 사고라 하면 자칫 동화의 맥락과 상관없는 돌발적인 기발한 사고 내지는 전혀 관련 없는 영역의 사고로 전환되는 것으로 생각하기 쉽다. 그러나 창의적 사고란 근본적으로 오랫동안 숙고하고 다양하게 검토한 후에 어느 순간 비약적으로 또는 전혀 예측하지 못했던 방향에서 대안을 찾을 때 그 의미가 빛난다. 앞서 두 단계의 질문을 충분히 경험한 후에 창의적 질문을 시도해 본다.

비판적 질문 행위와 창조적 반성을 돕는 철학적 탐구 활동

2013년부터 시행된 누리과정의 신체운동·건강 영역, 의사소통 영역, 사회관계 영역, 예술경험 영역, 자연탐구 영역 등 5개 영역과 관련된 다양한 주제와 문제들은 모두 '경청하기'와 '질문하기'의 기본 제재가 된다. 철학적 탐구 공동체에서는 일상생활을 비롯한 유아교육 현장에서 벌어지는 수많은 문제 상황과 관심사를 탐구의 대상으로 삼아, 자연스럽게 유아 스스로 사고하고 또래들과 함께 대화하고 토론하며 자신이 당면한 신체적·사회적·심미적·과학적·인지적 문제들을 다룰 수 있다.

유아들은 철학적 탐구 공동체 속에서 동화가 다루고 있는 각각의 사실과 사태를 논제로 하여 다양한 연장 활동 및 확장 활동을 할 수 있다. 교사가 준비한 다양한 활동에 참여하면서, 유아들은 활동에 내재한 논리적 사고 절차를 경험할 수 있으며, 어린 유아로서 비록 삶의 경험은 적지만 각자가 직면한 도덕적·윤리적 삶의 문제에 대해 나름대로 추론하고 판단하며, 공동체 속 또래들과 함께 서로의 지혜를 나누고 아름답고 보다 나은 삶의 가치를 발견할 수 있는 대화와 토론에 참여할 수 있다.

기존에 유아들이 가장 익숙하고 쉽게 참여했던 방법은 사실·사물을 세밀하게 관찰하고 설명하는 과학적 접근이다. 철학적 탐구 공동체 속에서도 유아들은 생활 속 여러 객관적 사실들이 존재함을 인식하고 파악하기 위하여 주위의 여러 사실·사물들을 주의 깊게 관찰하고 설명하는 일부터 다가갈 수 있다. 또한 유아들은 교사의 도움을 받아 시각을 통한 세밀한 관찰이나 기타 감각 능력을 동원하여 탐구 대상을 면밀하게 지각하고, 논리적 사고의 절차를 거쳐 탐구 대상에 내포되어 있거나 형성하고 있는 내적·외적 관계를 가정하고 추론, 분석하는 시간을 가질 수 있다. 그 외에도 교사들은 유아들로 하여금 각자의 삶 속에서 겪는 다양한 경험들이 함축하고 있는 의미를 파헤치고 또 다른 의미를 스스로 부여하며 세계에 관한 본질과 목적을 찾는 형이상학적 접근의 기회를 놓치지 않도록 유념하여야 한다. 탐구 공동체 안에서 교사의 도움을 받아, 유아들은 객관적 사실 이해나 주관적 가치 부여까지 철학적 탐구를 즐길 수 있어야 한다.

말하기 듣기는 물론 관찰하기, 동시 짓기, 노래 부르기, 그림 그리기, 생각을 몸으로 표현하기까지, 다양한 활동이 철학적 탐구의 연장 활동으로 응용될 수 있다. 그러나 이 모든 활동을 활용함에 있어서 교사는 자신이 인도하고 격려하고 있는 활동이 철학적 탐구 활동임을 기억하고, 유아들과의 대화와 토론 과정이 적절한 개념과 명제, 논리와 윤리·심미적 맥락 안에서 마무리될 수 있도록 교사 스스로 경청하기를 바탕으로 하여 비판적 질문 행위와 창조적 반성하기에 익숙해질 필요가 있다.

이 책『동화로 여는 유아의 논리 논술』실제편에 마련된 제3단계 철학적 탐구 공동체를 위한 활동의 예들은 동화 내용과 관련한 다양한 사고 실험의 기회를 제공하며 유아의 논리 논술 연습의 출발점을 제공한다. 다만 앞서 제시된 1단계와 2단계의 경청하기 및 질문하기의 단계를 뛰어넘어 3단계 응용 활동에만 의존하는 경우는 경계되어야 한다. 기발한 상상이나 몸과 감각의 활용을 허용하는 응용 활동에 몰입하여, 유아들이 스스로 논리적으로 사고하고 대화나 토론으로 함께 논리를 풀어 갈 시간을 충분히 누리지 못하게 될 수 있음을 경계하는 것이다.

다음에 제시하는 활동의 예들은 이 책의 본래 목적인 논리적 사고 실험과 대화와 토론을 중심 활동으로 전개하는 철학적 탐구 안에서 그 의미를 찾을 수 있다. 실제편에서 제공하는 동화 5편은 아래에 예시한 형식과 유사하게 다양한 철학적 탐구활동의 예시를 담고 있다. 유아의 논리논술 능력을 북돋우려는 유아교사는 이를 기초로 하여 유아들의 (논)리적 사고-(비)판적 사고, (배)려적 사고-(도)덕적 사고, (창)의적 사고를 키움과 동시에 누리과정이 지향하는 (신)체운동·건강 영역, (의)사소통 영역, (사)회관계 영역, (예)술경험 영역, (자)연탐구 영역의 교육적 의미를 성취할 수 있을 것이다. (* 아래 예시 활동에서 괄호 속 글자들은 각각 철학적 사고 유형과 누리과정의 생활 영역을 의미한다.)

1. 관찰하기: (논 ; 자)

태어난 지 5년이 채 되지 않은 어린 유아들이 경험을 넓히는 방법의 하나는 대상을 정확하게 관찰하는 것이다. 혼자서 머릿속으로 하는 생각이나 두 사람이 서로 나누는 대화 또는 여러 사람이 함께 참여하는 토의의 '꼬투리'를 제공하는 방법으로서, 교사는 유아들에게 눈앞에 보이는 대상이나 사실에 대해 세밀하게 관찰하도록 격려해 준다.

2. 유머 있는 장면 생각해 내고 몸으로 표현해 보기: (논, 창 ; 신, 예)

유아들은 눈에 보이지 않는 추상적 대상이나 사고보다는 구체적인 그림이나 사물이 제공될 때 보다 쉽게 이해한다. 그림을 보듯이 생생하게 그려지는 동화 속 장면을 찾아, 유아의 몸을 이용하여 어떤 장면인지 흉내 내거나 표현해 보는 과정을 통해 사고의 출발점을 제공할 수도 있다.

3. 가정법: (논, 창 ; 의)

유아들의 생각을 이끌어내는 하나의 방법으로써, 동화 내용 중 쉽게 눈에 뜨이는 조건을 찾아 제공하거나, 예측 가능한 사태, 또는 상상 속에서만 가능한 조건을 제시하여, 가정적 의미를 담은 문장을 완성하는 사고실험 과정을 시도해 본다.

4. 비유법-직유와 은유: (창 ; 의)

단순하고 짧은 문장 속에서도 유아들의 표현은 그 자체로 시적 비유의 세계를 보여 주기도 한다. 사실적 정보를 제공하는 묘사도 필요하지만, 메시지를 더욱 실감나게 또 풍부하게 전달하는 비유적 언어 표현도 경험할 수 있도록 한다.

5. 사인 보내기-상징체계: (논, 창 ; 의, 예)

의사소통을 위해서는 언어 즉 문자를 비롯한 기호체계가 기본적으로 사용되지만, 일상생활 속 마주하는 이들의 눈빛과 눈길, 입모양, 양미간의 주름, 손짓과 고갯짓 등도 의미 있는 상징으로서 의사전달의 역할을 담당한다. 형식적이거나 비형식적인 기존 상징들에 담긴 의미를 알고 유아 나름의 새로운 상징을 창작하는 기회를 가져 본다.

6. 머릿속에 그림 그리기: (창 ; 의, 예)

생각은 눈 밖으로 드러나지 않아 실제로 확인되기 어렵지만, 어린 유아들은 끊임없이 생각하고 있다. 아직 글자를 익히지 못한 유아들이지만, 다른 사람의 말을 경청하고 들었던 내용을 함께 이야기하며 머릿속에 떠올려 보거나, 임의의 주어를 제시하여 그를 단서로 하여 적절하게 새로운 문장으로 완성하기, 또는 동화 내용을 유아 머릿속에 떠올려 보는 등, 교사는 유아들의 사고실험을 도우며 이를 동시로 표현하는 시간으로 연장할 수 있다.

7. 6하 원칙 생각하며 문장 만들기: (논 ; 의)

논리적으로 또는 구체적으로 생각하기 위해서는 먼저 사고의 도구인 언어를 적절히 구사할 수 있어야 하며, 말하고 있는 문장이 6하 원칙을 갖추어야 한다. 교사는 동화 속에서 완전한 구조를 갖추지 않은 문장을 찾아보고, 6하 원칙 중 빠진 요소를 찾아 완전한 문장이 만들어지도록 유아들과 함께 생각하며 이야기 나눈다.

8. 유추하기: (논 ; 의)

대부분의 글에서 앞 문장은 뒷 문장을 이끌거나 다음 사태의 길잡이 역할을 한다. 그런가 하면 앞서 언급된 말에 숨어 있던 또는 이미 내재되어 있던 의미나 의도가 대화나 토의가 진행되는 중에 드러나기도 한다. 교사는 유아들이 서로 이야기를 주고받는 중에 미처 알지 못했던 바를 찾아내면서 한 번 더 깊이 또는 또 다른 방향으로 돌려 생각하는 묘미를 경험할 기회를 제공한다.

9. 마음에서 마음으로 : (배 ; 사)

유아기에는 자기중심성이 강하게 나타나 무엇이든 자기 위주로 사고하고 판단하기 쉽다. 유아 자신의 마음을 상대가 제대로 알고 있을지 반문하거나, 반대로 나는 상대의 마음을 어떻게 헤아릴 수 있는지를 물음으로써, 교사는 유아 사고의 폭을 넓히고 궁금증이나 호기심을 키워 준다.

10. 반복어, 의성어, 의태어가 있는 노래를 찾아 부르며 몸으로 재미있는 모습 표현해 보기: (창 ; 신, 예)

같은 소리나 말이 반복되며 운율을 지닌 시어, 재미있는 소리나 모습을 표현한 동요를 찾아서, 함께 목소리 높여 노래 부르고, 노랫말에서 떠오르는 생각을 유희나 몸짓으로 표현함으로써 유아의 관심과 흥미를 돋으며 사고를 확장한다.

11. 어린이날에 대해 토론하기: (배-도 ; 사)

어린이날은 1922년 소파 방정환 선생님에 의해 어린이에 대한 사랑과 존중을 실천하기 위해 시작된 날이다. 한 인격체로서 유아가 누릴 수 있는 권리를 유아와 함께 생각해 보고, 어른들이 유아에게 해 주어야 할 의무나 유아들이 기대하는 배려의 예를 찾아본다.

12. 어버이날에 대해 토론하기: (배-도 ; 사)

미국에는 1904년 비롯되고 1913년부터 5월 둘째 일요일로 제정된 어머니날이 있다. 우리나라는 1956년 5월 8일을 어머니날로 제정한 이후, 1974년 어버이날로 개칭하여 어머니 아버지와 할아버지 할머니, 조상과 모든 어른을 존경하자는 뜻으로 확대 기념하고 있다. 유아 단계에서 실천할 수 있는 효도 방법을 생각해 본다.

13. 고마운 분께 편지 쓰기: (배 ; 의, 사)

5월은 어린이날, 어버이날 외에도 스승의 날이나 석가탄신일 등 여러 기념일을 포함하고 있다. 교사는 각각의 날이 함축하고 있는 의미를 유아들이 이해할 수 있도록 쉽게 풀어 소개하고, 유아의 일상생활 속에 그 문화적 의미를 살릴 수 있는 계기를 마련하고 유아와 함께 그 의미를 이야기 나눈다.

14. 동극 만들기: (논, 창 ; 의, 예)

동화의 내용을 바탕으로 짧은 또는 새로운 동극을 구성하는 데 참여하고 하나의 역할을 맡아 여러 사람 앞에서 대사를 하고 연기하면서, 유아는 이야기 내용을 숙지함과 동시에 성취감과 자존감을 느낄 수 있다. 또는 유아가 관객이 되어 또래가 시연하고 있는 동극을 감상하며 여러 등장인물의 관점에서 다양하게 바라보고 비평하는 사고실험의 기회를 갖기도 한다.

15. 태극기 달기: (논 ; 사, 신)

우리나라의 여러 기념일, 즉 3 · 1절, 현충일, 제헌절, 광복절, 개천절 등과 기념식의 의미를 알아보고, 유아와 함께 국기 게양 형태를 분별하거나 게양하는 방법을 이야기 나누고 직접 실행해 본다.

16. 거북선 모양과 특징 설명하기: (논 ; 의, 자)

철갑선으로서 독특한 외양을 자랑하는 거북선을 자세히 관찰하고 묘사하며, 거북선에 장착된 전쟁 도구의 쓰임새를 구별하는 등, 유아로 하여금 구체적인 사물을 면밀히 관찰함으로써 설명할 수 있도록 교사는 기초 자료를 마련한다. 그리고 그와 관련된 역사적 사실과 '위인'에 대해 유아들이 알고 있는 바를 질문하고 이해를 넓히는 기회를 제공한다.

17. 묘사된 장면의 원인을 발굴하고 미래에 나타날 결과 예측하기: (논 ; 의, 자)

하나의 결과로 눈앞에 펼쳐진 어떤 사태에 임하여 그를 초래한 원인이 무엇인지 밝히거나 또는 현재의 상황을 원인으로 하여 앞으로 다가올 결과를 예측해 보는 등, 유아들의 사고 폭을 넓히는 반성적 사고의 기회를 갖도록 한다.

18. 방학 중 계획 수립하기: (논, 창 ; 사, 자)

어떤 상황을 맞이하여 계획을 세워야겠다고 인식하고, 그 상황이 전개되는 시간과 장소, 그 일을 수행하려는 자신의 동기와 감당할 수 있는 능력 등을 스스로 고려해 볼 수 있도록, 계획 수립의 과정을 통해 유아로 하여금 발견하고 비교하고 다각적으로 검토하는 과정을 경험하게 한다.

19. 여행 중 필요한 물건 목록 만들기: (논 ; 의, 사)

여행을 하려 할 때, 여행 목적과 여행 기간, 여행 장소에 따라, 준비해야 할 물건에는 차이가 있다. 유아 혼자서 전체 여행 목록을 작성하기 어려우므로, 함께 대화하거나 토의하는 또래들이 각자의 여행 경험을 토대로 필요한 사항을 한 가지씩 나열하고 이를 한데 모아 정리하는 과정을 거침으로써, 유아가 자신의 사고를 체계화하며 간접 경험할 수 있는 시간을 마련한다.

20. 놀이 시간에 지켜야 할 규칙 정하기: (배-도 ; 사)

함께 생활하는 공동체 내에서 또래 간 또는 연령을 초월한 구성원들이 참여하는 놀이의 원만한 진행이 가능하려면, 또한 놀이 자체의 즐거움을 지속시키고 나아가 기본적인 인간관계를 유지하려면 일정한 규칙이 필요하다. 유아들이 규칙의 가치를 깨달을 수 있도록 남녀노소 함께 지켜야 할 규칙을 생각해 보고 규칙을 세운 후 준수할 수 있도록 간접 체험의 기회를 제공한다.

21. 불공평한 경우를 이야기하고 토론하기: (배–도 ; 신, 의, 사)

남녀노소 또는 신체적·정신적·경제적 능력에 상관없이, 누구에게나 평등하고 공평한 기회를 분배하며 공정한 기준을 적용하고 대우하는 사회가 정의롭고 민주적인 사회이다. 민주사회의 일원이 될 수 있도록, 유아의 일상생활 중 '평등' 및 '민주'와 관련된 예를 찾아 함께 반성해 보고 실천하는 기회를 갖는다.

22. 송편 비교하기: (논 ; 자)

유아로 하여금 시각, 후각, 미각, 청각, 촉각 등 5감각으로 실물의 외양(모양, 크기, 색깔, 고명)을 관찰하고 근육을 사용하는 등 다양하게 비교하는 경험을 갖게 함으로써, 고등사고 활동의 기초를 마련해 준다.

23. 명절 날 역할 나누기: (논, 배–도 ; 의, 사)

유아들과 함께 설·추석 등 우리나라 명절의 문화적·계절적 특징을 이해하며, 현대 양성평등사회라는 의미에서 명절 날 남녀노소의 역할 나눔을 생각해 본다.

24. 윷놀이의 준비물과 규칙 알기: (논 ; 사)

전통놀이 또는 세시풍속으로서 윷놀이가 지니는 의미와 필요한 개념, 규칙, 전략 등을 익히며, 이러한 규칙을 적용해 볼 기회를 갖는다.

25. 대가족, 친척의 촌수와 명칭, 관계 알기: (논 ; 사, 자)

유아를 중심으로 하여 부모, 조부모, 형제, 종형제 등을 떠올리며 가계목(家系木) 그림을 그린 후, 1촌부터 최소 4촌까지 친척들의 명칭이 서로 다름을 알고, 생물학적 또는 사회적 관계를 시각적으로 확인하게 한다.

26. 편 나누기 또는 역할 분담의 대안: (논, 배-도, 창 ; 사)

게임을 진행함에 있어서 적절한 기준을 설정하여 한쪽에 편중되지 않고 양쪽이 대등하게 팽팽한 대결을 벌임으로써 윷놀이의 흥미를 배가시킬 수 있도록, 유아와 함께 합당한 대안을 모색해 본다.

27. 달님께 기도하고 싶은 소원 써 보기: (논, 창 ; 의, 예)

잠정적으로 우주 과학 시대에 달을 향해 기원을 할 수 있는가에 대해 문제를 삼을 수도 있다. 그러나 어린 유아들에게 주는 꿈의 세계나 환상 세계의 가치를 고려할 수 있다면, 실현 가능한 합리적인 기원은 물론 현실적으로 실현 가능성이 크지 않은 막연한 이상이나 꿈 등, 달님을 향해 표현하는 기도나 소원 등을 글이나 그림으로 표현해 보도록 한다.

28. '맨 처음'을 넣어 이야기 만들기: (논 ; 의, 사, 예)

유아기에는 과거 · 현재 · 미래의 연대기적 시점을 정확하게 분별하기가 어렵다. '유아들이 맨 처음'이란 단어의 의미를 확인하고 기억하여 문장 속에 사용하며, 시점으로서 '맨 처음'이 전후 어떤 관계를 형성하는지 함축하는 여러 표현들을 경험할 수 있도록, 교사는 다양한 예시를 준비하여 제공하도록 한다.

29. 건국신화, 탄생설화를 듣고 이야기 나누기: (창 ; 의, 예)

유아에게 신화나 설화는 환상동화나 위인전의 느낌이나 흥미를 전하는 작품으로 이해될 수 있다. 단군신화, 불개 등 우리나라 신화와 설화를 소재로 한 창작그림책을 찾아 유아와 함께 읽고 생각을 나누어 본다.

30. 동굴 속 곰과 호랑이의 마음 헤아리기 ; (배, 창 ; 사, 자)

유아로 하여금 단군신화 속 곰과 호랑이의 입장과 마음을 헤아리고 감정이입하는 기회를 가지게 함으로써, 타인을 배려하며 살아가는 삶의 장면 속 윤리적 사고의 기회를 간접 경험하게 한다.

31. 이야기 속 주인공들과 인터뷰하기: (논, 창 ; 의, 사)

유아들은 동화 속에 등장하는 인물들의 이야기를 경청하고, 그들의 삶에 대한 궁금함과 호기심을 북돋아, 교사와 또래들을 포함하는 공동체 내에서 서로 질문하고 토의하는 과정을 거치며, 세상일에 의문을 품고 열린 대화를 이어가는 철학적 탐구공동체의 일원으로 성장하게 된다.

32. 꼬리에 꼬리를 무는 생각: (논, 창 ; 의, 자)

철학이란 언제나 열려 있는 사고체계이다. 논리적 결론이라 해서 모든 과정이 절대적으로 끝나는 것은 아니다. 논리적 귀결이라 해도, 그것은 또 다른 사고의 출발점이며 새로운 원인이 되기도 한다. 어린 유아의 꼬리에 꼬리를 무는 생각! 그것은 곧 유아의 논리적, 배려적, 창의적 사고라는 철학적 사고, 그리고 언제나 새로운 결말이 가능한 변증법적 토의의 출발점으로서, 유아의 논리논술을 초대한다.

동화와 철학적 탐구 1 인형놀이

나는야 어린 철학자 2『인형놀이』 ⓒ 아이코리아. 2007. 정대련 글

－전략－

"우리 이야기 나누기 시간 가질까요?" 선생님께서 이야기 듣기를 원하는 친구들을 부르셨어. "초록색 원 주위에 앉아 볼까?" 교실 바닥에 그려진 초록색 원을 따라 둘러앉으라고, 우리에게 손으로 사인을 주셨어. "자, 오늘은 선생님이 우리 친구들에게 새로운 동시를 들려주려고 해요." "오늘 동시 제목은 무엇일까?" 선생님이 동시판을 꺼내 제목을 한 글자씩 손가락으로 가리키며 읽어 주셨어. "〈아기 인형〉이라는 동시예요. 모두들 조용히 들어 보세요."

〈아기 인형〉 오밀조밀 신기한 아기 인형 집/ 작은 집 아기 인형이 놀고 있어요.// 엄마 인형이 어디 있지?/ 아기 인형이 숨바꼭질해요.// 빨간 돌 하얀 돌로 맛있는 밥 차려 줄게./ 아기 인형이 소꿉놀이해요.// 의사 선생님이 아프지 않게 주사 놓아 줄게./ 아기 인형이 병원 놀이해요.// 오밀조밀 재미있는 아기 인형 집/ 작은 집 아기 인형이 놀이를 찾고 있어요.

선생님은 동시를 한 번 더 천천히 읽어 주셨어. "자, 동시를 들으며, 우리 친구들은 어떤 생각을 했을까?" "친구들 머릿속에 아기 인형 그림이 그려졌나요?" 선생님은 우리 얼굴을 찬찬히 돌아보며 한 번 더 물으셨어. "동시에 재미있는 말이 있니? 동시를 듣고 혹시 궁금한 것이 생겼을까?"

"아기 인형이 어떤 다른 놀이를 할지 궁금해요." "아기 인형 집은 얼마나 작나요?" "주사를 아프지 않게 놓을 수 있나요?" "나는 아기 인형이 패션쇼 하는 생각을 했어요. 예쁜 옷이 많을 것 같아요." 친구들은 제각기 궁금한 걸 말했어.

"그래, 궁금한 게 참 많지?" "이번에는 아기 인형과 어떤 놀이를 하면 재미있을지 생각해 볼까?" 친구들을 하나하나 돌아보며 선생님은 살며시 입가에 미소를 지으셨어. 친구들이 입을 꼭 다물고 까만 눈을 깜박이고 있어. 아기 인형과 함께 할 놀이를 생각하는 거겠지?

"우리 친구들, 모두 생각해 보았니?" "우선 우리 친구들이 생각한 아기 인형은 어떤 모습인지 물어볼까?" "누구부터 자기 생각을 이야기해 줄까?" 우리 반에서 제일 예쁜 난이가 손을 들었어. 친구들의 눈이 모두 난이에게 쏠리자, 난이는 예쁜 입을 열어 천천히 말했어. "아기 인형은요. 키가 아주 작고요. 얼굴은 동그랄 것 같아요. 그리고……." "그리고? 아기 인형은?" 선생님이 다시 묻자, 난이가 대답했어. "여자 인형일 것 같아요."

"왜? 왜 아기 인형이 여자라는 거야?" 다른 한쪽에서 불쑥 민영이 물었어. 난이가 잠시 망설이고 있는데, 옆에 앉아 있던 선아가 말했어. "아기 인형이 소꿉놀이를 하고 있잖아." "의사 놀이도 하는 걸? 의사 선생님은 남자이잖아?" 민영이 선아를 향해 말했어. "우리 동네 소아과 선생님은 여자 선생님이야. 남자만 의사 선생님 하니?" 선아가 따지듯이 되물었어. "엉? 그런가?" 민영이 머리를 끄덕이며 입을 다물었어.

"선생님, 나는요. 아기 인형이 물총 놀이하는 것 생각했어요. 물총 놀이 재미있어요." 영호가 두 팔로 물총 놀이하는 흉내를 내며 신나는 듯 말했어. "물총 놀이? 그래, 재미있겠다." 선생님이 말씀하시는데, 영호가 갑자기 걱정스러운 듯이 한마디 덧붙였어. "그런데 아기 인형 몸이 어떤 거예요?" "천으로 된 인형인가요? 아니면 고무 인형인가요?" "물총 놀이할 때 물에 젖으면 안 되는데……."

"글쎄……. 우리 친구들 생각은 어떠니? 아기 인형 몸이 무엇으로 되어 있을 것 같아요?" 선생님이 영호의 질문을 듣고 다른 친구들에게 다시 질문하셨어. "고무요." "아니요. 천으로 된 인형이요." "플라스틱 인형일 것 같아요." "로봇처럼 쇠로 만들 수도 있잖아요?" "아기 인형인데 쇠로 만들면 어떻게 해?" "왜, 인형인데 어때? 괜찮아." 아기 인형 몸이 무엇으로 만들어졌을지 친구들이 한꺼번에 대답하기 시작했어. 이야기 코너는 금방 아수라장이 되어 버렸어.

－중략－

아기 인형은 여자일까? 소꿉놀이는 여자 친구들만 하나? 왜 민영인 의사 선생님을 남자라고 생각했지? 인형? 아기 인형이 어떤 모습이냐고? 사람 모습을 한 장난감이 인형 아닌가? 맞아. 우리 오빠가 좋아하는 인형의 얼굴과 몸은 우리처럼 사람 모양이잖아. 그리고 플라스틱으로 만들어져서 물총 놀이해도 물을 닦아 내면 되는데……. 가만, 곰 인형도 인형이잖아? 또 곰 인형은 털실로 되어 있고…. 음, 생각할 게 너무 많아. 무엇부터 생각하고 말해야 하지? 정말 모르겠어. 으음……. 오늘 나는 손을 들 수가 없었어.

인형놀이 1.1

아침에 유치원 가면 누구를 제일 먼저 만나니?

우리 유치원 문 앞에선 김나라 선생님이 우리를 기다리고 계셔.

"큰별아, 안녕."

선생님이 먼저 인사를 하셨어.

"오늘 아주 멋지구나. 하늘색 모자가 큰별에게 잘 어울리는데!"

"안녕하세요?"

나도 선생님께 인사를 했어.

너는 어떻게 인사하니? 배꼽 인사하니?

유아들의 철학적 탐구를 돕는 활동

경_청_하_기_

유아를 위한 철학교육의 가장 중요한 핵심은 '유아 스스로 생각하기'를 돕는 일이다. 스스로 생각하기 위해서는 우선 '경청하기', 즉 다른 사람의 말을 귀 기울여 듣는 것이 중요하다.

1. 개념(단어)

유아가 동화 속 이야기를 집중하여 들었는지, 귀에 친숙한 개념이나 익숙하지 않은 단어들이 있었는지, 또는 주인공 유아가 무슨 생각을 하고 어떻게 판단했는지, 교사는 동화 속 개념을 찾아보도록 질문한다.

"이야기 속에 어떤 말, 단어, 또는 개념이 있었나요? 재미있는 말, 처음 들어 본 말, 잘 모르는 말이 있었나요?"

- 김나라
- 인사
- 오늘
- 하늘색
- 아주
- 먼저
- 안녕하세요(안녕하다)
- 인사를 했어(인사하다)
- 멋지구나(멋지다)
- 어울리는데(어울리다)

2. 명제(문장)

일종의 판단, 제시된 상황, 또는 내재된 느낌 등은 그에 대한 의문을 제기해 볼 수 있는 출발점이 된다. 동화 속에서 주인공이 관찰하고 있거나 판단한 내용, 그를 중심으로 발생하는 상황 설명이나 어떤 사태에 대한 주인공의 느낌이 나타나있는 문장을 찾아본다.

"이야기 중에 재미있는 문장, 또는 생각나는 문장, 잘 이해되지 않는 문장이 있었나요?"

1) 우리 유치원 문 앞에선 김나라 선생님이 우리를 기다리고 계셔.
2) 오늘 아주 멋지구나.
3) 하늘색 모자가 큰별에게 잘 어울리는데!

질_문_하_기_

소크라테스에게서 보듯이, 철학한다는 말은 '질문하기'를 뜻하기도 한다. 유아를 위한 철학교육에서 또 하나 중요한 요소는 '질문하기'이다. 유아들이 동화를 경청하고 나면, 그들을 철학하기에 초대하기 위해 교사는 동화 내용에 대한 '질문하기'로 시작할 수 있다.

1. 등장인물들의 질문

동화 속에서 주인공이 제기한 질문을 찾아보고 그 질문을 함께 읽으며 그에 대한 생각을 나눈다.

"이야기 중에 주인공이나 등장인물들이 물어본 질문들이 있었나요? 어떤 질문이 있었는지 찾아볼까요?"

1) 아침에 유치원 가면 누구를 제일 먼저 만나니?
2) 너는 어떻게 인사하니?
3) 배꼽 인사하니?

2. 이야기 내용과 관련된 질문

주인공 유아가 질문했던 문장이나 아래 예시된 질문들을 길잡이 삼아, 유아들이 이들과 비슷한 유형의 질문을 만들 수 있도록 인도한다.

"이야기 내용과 관련해서 우리도 질문을 만들 수 있을까요? 주인공 친구가 질문했던 것을 우리 친구들도 궁금해한 적이 있나요?"

1) 아침에 눈을 떴을 때 제일 먼저 만나는 사람이 누구니?
2) 내가 먼저 친구에게 인사했을 때, 친구 표정이 어떠니?
3) 동생들을 향해서도 배꼽 인사하니?

3. 이야기 맥락을 벗어난 창의적 질문

동화 속 맥락에서 한 단계 비약하거나 반대 상황 그려 보기, 이야기 내용 살짝 비틀어 보기, 전혀 엉뚱한 상상하기 등을 허용하는 질문을 하여 유아의 사고 범위를 확장시킬 수 있다.

"혹시 지금 막 떠오른 생각이 있나요? 무언가 새로운 생각이 떠올랐나요?"

1) 하늘색 모자와 잘 어울리는 옷의 색깔은 무슨 색일까?

2) TV에 출연한 사람들의 모습을 모두 멋지다고 할 수 있을까?

3) '배꼽 인사'를 누가 만들어 냈을까?

철학적 탐구공동체를 위한 활동

철학적 탐구공동체로서 여럿이 모여 활동하는 중에, 유아들은 상대방의 말을 경청하고, 내재된 가정이 있는지 살펴보고, 실례와 반례를 제시하며, 이유를 캐묻고, 각각의 차이를 구별하며, 서로의 아이디어를 교환하고, 종합하여 새로운 의견을 구축하기도 하며, 탐구가 진행되는 과정에 적극적으로 참여하고 구성원으로서 따르는 경험을 하게 된다. 또한 유아들은 공동체의 일원으로서 순서를 지켜 이야기하는 법을 배우고, 상대의 표정을 읽고, 말 뒤에 숨어 있는 의미에 귀를 기울이고, 한 가지 이상의 다양한 견해로부터 중심 주제와 문제가 무엇인지 살피게 된다.

"동화 속에 나온 여러 상황 중에 어떤 부분에 대해 좀 더 탐구해 볼까요? 오늘 선생님이 이런 활동을 준비해 왔는데, 우리 친구들, 함께 생각하고 알아볼까요?"

1. 오늘 만난 친구의 모습 묘사하기

1) 내 옆 친구의 옷에 있는 여러 색깔을 모두 말하고 색의 차이(채도)를 살펴 말하기

2) 서로 다른 친구들의 옷 색깔을 비교하고 각각의 색의 아름다움을 설명하기

3) 친구들의 옷의 형태를 찾아 설명하고 어울리는 점 찾기

4) 친구들의 표정을 살피고 예쁘게 보이는 이유 찾기

2. 내 짝의 얼굴을 세밀하게 관찰하고 말로 묘사하기

1) 눈 모양과 크기, 눈동자의 색과 크기, 쌍꺼풀의 유무, 눈썹과 눈 사이의 거리, 양 눈 사이의 거리

2) 코의 길이와 모양, 콧날의 높이와 두께, 콧구멍의 생김새

3) 입술의 모양과 크기, 색깔, 입술 주름의 모양

4) 귓바퀴의 대소, 장단, 오므려진 모양, 얼굴 옆면에서의 귓바퀴 자리

5) 이 외에도 볼, 이마, 머리카락, 각각 생긴 모양 관찰하고 말해 보기

3. 내 주위의 꽃과 나무 관찰하기

1) 우리 집에서 기르는 꽃의 종류와 색깔

2) 유치원 마당에 있는 꽃과 나무를 식물도감 그림과 대조해 보기

4. 인사할 때 고려해야 할 점 말해 보기

1) 친구들과 만났을 때 주고받는 인사말 생각해 보기

2) 선생님이나 어른들을 만났을 때 인사하는 방법과 인사말 알아보기

3) 만날 때, 헤어질 때, 전화를 걸 때, 편지나 초대장을 쓸 때 등등 다양한 상황을 찾아 각각 다른 인사말이 필요함을 알고 표현해 보기

4) 여러 나라의 인사말과 문화적 차이에서 나타나는 인사법 알아보기

5. '멋지다' 라는 말을 할 때가 언제인지 이야기 나누기

1) 겉모습에 대해 '멋지다' 라고 말하는 경우 :

- 예쁜 옷
- 깨끗한 옷
- 장소와 상황에 맞는 옷
- 잘생긴 얼굴
- 바른 자세
- 건강한 몸

2) 실천, 결과, 행동, 행위에 대해 '멋지다' 라고 평가할 때 :

- 탁월한(훌륭한, 좋은) 행동이나 일의 성과
- 예기치 못한 창의적인 결과나 행위
- 시원시원한(cool한) 태도

3) 자기 주변에서 만난 멋진 사람의 예를 찾아 왜 '멋지다' 고 생각하는지 설명하기

인형놀이 1. 2

우리 유치원에서 가장 예쁜 선생님이 누구냐고?
물론 김나라 선생님이야.
갸름한 얼굴에 환하게 웃는 눈이 정말 예뻐.
선생님의 긴 머리카락도 참 부드럽고 아름다워.
선생님 걸어가실 때 뒤에서 바라본 적 있니?
선생님이 걸음을 걸으면, 긴 머리카락은 등 뒤에서 춤추듯 출렁거려.
마치 연못 속 물고기가 꼬리지느러미를 살랑거리며 헤엄치는 것 같아.
반짝반짝 빛나는 머리 결이 선생님과 잘 어울려.

우리 엄마?

우리 엄마 머리카락은 짧아.
동글동글 우리 엄마 얼굴에는 꼬불꼬불 짧은 파마머리가 참 잘 어울려.
파마한 머리카락을 만져 보았니?
파마를 하고 동글동글 말려 있는 엄마 머리카락을
손바닥으로 살짝 눌러 보면
머리카락이 쏘옥 내려가다가 다시 올라오곤 해.
마치 탱탱볼이 통-통 튀는 것처럼 머리카락이 다시 일어나.

유아들의 철학적 탐구를 돕는 활동

경_청_하_기_

1. 개념(단어)

"이야기 속에 어떤 말, 단어, 또는 개념이 있었나요? 재미있는 말, 처음 들어 본 말, 잘 모르는 말이 있었나요?"

- 걸음
- 머리카락
- 머릿결
- 탱탱볼
- 갸름한
- 동글동글
- 환하게
- 춤추듯
- 마치
- 반짝
- 긴
- 짧은
- 꼬불꼬불
- 살짝
- 쏘옥
- 통–통
- 웃는(웃다)
- 예뻐(예쁘다)
- 부드럽고(부드럽다)
- 아름다워(아름답다)
- 살랑거리며(살랑거리다)
- 출렁거려(출렁거리다)
- 말려(말리다)
- 눌러(누르다)
- 일어나(일어나다)

2. 명제(문장)

"이야기 중에 재미있는 문장, 또는 생각나는 문장, 잘 이해되지 않는 문장이 있었나요?"

1) 갸름한 얼굴에 웃는 눈이 정말 예뻐.
2) 선생님이 걸음을 걸으면, 긴 머리카락은 등 뒤에서 춤추듯 출렁거려.
3) 연못 속 물고기가 꼬리지느러미를 살랑거리며 헤엄치는 것 같아.

질_문_하_기_

1. 등장인물들의 질문

"이야기 중에 주인공이나 등장인물들이 물어본 질문들이 있었나요? 어떤 질문이 있었는지

찾아볼까요?"

1) 우리 유치원에서 가장 예쁜 선생님이 누구냐고?
2) 선생님 걸어가실 때 뒤에서 바라본 적 있니?
3) 파마한 머리를 만져 보았니?

2. 이야기 내용과 관련된 질문

"이야기 내용과 관련해서 우리도 질문을 만들 수 있을까요? 주인공 친구가 질문했던 것을 우리 친구들도 궁금해한 적이 있나요?"

1) 네가 아는 사람 중 예쁜 사람이 누구인지, 어떻게 생겼는지 설명해 주겠니?
2) 얼굴과 머리 모양이 서로 어울리지 않는 경우를 보았니?
3) 친구들은 어떤 머릿결과 머리 모양을 좋아하니?

3. 이야기 맥락을 벗어난 창의적 질문

"혹시 지금 막 떠오른 생각이 있나요? 무언가 새로운 생각이 떠올랐나요?"

1) 친구가 미워 보일 때 친구 표정이 어땠는지 기억나니?
2) 사람들 머리카락의 차이가 얼마나 다양한지 알아볼까?
3) 남자들은 왜 머리를 짧게 자르게 되었을까?

철학적 탐구공동체를 위한 활동

"동화 속에 나온 여러 상황 중에 어떤 부분에 대해 좀 더 탐구해 볼까요? 오늘 선생님이 이런 활동을 준비해 왔는데, 우리 친구들, 함께 생각하고 알아볼까요?"

1. 주위 사람들의 특징 살펴보고 말이나 글로 표현해 보기

1) 담임 선생님의 오늘 모습을 말로 표현하기
2) 엄마가 아침에 내게 들려주었던 말이나 말투를 흉내 내기
3) 친구나 주위 여러 사람들의 특징과 좋은 점 찾아서 말이나 글로 적어 보기

2. 친구와 관련된 이야기 나누기

1) 내 친구가 좋은 친구인 근거를 이야기하기
2) 다른 친구가 나를 어떤 친구라고 생각하는지 예측하고 그 이유 생각해 보기
3) 서로에게 좋은 친구가 되기 위해 지켜야 할 일 나열해 보기

3. 유머러스하거나 재미있는 장면 생각해 내고 몸으로 표현해 보기

1) 물고기가 헤엄치는 모습을 말이나 몸으로 표현해 보기
2) 여러 동물들의 달리는 모습, 날아다니는 모습, 앉아서 쉬는 모습, 잠자는 모습을 흉내 내 보기
3) 각자 주변 사람 중 한 사람을 택하여 머리 모양이나 특징을 재미있게 표현해 보기

4. 조건문 표현을 따라 해 보기

선생님이 걸음을 걸으면, 긴 머리카락은 등 뒤에서 춤추듯 출렁거려.

1) 물총 놀이할 때 물에 젖으면, __________
2) 비밀을 말하지 않겠다고 약속한다면, __________

5. 비유적 표현을 따라 해 보기

1) 직유법 : 곱슬곱슬 엄마의 짧은 머리카락은 마치 탱탱볼이 통-통 튀는 것처럼
   아롱이 다롱이 지저귀는 소리는 마치 __________.
2) 은유법 : 곱슬머리는 부드러운 용수철이야.
   어항에 비친 개구리 두 눈은 __________.

인형놀이 1. 3

"큰별아 엄마 머리 만지면 기분이 좋니?"
엄마가 웃으시며, 말씀하셨어.
"그래도 간신히 살려 놓은 건데, 모양 깨질라, 살살 만지렴."
"네에? 머리카락을 살려 놓았다고요?"
"그래. 큰별인 뒷머리가 톡 튀어나오고 동글동글 보기 좋게 생겼지. 엄마 뒤통수는 납작해서, 파마하고 드라이어로 바람을 넣어 머리카락을 살려야 예뻐진단다."

머리카락을 살린다고? 무슨 뜻이지?
머리카락을 일으켜 세우는 게 살리는 거라고?
머리카락이 엄마 머리 위에서 살아 있다?

'살린다' 가 뭐지?
납작해진 뭔가를 위로 솟아올라오게 하면 살리는 건가?
나를 납작하게 눕혔다가 벌떡 일어나게 하면, 나를 살리는 걸까?
그러면 누워 있을 때 나는 살아 있는 게 아니야?

'머리카락을 살리다' 와 '나를 살리다' 의 '살리다' 가 똑같은 말일까?
엄마가 하는 이야기는 가끔 나를 생각에 빠지게 해.

유아들의 철학적 탐구를 돕는 활동

경_청_하_기_

1. 개념(단어)

"이야기 속에 어떤 말, 단어, 또는 개념이 있었나요? 재미있는 말, 처음 들어 본 말, 잘 모르는 말이 있었나요?"

- 기분
- 뒷머리
- 뒤통수
- 드라이어
- 간신히
- 살살
- 톡
- 납작하게
- 벌떡
- 똑같은
- 가끔
- 살려 놓은(살려 놓다)
- 살린다(살리다)
- 솟아올라(솟아오르다)

2. 명제(문장)

"이야기 중에 재미있는 문장, 또는 생각나는 문장, 잘 이해되지 않는 문장이 있었나요?"

1) 큰별인 뒤통수가 툭 튀어나오고 동글동글 보기 좋게 생겼지.
2) 엄마 뒤통수는 납작해서, 파마하고 드라이어로 바람을 넣어 머리카락을 살려야 예뻐진단다.
3) 엄마가 하는 이야기는 가끔 나를 생각에 빠지게 해.

질_문_하_기_

1. 등장인물들의 질문

"이야기 중에 주인공이나 등장인물들이 물어본 질문들이 있었나요? 어떤 질문이 있었는지 찾아볼까요?"

1) 머리카락이 엄마 머리 위에서 살아 있다?
2) 나를 납작하게 눕혔다가 벌떡 일어나게 하면, 나를 살리는 걸까?

3) '머리카락을 살리다'와 '나를 살리다'의 '살리다'가 똑같은 말일까?

2. 이야기 내용과 관련된 질문

"이야기 내용과 관련해서 우리도 질문을 만들 수 있을까요? 주인공 친구가 질문했던 것을 우리 친구들도 궁금해한 적이 있나요?"

1) 다른 사람이 네 머리를 만지면 또는 쓰다듬으면 기분이 어떠니?
2) 방바닥에 떨어진 머리카락은 살아 있는 거니?
3) '분위기를 살리다'와 '죽어 가는 사람을 살리다'에서 '살리다'는 또 어떤 뜻이지?

3. 이야기 맥락을 벗어난 창의적 질문

"혹시 지금 막 떠오른 생각이 있나요? 무언가 새로운 생각이 떠올랐나요?"

1) 내가 잠자고 있을 때는 살아 있는 거야, 죽어 있는 거야?
2) 미용실에서 미용사가 네 머리를 만질 때 졸음 오지 않니?
3) 살아 있다는 건 어떻게 알 수 있어?

철학적 탐구공동체를 위한 활동

"동화 속에 나온 여러 상황 중에 어떤 부분에 대해 좀 더 탐구해 볼까요? 오늘 선생님이 이런 활동을 준비해 왔는데, 우리 친구들, 함께 생각하고 알아볼까요?"

1. 우리 가족의 얼굴형과 뒤통수 모습 확인하기

1) 얼굴형 : 동그란 얼굴, 갸름한 얼굴, 역삼각형 얼굴, 네모난 얼굴
2) 뒤통수 : 톡 튀어나온 형, 납작한 형, 앞뒤 짱구형

2. 관찰하기 : 내 주위에 어떤 것들이 있는지 유심히 살펴보기

1) 내 주위의 개, 고양이, 염소 등등 동물들 털의 색깔, 길이, 촉감, 눈동자, 발가락 등을 자세히 관찰하고 구별하기
2) 내가 잠들 때 가까이 두는 것의 종류 알아보기

3. 새로운 느낌을 말로 표현하기

1) 드라이어로 부풀린 머리카락을 눌러 볼 때의 느낌을 표현해 보기

2) 동글동글 파마를 했을 때의 탄력 있는 머리카락의 느낌 표현하기

4. 한 단어가 여러 가지 의미로 해석되는 경우 찾기

1) 머리 :
   - 엄마는 머리가 좋아.
   - 엄마 머리는 크고 내 머리는 작아.
   - 미용실 다녀오신 엄마의 머리가 아름다워.

2) 살리다 :
   - 금붕어를 살리려면 어항이 필요해.
   - 미용사가 누나 뒷머리를 많이 살려 놓았어.
   - 분위기를 살리려면 흥겨운 음악이 필요해.

5. 한 단어가 둘 이상의 뜻으로 해석되는 경우

1) 모르다 : 알지 못한다, 들어 본 적 없다, 배워도 너무 어렵다

2) 힘들다 : 힘이 세어야 들 수 있다, 어렵다, 쉽지 않다

3) 다물다 : 입(아래 위 입술)을 닫다, 말을 하지 않다

4) 전래동화 가게 이야기 : 이건 옷이요. (옷을 사시오 / 이리 오시오)
이건 잣이요. (잣을 팝니다 / 한 번 자시오[잡수세요])
이건 갓이요. (갓을 사시오 / 이제 가시오)

6. '그래도'를 넣어 문장 짓기

엄마 머리 만지면 기분이 좋니?
그래도 간신히 살려 놓은 건데, 모양 깨질라, 살살 만지렴.

1) 아침에 일어나서 긴 곱슬머리를 빗으려면 시간이 한참 걸려.
그래도 "____________" 참는단다.

2) 매일매일 일찍 일어나는 것이 얼마나 힘든지 아니?

그래도 "____________"해서 일어난단다.

3) 사랑이는 친구와 소곤거리며 이야기하기를 정말 좋아한단다.

그래도 선생님께서 말씀하실 때는 "____________" 듣는단다.

7. 당황스럽거나 당혹스러운 경험 찾기

엄마가 하는 이야기는 가끔 나를 생각에 빠지게 해.

1) 엄마가 하시는 말씀 중에 처음 듣는 단어가 들어 있을 때 :

- 언제 저 말을 들었더라?
- 저 말은 처음 듣는데 무슨 뜻이지?
- 어떤 경우에 저 말이 쓰이지?

2) 실수한 후 엄마께 꾸중 들을 때 :

- 어떻게 하다가 실수를 했더라?
- 실수를 하려고 했던 건 아닌데……

3) 엄마 생각과 내 생각이 다를 때 :

- 나는 그렇게 생각하지 않아요. 내게는 다른 생각이 있다고요.
- 엄마는 왜 꼭 그렇게만 생각하실까?
- 이번에는 내가 옳은 것 같은데, 어떻게 엄마한테 설명해야 할까?

8. 생각에 잠긴 모습 알아보기

1) 내가 아플 때, 엄마의 표정 살피기

2) 나를 바라보는 엄마의 눈빛이 평상시와 같은지, 아니면 어떻게 다른지 구별해 보기

3) 내가 떼쓸 때, 아빠 표정을 그림으로 그리고 그림 속 표정을 설명하기

인형놀이 1. 4

"우리 이야기 나누기 시간 가질까요?"
선생님께서 이야기 듣기를 원하는 친구들을 부르셨어.
"초록색 원 주위에 앉아 볼까?"
교실 바닥에 그려진 초록색 원을 따라 둘러앉으라고, 우리에게 손으로 사인을 주셨어.

"자, 오늘은 선생님이 우리 친구들에게 새로운 동시를 들려주려고 해요."
"오늘 동시 제목은 무엇일까?"
선생님이 동시판을 꺼내 제목을 한 글자씩 손가락으로 가리키며 읽어 주셨어.
"〈아기 인형〉이라는 동시예요. 모두들 조용히 들어 보세요."

〈아기 인형〉

오밀조밀 신기한 아기 인형 집
작은 집 아기 인형이 놀고 있어요.

엄마 인형이 어디 있지?
아기 인형이 숨바꼭질해요.

빨간 돌 하얀 돌로 맛있는 밥 차려 줄게.
아기 인형이 소꿉놀이해요.

의사 선생님이 아프지 않게 주사 놓아 줄게.
아기 인형이 병원 놀이해요.

오밀조밀 재미있는 아기 인형 집
작은 집 아기 인형이 놀이를 찾고 있어요.

유아들의 철학적 탐구를 돕는 활동

경_청_하_기_

1. 개념(단어)

"이야기 속에 어떤 말, 단어, 또는 개념이 있었나요? 재미있는 말, 처음 들어 본 말, 잘 모르는 말이 있었나요?"

- 바닥
- 원
- 사인
- 동시
- 글자
- 숨바꼭질
- 소꿉놀이
- 병원 놀이
- 조용히
- 오밀조밀
- 신기한
- 아프지 않게
- 둘러앉으라고(둘러앉다)
- 가리키며(가리키다)

2. 명제(문장)

"이야기 중에 재미있는 문장, 또는 생각나는 문장, 잘 이해되지 않는 문장이 있었나요?"

1) 선생님께서 이야기 듣기를 원하는 친구들을 부르셨어.
2) 교실 바닥에 그려진 초록색 원을 따라 둘러앉으라고 우리에게 손으로 사인을 주셨어.
3) 작은 집 아기 인형이 놀이를 찾고 있어요.

질_문_하_기_

1. 등장인물들의 질문

"이야기 중에 주인공이나 등장인물들이 물어본 질문들이 있었나요? 어떤 질문이 있었는지 찾아볼까요?"

1) 우리 이야기 나누기 시간 가질까요?
2) 초록색 원 주위에 앉아 볼까?

3) 오늘 동시 제목은 무엇일까?

2. 이야기 내용과 관련된 질문

“이야기 내용과 관련해서 우리도 질문을 만들 수 있을까요? 주인공 친구가 질문했던 것을 우리 친구들도 궁금해한 적이 있나요?”

1) 이야기 영역을 정해 놓은 이유가 있을까?
2) 야구장에서 코치가 선수들에게 보내는 사인을 본 적 있니?
3) 주사를 놓는데, 어떻게 아프지 않을 수 있지?

3. 이야기 맥락을 벗어난 창의적 질문

“혹시 지금 막 떠오른 생각이 있나요? 무언가 새로운 생각이 떠올랐나요?”

1) 숨바꼭질할 때 어디에 숨으면 술래가 못 찾을까?
2) 주사 맞을 때 주사바늘을 쳐다보는 것이 좋을까, 안 보는 게 좋을까?
3) 공항 활주로에서 깃발을 들고 비행기를 향해 주는 사인은 몇 가지일까?

철_학_적__탐_구_공_동_체_를__위_한__활_동_

“동화 속에 나온 여러 상황 중에 어떤 부분에 대해 좀 더 탐구해 볼까요? 오늘 선생님이 이런 활동을 준비해 왔는데, 우리 친구들, 함께 생각하고 알아볼까요?”

1. 가정법을 써서 문장 만들기

1) 내가 만약 엄마와 숨바꼭질한다면, ____________에 숨을 테야.
2) 내가 만약 요리사라면, ____________음식을 만들어 줄 텐데…….
3) 내가 만약 의사 선생님이라면, 환자에게 ____________할 거야.

2. 가정법 표현 만들기

1) “나리 나리 개나리” 〈봄나들이〉 노래를 부르면, _______ 쉽게 생각해 낼 거야.
2) 아빠 의자에 앉아서 빙글빙글 돌다 보면, _______일(할) 거야.

3) 내가 만약 피터팬이라면, ____________할 수 있다.

3. 가정법 표현 넣어 생각 키우기

1) '나리 나리 개나리' 라고 하면, 말이 될까, 안 될까?
'꿀꿀꿀 돼지' 라고 친구를 놀리면, 친구 기분이 어떨까?
'시원시원한 용이' 성격이라면, 찰흙 놀이를 먼저 하겠다는 친구에게 뭐라고 말할까?
2) 내가 말하면 엄마는 금방 알아듣는데, 엄마가 말하면 나는 ____________
만약에 경찰이 범죄자를 만난다면, 경찰은 ____________
우리나라가 통일이 된다면, 제일 먼저 ____________할 거야.

4. '내가 엄마라면' 가정해 보기

1) 내가 엄마라면, 아기에게 자장 노래를 불러 줄 텐데…….
2) 내가 엄마라면, 아빠에게 넥타이를 매 드릴 텐데…….
3) 내가 엄마라면, 떡볶이를 맛있게 만들어 줄 텐데…….
4) 내가 엄마라면, ________________________________.

5. 육하원칙을 생각하며 문장 만들기

1) 어제 있었던 이야기를 육하원칙에 맞게 들려주기 :
어제(언제) (누가) (어디서) (무엇을) (어떻게) (왜)
2) 동화 속 주인공이 경험한 이야기를 육하원칙에 따라 재구성하기 :
빛나는(누가) (언제) (어디서) (무엇을) (어떻게) (왜)
3) 유치원 생일 파티 이야기를 육하원칙으로 설명하기 :
유치원에서(어디서) 생일 파티(무엇을) (언제) (누가) (어떻게) (왜)

6. 비유적으로 표현하기 : 직유와 은유

1) 오밀조밀 신기한 아기 인형 집은 마치 동화 속 일곱 난쟁이 집 같아.
오밀조밀 신기한 아기 인형 집은 우리 공주님 세상이야.

2) 의사 선생님 주사바늘은 꼭 독수리 발톱 같아.
의사 선생님 주사바늘은 생명의 터널이야.
3) 빨간 돌 하얀 돌이 조명 아래 빛나는 알록달록 보석 같지 않니?
하얀 돌 빨간 돌이 하얀 쌀밥과 고추장이라는 거야?

7. 병원 놀이하기

1) 병원에 필요한 역할 정하기
2) 각각의 역할에 필요한 기구 목록 만들기
3) 환자 치료 상황과 그에 맞는 역할 설정하기

8. 가족이 아플 때, 애완동물이 아플 때 간호하는 방법 생각해 보기

1) 부모님이 아프실 때, 동생이 아플 때, 내가 아플 때 간호했던 경험 찾아 들려주기
2) 집에서 키우는 동물이 아플 때, 유치원이나 어린이집의 동물 가족이 아플 때 돌보는 방법 알기
3) 가족이나 애완동물들을 간호하며 위로하는 말이나 이야기 들려주기

9. 사인 주고받기

"교실 바닥에 그려진 초록색 원을 따라 둘러앉으라고, 우리에게 손으로 사인을 주셨어."

1) 교실 안에 말없이 서로가 서로에게 알리는 또 다른 표시 찾거나 만들기
2) 초록색 선 이외의 색 선으로 정해 놓은 표식의 의미 알기
3) 손 그림자로 형상 만들기
4) 간단한 수화나 경매장 수신호 배워 보기

10. 상징 또는 약화(사인, 삽화, 기호 그림)를 그려서 의미 알아맞히기

1) 이미 존재하는 기호 알기 – 멈추시오, 건너가시오, 조용히 하시오(침묵), 개조심, 꽃밭 출입 금지
2) 우리가 만든 상징 · 사인 · 약화 – 정리 시간, 대집단 시간, 간식(급식) 시간

11. 머릿속에 그림 그리고 친구에게 설명하기

1) 머릿속에 그려 본 '오밀조밀 인형 집' 그리고 그 생김새를 말로 표현하기

2) 놀이터에서 숨바꼭질하는 장면을 머릿속에 그리고 묘사하기

3) 우리 동네 의사 선생님 얼굴을 머릿속에 그리고 설명하기

12. 시어 바꾸기와 동시 짓기

1) 시어 바꾸기

오밀조밀 신기한 아기 인형 집 → 분홍 빛 커튼이 사랑이 집

엄마 인형이 어디 있지? → 머리카락 보인다. 꼭꼭 숨어라.

2) 아기 또는 인형을 주제로 동시 짓기

제목 : 우리 아기 쌔근쌔근

제목 : 내 친구 꼬마 인형

3) 숨바꼭질, 소꿉놀이, 병원 놀이, 선생님 놀이, 얼음 땡 놀이 등 놀이의 내용을 동시로 짓기

'수건돌리기' 내용을 동시로 짓기

_예시_ 〈얼음, 땡!〉

정대련 지음

귀를 쫑긋 세우고 한 걸음 두 걸음
　이제?
　아니.
　언제?
　지금, "얼음!"
　"땡!"
오른손 들면서 얼었다가 풀고
왼발 딛고 얼었다가 녹고.
큰별이도 한별이도 꽁꽁 얼고 후– 쉬고.

인형놀이 1.5

선생님은 동시를 한 번 더 천천히 읽어 주셨어.

"자, 동시를 들으며, 우리 친구들은 어떤 생각을 했을까?"

"친구들 머릿속에 아기 인형 그림이 그려졌나요?"

선생님은 우리 얼굴을 찬찬히 돌아보며 한 번 더 물으셨어.

"동시에 재미있는 말이 있니? 동시를 듣고 혹시 궁금한 것이 생겼을까?"

"아기 인형이 어떤 다른 놀이를 할지 궁금해요."

"아기 인형 집은 얼마나 작나요?"

"주사를 아프지 않게 놓을 수 있나요?"

"나는 아기 인형이 패션쇼 하는 생각을 했어요. 예쁜 옷이 많을 것 같아요."

친구들은 제각기 궁금한 걸 말했어.

"그래, 궁금한 게 참 많지?"

"이번에는 아기 인형과 어떤 놀이를 하면 재미있을지 생각해 볼까?"

친구들을 하나하나 돌아보며 선생님은 살며시 입가에 미소를 지으셨어.

친구들이 입을 꼭 다물고 까만 눈을 깜박이고 있어.

아기 인형과 함께 할 놀이를 생각하는 거겠지?

유아들의 철학적 탐구를 돕는 활동

경_청_하_기_

1. 개념(단어)

"이야기 속에 어떤 말, 단어, 또는 개념이 있었나요? 재미있는 말, 처음 들어 본 말, 잘 모르는 말이 있었나요?"

- 그림
- 패션쇼
- 입가
- 미소
- 찬찬히
- 얼마나
- 예쁜
- 제각기
- 살며시
- 다물고(다물다)
- 깜박이고(깜박이다)

2. 명제(문장)

"이야기 중에 재미있는 문장, 또는 생각나는 문장, 잘 이해되지 않는 문장이 있었나요?"

1) 친구들은 제각기 궁금한 걸 말했어.
2) 친구들을 하나하나 돌아보며 선생님은 살며시 입가에 미소를 지으셨어.
3) 친구들이 입을 꼭 다물고 까만 눈을 깜박이고 있어.

질_문_하_기_

1. 등장인물들의 질문

"이야기 중에 주인공이나 등장인물들이 물어본 질문들이 있었나요? 어떤 질문이 있었는지 찾아볼까요?"

1) 친구들 머릿속에 아기 인형 그림이 그려졌나요?
2) 동시를 들으며 혹시 궁금한 것이 생겼을까?

3) 이번에는 아기 인형과 어떤 놀이를 하면 재미있을지 생각해 볼까?

2. 이야기 내용과 관련된 질문

"이야기 내용과 관련해서 우리도 질문을 만들 수 있을까요? 주인공 친구가 질문했던 것을 우리 친구들도 궁금해한 적이 있나요?"

1) 아기 인형을 놀이터에 가지고 가서 놀면 어떻게 놀 수 있을까?
2) 인형 패션쇼를 한다면 어떤 모양의 옷을 만들어 입혀 줄까?
3) 선생님이 입가에 미소 짓는 이유를 알고 있니?

3. 이야기 맥락을 벗어난 창의적 질문

"혹시 지금 막 떠오른 생각이 있나요? 무언가 새로운 생각이 떠올랐나요?"

1) 살을 꼭 집어 주사 놓을 때와 '톡' 하고 두드린 후 주사 놓을 때, 어느 쪽이 덜 아플까?
2) 내 짝이 오랫동안 쳐다보았던 것이 무엇인지 눈치 챘니?
3) 친구들이 생각할 때 입을 다무는지 벌리는지, 눈을 많이 깜박이는지, 깜박거리지 않는지, 또 어떤 표정과 모습으로 생각하는지 눈여겨본 적 있니?
4) 왜 누구는 궁금한 것이 많고, 또 어떤 친구는 궁금한 게 적을까?

철학적 탐구공동체를 위한 활동

"동화 속에 나온 여러 상황 중에 어떤 부분에 대해 좀 더 탐구해 볼까요? 오늘 선생님이 이런 활동을 준비해 왔는데, 우리 친구들, 함께 생각하고 알아볼까요?"

1. 패션쇼 모델 되어 보기

1) 각자의 옷이 어떤 종류인지 설명하고 모델처럼 걸어 보기
2) 직업에 따른 복장 알아보기
3) 평상복, 파티복, 운동복 등 기능이나 상황에 맞는 옷을 설명하고 그려 보기

2. 아기 인형 집 짓기와 꾸미기

1) 머릿속에 그리는 각자의 아기 인형 집을 이야기하고 그림으로 표현하기

2) 각자의 인형을 가져와 소개하고 인형 집 꾸미기

인형놀이 1. 6

"우리 친구들, 모두 생각해 보았니?"
"우선 우리 친구들이 생각한 아기 인형은 어떤 모습인지 물어볼까?"
"누구부터 자기 생각을 이야기해 줄래?"

우리 반에서 제일 예쁜 난이가 손을 들었어.
친구들의 눈이 모두 난이에게 쏠리자, 난이는 예쁜 입을 열어 천천히 말했어.

"아기 인형은요. 키가 아주 작고요. 얼굴은 동그랄 것 같아요. 그리고……."
"그리고? 아기 인형은?"
선생님이 다시 묻자, 난이가 대답했어.
"여자 인형일 것 같아요."

"왜? 왜 아기 인형이 여자라는 거야?"
다른 한쪽에서 불쑥 민영이 물었어.
난이가 잠시 망설이고 있는데, 옆에 앉아 있던 선아가 말했어.
"아기 인형이 소꿉놀이를 하고 있잖아."
"의사 놀이도 하는 걸? 의사 선생님은 남자이잖아?"
민영이 선아를 향해 말했어.
"우리 동네 소아과 선생님은 여자 선생님이야. 남자만 의사 선생님 하니?"
선아가 따지듯이 되물었어.
"엉? 그런가?"
민영이 머리를 끄덕이며 입을 다물었어.

유아들의 철학적 탐구를 돕는 활동

경_청_하_기_

1. 개념(단어)

"이야기 속에 어떤 말, 단어, 또는 개념이 있었나요? 재미있는 말, 처음 들어 본 말, 잘 모르는 말이 있었나요?"

- 키
- 여자
- 남자
- 동네
- 제일
- 불쑥
- 따지듯이
- 엉?
- 쏠리자(쏠리다)
- 대답했어(대답하다)
- 물었어(묻다)
- 되물었어(되묻다)
- 끄덕이며(끄덕이다)

2. 명제(문장)

"이야기 중에 재미있는 문장, 또는 생각나는 문장, 잘 이해되지 않는 문장이 있었나요?"

1) 우리 반에서 제일 예쁜 난이가 손을 들었어.
2) 친구들의 눈이 모두 난이에게 쏠리자, 난이는 예쁜 입을 열어 천천히 말했어.
3) 민영이 머리를 끄덕이며 입을 다물었어.

질_문_하_기_

1. 등장인물들의 질문

"이야기 중에 주인공이나 등장인물들이 물어본 질문들이 있었나요? 어떤 질문이 있었는지 찾아볼까요?"

1) 누구부터 자기 생각을 이야기해 줄래?
2) 왜 아기 인형이 여자라는 거야?
3) 남자만 의사 선생님 하니?"

2. 이야기 내용과 관련된 질문

"이야기 내용과 관련해서 우리도 질문을 만들 수 있을까요? 주인공 친구가 질문했던 것을 우리 친구들도 궁금해한 적이 있나요?"

1) 친구 인형의 얼굴이 어떻게 생겼는지, 키는 얼마나 큰지, 여자인지 남자인지, 아니면 아무것도 구별이 안 되는지, 어떻게 구별이 안 되는지 말로 표현해 볼까?
2) 소꿉놀이할 때 남자 친구들이 주로 맡는 역할이 따로 있니?
3) 역할 놀이할 때 친구들이 좋아하며 맡는 역할이나 맡고 싶어 하지 않는 역할이 있니?

3. 이야기 맥락을 벗어난 창의적 질문

"혹시 지금 막 떠오른 생각이 있나요? 무언가 새로운 생각이 떠올랐나요?"

1) 도대체 난이를 '예쁘다' 고 생각하는 근거가 무엇이지?
2) 인형이 남자인지 여자인지 왜 구별해야 하는 거지?
3) 친구가 말 안하고 망설일 때, 얼마만큼 기다려 주면 되니?

철학적 탐구공동체를 위한 활동

"동화 속에 나온 여러 상황 중에 어떤 부분에 대해 좀 더 탐구해 볼까요? 오늘 선생님이 이런 활동을 준비해 왔는데, 우리 친구들, 함께 생각하고 알아볼까요?"

1. 친구들 얼굴형과 눈 코 입의 모양을 자세히 보고 적절한 단어로 표현하고 그리기

1) 얼굴 : 갸름한 형, 동그란 형, 역삼각형
2) 눈 : 동그란 눈, 옆으로 긴 눈, 쌍꺼풀이 있는 눈, 큰 눈, 작은 눈
3) 코 : 날씬하고 끝이 뾰족한 코, 끝이 도톰하고 둥근 코, 높은 콧날, 낮은 콧날, 큰 코, 작은 코
4) 입 : 큰 입, 작은 입, 두꺼운 입술, 얇은 입술, 빨간 입술, 분홍 입술

2. 친구에게 '따지듯이' 묻는 태도를 생각해 보고, 친구의 기분이 어떨지 상상해 보기

1) 친구의 말이 못마땅한 듯이 퉁명스럽게 말하고, 그 말을 들은 친구의 기분 생각해 보기
2) 친구가 잘못 알고 있는 점을 지적하며 나무라듯이 말하면 친구가 어떻게 느낄지 상상해 보기
3) 친구의 말을 잘 알아듣지 못했을 때, 다시 한 번 말해 달라고 부탁하기
4) 친구의 이야기를 정확하게 이해하지 못했을 때, 좀 더 쉬운 말로 이야기해 달라고 부탁하기

3. 친구에 대해 알고 싶은 내용을 목록으로 작성하기

1) 여자 친구가 가지고 있는 물건 알아보기
2) 남자 친구들이 주로 하는 놀이 알아보기
3) 사람이 아닌 친구들과 할 수 있는 놀이 생각해 보기
4) 사람이 하는 일과 동물이 하는 일 중에 똑같은 일과 서로 다른 일 구별하기

4. 자신의 생각이 틀렸거나 또는 다른 사람들과 의견이 다를 경우를 생각해 보기

1) 내가 잘못된 정보를 가지고 틀린 답을 말했다는 걸 알았을 때, 취할 태도 생각하기
2) 친구의 의견이나 내 의견이 서로 다르지만 모두 옳을 때, 선택하는 방법 생각하기
3) 친구가 옳고 내가 틀렸을 때, 어떻게 말해야 하는지 적절한 말 찾기
4) 내가 옳고 친구가 틀렸을 때, 어떻게 말할지 생각해 보기

인형놀이 1.7

"선생님, 나는요. 아기 인형이 물총 놀이하는 것 생각했어요. 물총 놀이 재미있어요."

영호가 두 팔로 물총 놀이하는 흉내를 내며 신나는 듯 말했어.

"물총 놀이? 그래, 재미있겠다."

선생님이 말씀하시는데, 영호가 갑자기 걱정스러운 듯이 한마디 덧붙였어.

"그런데 아기 인형 몸이 어떤 거예요?"

"천으로 된 인형인가요? 아니면 고무 인형인가요?"

"물총 놀이할 때 물에 젖으면 안 되는데……."

"글쎄……. 우리 친구들 생각은 어떠니? 아기 인형 몸이 무엇으로 되어 있을 것 같아요?"

선생님이 영호의 질문을 듣고 다른 친구들에게 다시 질문하셨어.

"고무요."

"아니요. 천으로 된 인형이요."

"플라스틱 인형일 것 같아요."

"로봇처럼 쇠로 만들 수도 있잖아요?"

"아기 인형인데 쇠로 만들면 어떻게 해?"

"왜, 인형인데 어때? 괜찮아."

아기 인형 몸이 무엇으로 만들어졌을지 친구들이 한꺼번에 대답하기 시작했어.

이야기 코너는 금방 아수라장이 되어 버렸어.

유아들의 철학적 탐구를 돕는 활동

경_청_하_기_

1. 개념(단어)

"이야기 속에 어떤 말, 단어, 또는 개념이 있었나요? 재미있는 말, 처음 들어 본 말, 잘 모르는 말이 있었나요?"

- 물총 놀이
- 흉내
- 천
- 고무
- 플라스틱
- 로봇
- 쇠
- 아수라장
- 갑자기
- 한꺼번에
- 금방
- 신나는(신나다)
- 걱정스러운(걱정스럽다)
- 덧붙였어(덧붙이다)
- 젖으면(젖다)
- 괜찮아(괜찮다)

2. 명제(문장)

"이야기 중에 재미있는 문장, 또는 생각나는 문장, 잘 이해되지 않는 문장이 있었나요?"

1) 영호가 두 팔로 물총 놀이하는 흉내를 내며 신나는 듯 말했어.
2) 아기 인형 몸이 무엇으로 만들어졌을지 친구들이 한꺼번에 대답하기 시작했어.
3) 이야기 코너는 금방 아수라장이 되어 버렸어.

질_문_하_기_

1. 등장인물들의 질문

"이야기 중에 주인공이나 등장인물들이 물어본 질문들이 있었나요? 어떤 질문이 있었는지 찾아볼까요?"

1) 그런데 아기 인형 몸이 어떤 거예요?
2) 아기 인형 몸이 무엇으로 되어 있을 것 같아요?

3) 왜, 인형인데 어때?

2. 이야기 내용과 관련된 질문

"이야기 내용과 관련해서 우리도 질문을 만들 수 있을까요? 주인공 친구가 질문했던 것을 우리 친구들도 궁금해한 적이 있나요?"

1) 만화영화에 나오는 인형들의 재질이 어떤 느낌을 주는지 말해 줄래?
2) 부드러운 봉제 곰 인형과 딱딱한 플라스틱 로봇 인형을 만질 때 기분이 어떻게 다르니?
3) 모두들 하고 싶은 말이 많을 때는 어떻게 이야기 나누면 좋을까?

3. 이야기 맥락을 벗어난 창의적 질문

"혹시 지금 막 떠오른 생각이 있나요? 무언가 새로운 생각이 떠올랐나요?"

1) 인형이 아니면서 가지고 놀면 재미있는 것들에는 어떤 것이 있을까?
2) 병아리 깃털을 만질 때, 실크 옷감을 만질 때, 철판을 만질 때, 엄마 손을 만질 때 각각 어떤 느낌인지 말해 줄래?
3) 물총으로 꽃밭에 물을 주면 어떨까?

철학적 탐구공동체를 위한 활동

"동화 속에 나온 여러 상황 중에 어떤 부분에 대해 좀 더 탐구해 볼까요? 오늘 선생님이 이런 활동을 준비해 왔는데, 우리 친구들, 함께 생각하고 알아볼까요?"

1. 여러 재질의 인형들에게 물총을 쏘면 어떻게 변하는지 보고 그 모습을 말로 표현하기

1) 물총으로 로봇 인형을 쏘았을 때
2) 물총으로 플라스틱 공룡 인형을 쏘았을 때
3) 물총으로 천으로 만들어진 인형을 쏘았을 때

2. '아수라장'의 말뜻을 알아보고 책이나 그림, 그리고 실제 환경에서 찾아보기

1) '아수라장'이 무슨 뜻인지 알아보기

2) 그림이나 그림책에서 아수라장이라고 할 만한 부분이 있는지 찾아보기

3) 실제로 주위에서 또는 TV나 영화에서 '아수라장' 같은 곳을 본 적이 있는지 말하기

4) '아수라장'을 넣어 문장 만들기

- 장난꾸러기 동생과 잠깐 놀고 나면, 우리 방은 금방 '아수라장'이 되어 버려.
- 공상과학영화에서 보니까, 외계인이 쳐들어와서 지구를 아수라장으로 만들어 버렸어.
- 한번 아수라장이 되어 버리면, 다시는 그곳을 살려 낼 수가 없어.

인형놀이 1.8

“자, 우리 친구들, 약속한 것 잊지 않았지요?”
“자기 생각을 이야기할 때는 어떻게 한다고 약속했었지?”
“여러 명이 한꺼번에 말하기로 했었나요?”
선생님께서 시끄러운 친구들을 향해 질문하셨어.
친구들이 고개를 가로저으며 입을 모아 대답했어.
“아니요!”

“그럼 어떻게 하기로 했더라?”
“한 사람씩이요!”
“손을 들고 한 사람씩 말하기로 약속했어요.”
“손만 들면 아무 때나 말해도 되나?”
“먼저 손을 들어서 선생님의 허락을 받았을 때 말해요.”
친구들은 모두 자기가 먼저 말하겠다고 한쪽 팔을 번쩍 들었어.
선생님을 향해 눈길을 맞추고 입을 꼭 다문 채, 친구들이 손을 들고 기다렸어.

유아들의 철학적 탐구를 돕는 활동

경_청_하_기_

1. 개념(단어)

"이야기 속에 어떤 말, 단어, 또는 개념이 있었나요? 재미있는 말, 처음 들어 본 말, 잘 모르는 말이 있었나요?"

- 약속
- 고개
- 허락
- 눈길
- 아무 때나
- 번쩍
- 시끄러운(시끄럽다)
- 가로저으며(가로젓다)
- 맞추고(맞추다)
- 기다렸어(기다리다)

2. 명제(문장)

"이야기 중에 재미있는 문장, 또는 생각나는 문장, 잘 이해되지 않는 문장이 있었나요?"

1) 선생님께서 시끄러운 친구들을 향해 질문하셨어.
2) 친구들이 고개를 가로저으며 입을 모아 대답했어.
3) 친구들은 모두 자기가 먼저 말하겠다고 한쪽 팔을 번쩍 들었어.

질_문_하_기_

1. 등장인물들의 질문

"이야기 중에 주인공이나 등장인물들이 물어본 질문들이 있었나요? 어떤 질문이 있었는지 찾아볼까요?"

1) 우리 친구들, 약속한 것 잊지 않았지요?
2) 자기 생각을 이야기할 때는 어떻게 한다고 약속했었지?
3) 손만 들면 아무 때나 말해도 되나?

2. 이야기 내용과 관련된 질문

"이야기 내용과 관련해서 우리도 질문을 만들 수 있을까요? 주인공 친구가 질문했던 것을 우리 친구들도 궁금해한 적이 있나요?"

1) 모두 함께 모여 이야기 나눌 때 지켜야 할 약속을 정해 볼까?
2) 말없이 조용히 듣기만 하는 친구들도 나처럼 생각하고 있을까?
3) 모두들 동시에 말을 한다면, 얼마만큼 큰 소리로 말해야 상대방이 알아들을까?

3. 이야기 맥락을 벗어난 창의적 질문

"혹시 지금 막 떠오른 생각이 있나요? 무언가 새로운 생각이 떠올랐나요?"

1) 말하지 않고 눈빛만으로 내 생각을 전할 수 있을까?
2) 손을 들지 않고 지명을 받는 또 다른 방법이 있을까?
3) 무인도에서 혼자 살아도 약속이 필요할까?

철학적 탐구공동체를 위한 활동

"동화 속에 나온 여러 상황 중에 어떤 부분에 대해 좀 더 탐구해 볼까요? 오늘 선생님이 이런 활동을 준비해 왔는데, 우리 친구들, 함께 생각하고 알아볼까요?"

1. 오늘의 이야기 주제를 정하여 토론하기 :

1) 오늘 날짜와 관련하여 이야기 주제 정하기
2) 교실에서 있었던 일과 관련하여 이야기 주제 찾기
3) 교실 활동이 원만하게 이루어질 수 있기 위해 필요한 규칙 정하기

2. 친구들이 모여서 놀이를 할 때 지켜야 할 약속이나 규칙 정하기

1) 소꿉놀이할 때 꼭 필요한 약속
2) 그네 타기 할 때 지켜야 할 약속
3) 역할 놀이할 때 지켜야 할 약속
4) 전통 놀이할 때 지켜야 할 약속

5) 봄 여름 가을 겨울 계절별 놀이할 때 생각해야 할 규칙

봄에 하는 놀이 : 바깥 놀이할 때 지켜야 할 약속

여름에 하는 놀이 : 물놀이할 때 위험을 예방하기 위한 규칙 정하기

가을에 하는 놀이 : 낙엽을 구하러 갈 때

겨울에 하는 놀이 : 눈 놀이할 때 유의해야 할 규칙

인형놀이 1. 9

아기 인형은 여자일까?
소꿉놀이는 여자 친구들만 하나?
왜 민영인 의사 선생님을 남자라고 생각했지?

인형?
아기 인형이 어떤 모습이냐고?
사람 모습을 한 장난감이 인형 아닌가?
맞아. 우리 오빠가 좋아하는 인형의 얼굴과 몸은 우리처럼 사람 모양이잖아.
그리고 플라스틱으로 만들어져서 물총 놀이해도 물을 닦아 내면 되는데…….

가만, 곰 인형도 인형이잖아?
또 곰 인형은 털실로 되어 있고…….

음, 생각할 게 너무 많아.
도대체 무엇부터 생각하고 말해야 하지?
정말 모르겠어.

으음…….
오늘 나는 손을 들 수가 없었어.

유아들의 철학적 탐구를 돕는 활동

경_청_하_기_

1. 개념(단어)

"이야기 속에 어떤 말, 단어, 또는 개념이 있었나요? 재미있는 말, 처음 들어 본 말, 잘 모르는 말이 있었나요?"

- 오빠
- 사람 모습
- 가만
- 너무
- 으음
- 생각하고(생각하다)
- 닦아 내면(닦아 내다)
- 모르겠어(모르다)

2. 명제(문장)

"이야기 중에 재미있는 문장, 또는 생각나는 문장, 잘 이해되지 않는 문장이 있었나요?"

1) 우리 오빠가 좋아하는 인형의 얼굴과 몸은 우리처럼 사람 모양이잖아.
2) 생각할 게 너무 많아.
3) 오늘 나는 손을 들 수가 없었어.

질_문_하_기_

1. 등장인물들의 질문

"이야기 중에 주인공이나 등장인물들이 물어본 질문들이 있었나요? 어떤 질문이 있었는지 찾아볼까요?"

1) 소꿉놀이는 여자 친구들만 하나?
2) 왜 민영인 의사 선생님을 남자라고 했지?
3) 사람 모습을 한 장난감이 인형 아닌가?

2. 이야기 내용과 관련된 질문

"이야기 내용과 관련해서 우리도 질문을 만들 수 있을까요? 주인공 친구가 질문했던 것을 우리 친구들도 궁금해한 적이 있나요?"

1) 남자 여자 상관없이 함께 하는 놀이에는 어떤 것이 있을까?
2) 자기가 좋아하는 인형의 특징과 까닭을 설명해 볼까?
3) 내가 나 혼자서 생각하는 데 순서가 필요할까?

3. 이야기 맥락을 벗어난 창의적 질문

"혹시 지금 막 떠오른 생각이 있나요? 무언가 새로운 생각이 떠올랐나요?"

1) 인형이지만, 장난감이라고 말할 수 없는 경우가 있을까?
2) 꼭 남자가 담당해야 할 직업이나 꼭 여자가 담당해야 하는 직업이 따로 있을까?
3) "저 사람은 뭘 잘 몰라."라고 말할 때, '몰라'에는 어떤 뜻이 들어 있을까?

철학적 탐구공동체를 위한 활동

"동화 속에 나온 여러 상황 중에 어떤 부분에 대해 좀 더 탐구해 볼까요? 오늘 선생님이 이런 활동을 준비해 왔는데, 우리 친구들, 함께 생각하고 알아볼까요?"

1. 머릿속 생각을 말로 나타내 보기

1) 동시 〈아기 인형〉에서 아기 인형이 했던 놀이와 새롭게 할 수 있는 놀이 찾기
2) 머릿속 생각 순서 정하기 :
   - 아침에 일어나서부터 있었던 일을 순서대로 떠올려 보기
   - 유치원 바깥 놀이 시간에 놀이기구를 어떤 순서로 타며 놀고 싶은지 순서 정하기
   - 아기 인형과 놀이할 때 몇 가지 놀이를 해 볼지 순서 짜 보기
   - 인형 집을 그리려고 할 때, 바깥 선부터 그릴지 안쪽 내용부터 그릴지 생각하기

2. 발표하지 못하고 망설였던 경험을 찾아보기

1) 내 이야기를 듣고 친구들이 우습다고 할까 봐서
2) 여러 가지 생각이 있는데 어느 것부터 먼저 말할지 순서를 정하지 못해서
3) 다른 친구들이 모두 말해 버려 더 이상 생각이 나지 않아서
4) 내가 무슨 생각을 하고 있는지 모르겠어서

3. 후회했던 경험을 나누어 보기

1) 발표하고 싶은데 망설이다 못한 일
2) 친구와 싸우고 사과하지 않았던 일
3) 친구 놀이나 작업을 방해한 일
4) 형이나 언니 또는 동생과 사이좋게 놀지 못하고 때리거나 울게 한 일

4. '도대체'를 넣어 재미있는 문장이나 글 지어 보기

1) 도대체 왜 그렇게 시끄럽게 떠드는지 모르겠어.
2) 장미꽃이 도대체 어디에 있다는 거야?
3) 그 친구가 왜 화를 내는지 도대체 알 수가 없어.

5. 털실로 인형 만들기

1) 어떤 모습의 인형을 만들지 이야기 나누기
2) 어떤 굵기, 질감, 색의 실을 사용할지 서로 비교하며 꾸며 보기
3) 만들어진 인형에 대해 서로의 좋은 점을 비교하고 평가하기

6. 꼬리에 꼬리를 물고 떠오르는 생각 들여다보기

1) 앞서 말한 친구들의 말을 순서대로 기억하여 말하고 자기 생각을 이어 붙여 보기
2) 친구들이 생각하는 인형의 특징을 하나씩 덧붙이면 어떤 인형의 모습이 이루어질지 상상해 보고 이야기 나누기
3) 구들과 함께 하는 소꿉놀이를 더 재미있는 놀이로 발전시키거나 새로운 놀이로 변화시킬 수 있는 생각을 모아 보고 실제로 창의적으로 놀아 보기
4) 온갖 다양한 이야기가 들어 있는 내 머릿속 들여다보기

동화와 철학적 탐구 2 5월은 푸르구나

나는야 어린 철학자 4 『5월은 푸르구나』 ⓒ 아이코리아. 2007. 정대련 글

5월 5일 어린이날이야. 사방에서 어린이날 노래가 울려 퍼졌어. 날아라 새들아 푸른 하늘을. 달려라 냇물아 푸른 벌판을. 5월은 푸르구나. 우리들은 자란다. 오늘은 어린이날 우리들 세상.

"아름아, 어린이날 축하한다!" "축하한다. 우리 착한 어린이, 아름이! 어린이날 노래 많이 불렀니?" 할아버지 할머니께서 안아 주며 축하해 주셨어.

"우리 아름이는 비행기를 제일 좋아하지? 이건 방 천장에 매달아서 스위치를 누르면 빙빙 날아다니는 비행기란다." 할아버지가 진짜 비행기를 꼭 닮은 비행기 모형을 선물로 주셨어. "우리 착한 어린이, 할머니도 상을 줘야지. 무슨 상을 줄까?" 나를 가슴에 안으시고 등을 토닥거리며 할머니가 말씀하셨어. "괜찮아요. 어제 유치원 어린이날 행사에 가서 함께 놀아 주셨잖아요." 어제 유치원에 가서 함께 놀아 주신 할머니께 말씀드렸어.

유치원 어린이날 행사를 위해 엄마는 아침 일찍 유치원에 다녀가셨어. 엄마는 사탕 목걸이 만드는 일을 돕고, 일하러 가셨다가 오후에 다시 오신대. 나중에 할머니가 오셔서 교실 활동을 도와주셨어.

시장 놀이할 때, 우린 특별한 돈을 사용했어. 어떻게 특별하냐고? 우리가 만든 돈이야. "김밥 얼마예요?" 하고 우리가 물으면 "이십 원." 하고 앞치마 두른 엄마들이 김밥을 바구니에 담아 주셨어. "막대사탕 주세요." 하고 말하면 "돈을 내세요." 하고 막대사탕 파는 엄마들이 기다리셨어. 우리가 직접 그려서 만든 돈을 내고 맛있는 김밥을 사먹고, 동글동글 회오리 그림이 있는 커다란 막대사탕도 사고, 무지개 색종이를 사서 비행기도 접었어.

-중략-

"아름아, 그런데 어버이날에는 우리에게 무엇을 해 줄거니?" 아빠가 말씀하셨어. "그래 맞다. 내일 모레면 어버이날이네. 어떡하지, 아름아?" 엄마는 옆에서 빙그레 웃으며 나를 바라보셨어. "어린이날에는 엄마랑 아빠가 아름이를 위해 즐겁게 해 주었지. 그럼 어버이날에는 아름이가 언니랑 같이 아빠 엄마에게 무언가 해 줘야 하잖아?" "또 할아버지 할머니께도 효도해야지?" 아빠랑 엄마가 번갈아 가며 말씀하셨어.

효도? 효도가 무슨 말이지? 어떻게 하는 게 효도하는 걸까? 여러 번 들어 본 것 같은데 무슨 뜻인지 잘 모르겠어. 한참 생각했지만, 결국 물어보지 못했어.

5월 8일 어버이날이야. 아침에 유치원에서 만든 빨간 카네이션 꽃을 들고 안방으로 갔어. "내가 만든 거예요. 달아 드릴게요." "빨간 색종이로 예쁜 카네이션을 만들었네. 아름이가 만들었니? 고맙다." 아빠랑 엄마가 왼쪽 가슴에 꽃을 달고 기뻐하셨어. 가위질을 잘 하지 못해서 빨간 색종이 꽃잎이 삐뚤빼뚤해졌어. 그래도 선생님이 칠판에 써 주신 글자를 보고 초록색 색종이에 연필로 '축 어버이날'이라고 내가 열심히 글씨를 써서 꽃 밑에 달았어. 근사할 것 같지 않니?

"아름아, 할아버지 할머니 카네이션은 어디에 있니?" 엄마가 두리번거리며 카네이션 꽃을 또 찾으셨어. "유치원에서 두 분께 드릴 꽃도 만들었니?" "맞다. 아빠 엄마보다 할아버지 할머니가 아름이를 훨씬 많이 돌보아 주시는데 감사 선물을 드려야지? 아름인 어떤 선물을 준비했니?" 엄마와 아빠가 할아버지 할머니께 드릴 선물이 있는지 내 손을 바라보셨어. "유치원에서 아빠 엄마 것 두 개만 만들었는데요?" "할아버지 할머니 카네이션은 없니?" "네." 아빠 엄마 얼굴을 번갈아 보며, 걱정이 되어 조그만 목소리로 대답했어.

그때 다운이 언니가 환하게 미소 지으며 들어왔어. 두 손에는 예쁜 카네이션 두 송이를 들고 있었어. "언니랑 할아버지 할머니께 카네이션 달아 드리러 갈래?" "그래. 할아버지 할머니께 가서 '우리를 잘 키워 주셔서 감사합니다.' 하고 가슴에 달아 드려라." 엄마가 웃으며 말씀하셨어.

아! 다행이다. 역시 우리 언니야. 유치원에서 만든 카네이션이 모자라서 얼마나 걱정했는데……. "자, 한 송이는 네가 달아 드려." "누구? 할아버지? 할머니?" "아름이는 누구 달아 드리고 싶어?" "그럼 내가 할머니께 달아 드릴게." "언니 고마워." 언니 얼굴을 다시 한 번 바라보며 말했어. 오늘따라 언니 얼굴이 더 예뻐 보이는 건 당연하겠지?

언니와 함께 할아버지 할머니께 예쁜 카네이션을 달아 드렸어. "할아버지 할머니 잘 키워 주셔서 고맙습니다." "고맙다. 우리 아름이랑 다운이 언니가 예쁜 선물을 주었네." "오늘 가슴에 달고 밖에 가서 우리 효손이 달아 줬다고 자랑해 볼까?" 할머니가 나를 안고 뽀뽀해 주셨어.

유치원 가는 길에 갑자기 궁금한 것이 떠올랐어. 효손? 할머니가 내게 '효손'이라고 하신 말씀이 생각났어. 지난번에 할아버지가 효손이란 '효도하는 손자'라고 가르쳐 주셨는데……. 내가 효도한 걸까? 어버이날 카네이션을 달아 드리면 효손일까? 가만, 〈효녀 심청〉 이야기에는 카네이션이 없잖아?

5월은 푸르구나 2. 1

5월 5일 어린이날이야.
사방에서 어린이날 노래가 울려 퍼졌어.

날아라 새들아 푸른 하늘을.
달려라 냇물아 푸른 벌판을.
5월은 푸르구나. 우리들은 자란다.
오늘은 어린이날 우리들 세상.

윤석중 지음

"아름아, 어린이날 축하한다!"
"축하한다. 우리 착한 어린이, 아름이! 어린이날 노래 많이 불렀니?"
할아버지 할머니께서 안아 주며 축하해 주셨어.

"우리 아름이는 비행기를 제일 좋아하지? 이건 방 천장에 매달아서 스위치를 누르면 빙빙 날아다니는 비행기란다."
할아버지가 진짜 비행기를 꼭 닮은 비행기 모형을 선물로 주셨어.

"우리 착한 어린이, 할머니도 상을 줘야지. 무슨 상을 줄까?"
나를 가슴에 안으시고 등을 토닥거리며 할머니가 말씀하셨어.
"괜찮아요. 어제 유치원 어린이날 행사에 가서 함께 놀아 주셨잖아요."
어제 유치원에 가서 함께 놀아 주신 할머니께 말씀드렸어.

유아들의 철학적 탐구를 돕는 활동

경_청_하_기_

유아를 위한 철학교육의 가장 중요한 핵심은 '유아 스스로 생각하기'를 돕는 일이다. 스스로 생각하기 위해서는 우선 '경청하기', 즉 다른 사람의 말을 귀 기울여 듣는 것이 중요하다.

1. 개념(단어)

유아가 동화 속 이야기를 집중하여 들었는지, 귀에 친숙한 개념이나 익숙하지 않은 단어들이 있었는지, 또는 주인공 유아가 무슨 생각을 하고 어떻게 판단했는지, 교사는 동화 속 개념을 찾아보도록 질문한다.

"이야기 속에 어떤 말, 단어, 또는 개념이 있었나요? 재미있는 말, 처음 들어 본 말, 잘 모르는 말이 있었나요?"

- 어린이날
- 사방
- 하늘
- 냇물
- 벌판
- 세상
- 축하
- 천장
- 비행기 모형
- 선물
- 상
- 푸른
- 착한
- 빙빙
- 꼭 닮은
- 울려 퍼졌어(울려 퍼지다)
- 달려라(달리다)
- 자란다(자라다)
- 축하한다(축하하다)
- 매달아서(매달다)
- 누르면(누르다)
- 토닥거리며(토닥거리다)
- 놀아 주신(놀아 주다)

2. 명제(문장)

일종의 판단, 제시된 상황, 또는 내재된 느낌 등은 그에 대한 의문을 제기해 볼 수 있는 출발점이 된다. 동화 속에서 주인공이 관찰하고 있거나 판단한 내용, 그를 중심으로 발생하는 상황 설명이나 어떤 사태에 대한 주인공의 느낌이 나타나 있는 문장을 찾아본다.

"이야기 중에 재미있는 문장, 또는 생각나는 문장, 잘 이해되지 않는 문장이 있었나요?"

1) 사방에서 어린이날 노래가 울려 퍼졌어.
2) 할아버지 할머니께서 안아 주며 축하해 주셨어.
3) 할아버지가 진짜 비행기를 꼭 닮은 비행기 모형을 선물로 주셨어.

질_문_하_기_

소크라테스에게서 보듯이, 철학한다는 말은 '질문하기'를 뜻하기도 한다. 유아를 위한 철학교육에서 또 하나 중요한 요소는 '질문하기'이다. 유아들이 동화를 경청하고 나면, 그들을 철학하기에 초대하기 위해 교사는 동화 내용에 대한 '질문하기'로 시작할 수 있다.

1. 등장인물들의 질문

동화 속에서 주인공이 제기한 질문을 찾아보고 그 질문을 함께 읽으며 그에 대한 생각을 나눈다.

"이야기 중에 주인공이나 등장인물들이 물어본 질문들이 있었나요? 어떤 질문이 있었는지 찾아볼까요?"

1) 아름아! 어린이날 노래 많이 불렀니?
2) 우리 아름이는 비행기를 제일 좋아하지?
3) 할머니도 상을 줘야지. 무슨 상을 줄까?

2. 이야기 내용과 관련된 질문

주인공 유아가 질문했던 문장이나 아래 예시된 질문들을 길잡이 삼아, 유아들이 이들과 비슷한 유형의 질문을 만들 수 있도록 인도한다.

"이야기 내용과 관련해서 우리도 질문을 만들 수 있을까요? 주인공 친구가 질문했던 것을 우리 친구들도 궁금해한 적이 있나요?"

1) 어린이가 축하받는 날에는 또 어떤 날이 있나?

2) 왜 사람들은 축하하거나 축하받고 상 주거나 상을 받을까?

3) 할아버지와는 어떤 놀이를 함께 할 수 있을까?

3. 이야기 맥락을 벗어난 창의적 질문

동화 속 맥락에서 한 단계 비약하거나 반대 상황 그려 보기, 이야기 내용 살짝 비틀어 보기, 전혀 엉뚱한 상상하기 등을 허용하는 질문을 하여 유아의 사고 범위를 확장시킬 수 있다.

"혹시 지금 막 떠오른 생각이 있나요? 무언가 새로운 생각이 떠올랐나요?"

1) 어린 동물의 날이나 어린 식물의 날을 제정한다면, 어느 날이 좋을까?

2) 세상에서 서로 간에 축하하는 일이 없어진다면 어떨까?

3) 내가 할아버지 할머니가 된다면, 손자에게 어떻게 축하해 줄까?

철학적 탐구공동체를 위한 활동

철학적 탐구공동체로서 여럿이 모여 활동하는 중에, 유아들은 상대방의 말을 경청하고, 내재된 가정이 있는지 살펴보고, 실례와 반례를 제시하며, 이유를 캐묻고, 각각의 차이를 구별하며, 서로의 아이디어를 교환하고, 종합하여 새로운 의견을 구축하기도 하며, 탐구가 진행되는 과정에 적극적으로 참여하고 구성원으로서 따르는 경험을 하게 된다. 또한 유아들은 공동체의 일원으로서 순서를 지켜 이야기하는 법을 배우고, 상대의 표정을 읽고, 말 뒤에 숨어 있는 의미에 귀를 기울이고, 한 가지 이상의 다양한 견해로부터 중심 주제와 문제가 무엇인지 살피게 된다.

"동화 속에 나온 여러 상황 중에 어떤 부분에 대해 좀 더 탐구해 볼까요? 오늘 선생님이 이런 활동을 준비해 왔는데, 우리 친구들, 함께 생각하고 알아볼까요?"

1. 주위에서 일어나는 일에 관심 가지기

1) 5월 푸르름의 근거 찾기

2) 우리들 자라남(성장)의 특징

3) 어린이날 유아들을 위한 행사

2. 수사적 표현 찾아보고 따라 하기 : 활유

1) 무생물을 마치 다리를 가진 인간이나 동물처럼 표현하는 예 알아보기
"달려라 냇물아 푸른 벌판을"

2) '서서 자는 나무', '겨울나무' 등의 노래에서 활유법 찾기

3. 비유법 글짓기

1) 직유 : 엄마는 연극배우처럼 혼자서 질문하고 답하며 연달아 말했어.
은유 : 엄마는 나를 웃기고 울리는 만능 연극배우야.

2) 직유 : 용감하게 선두에 서서 행진하는 우리 아빠는, 삼각 대형을 이루고 맨 앞에서 훨훨 날아가는 선두 기러기 같아.
은유 : 한국에 혼자 남은 저 아저씨는 기러기 아빠래.

3) 직유 : 달팽이처럼 동생은 이불을 돌돌 말고 기어갔단다.
은유 : 이불로 돌돌 싸고 있는 모습이 영락없는 달팽이였어.

4. 시어 바꿔 보기와 동시 짓기

1) 어린이날, 냇물, 푸른 벌판 등 시어 바꾸기

2) 각각의 시어를 주제나 제재로 삼아 동시 짓기

5. 봄꽃을 모아 할 수 있는 놀이를 생각하며 동시 짓기

_예시_ 〈예쁜 봄꽃 모아서〉

노란 개나리꽃으로 목걸이 만들고
분홍 진달래꽃으로 예쁜 꽃떡 만들고
하얀 목련 꽃잎으론 무얼 만들죠?

6. 여러 가지 재미있는 모형을 생각하고 모빌 제작하기

1) 아기를 즐겁게 해 주고 시각 발달을 돕는 모빌 만들기

2) 내 방이나 유치원 교실을 멋지게 꾸밀 수 있는 모빌의 디자인을 구상하고 만들기

7. 어린이날의 바람 토론하기

1) 내가 하고 싶은 일, 내가 하고 싶지 않은 일

2) 어른이 하면 좋겠는 일, 어른이 하지 않았으면 좋겠는 일

3) 나한테 시켜 주기를 바라는 일, 나한테 시키지 않았으면 하고 바라는 일

5월은 푸르구나 2. 2

유치원 어린이날 행사를 위해 엄마는 아침 일찍 유치원에 다녀가셨어. 엄마는 사탕 목걸이 만드는 일을 돕고, 일하러 가셨다가 오후에 다시 오신대. 나중에 할머니가 오셔서 교실 활동을 도와주셨어.

시장 놀이할 때, 우린 특별한 돈을 사용했어.
어떻게 특별하냐고?
우리가 만든 돈이야.

"김밥 얼마예요?" 하고 우리가 물으면
"이십 원." 하고 앞치마 두른 엄마들이 김밥을 바구니에 담아 주셨어.

"막대사탕 주세요." 하고 말하면
"돈을 내세요." 하고 막대사탕 파는 엄마들이 기다리셨어.

우리가 직접 그려서 만든 돈을 내고 맛있는 김밥을 사먹고, 동글동글 회오리 그림이 있는 커다란 막대사탕도 사고, 무지개 색종이를 사서 비행기도 접었어.

유아들의 철학적 탐구를 돕는 활동

경_청_하_기_

1. 개념(단어)

"이야기 속에 어떤 말, 단어, 또는 개념이 있었나요? 재미있는 말, 처음 들어 본 말, 잘 모르는 말이 있었나요?"

- 아침
- 사탕 목걸이
- 할머니
- 교실 활동
- 바구니
- 앞치마
- 회오리
- 무지개
- 일찍
- 나중에
- 특별한
- 직접
- 맛있는
- 동글동글
- 커다란
- 다녀가셨어(다녀가다)
- 돕고(돕다)
- 두른(두르다)
- 파는(팔다)
- 사먹고(사먹다)
- 접었어(접다)

2. 명제(문장)

"이야기 중에 재미있는 문장, 또는 생각나는 문장, 잘 이해되지 않는 문장이 있었나요?"

1) 유치원 어린이날 행사를 위해 엄마는 아침 일찍 유치원에 다녀가셨어.
2) 엄마는 사탕 목걸이 만드는 일을 돕고, 일하러 가셨다가 오후에 다시 오신대.
3) 시장 놀이할 때 우린 특별한 돈을 사용했어.

질_문_하_기_

1. 등장인물들의 질문

"이야기 중에 주인공이나 등장인물들이 물어본 질문들이 있었나요? 어떤 질문이 있었는지 찾아볼까요?"

1) 어떻게 특별하냐고?

2) 김밥 얼마예요?

2. 이야기 내용과 관련된 질문

"이야기 내용과 관련해서 우리도 질문을 만들 수 있을까요? 주인공 친구가 질문했던 것을 우리 친구들도 궁금해한 적이 있나요?"

1) 엄마는 왜 두 번씩 유치원에 오셨을까?

2) 내가 가지고 있는 물건과 어린이날 먹을거리를 바꾼다면 어떤 것이 좋을까?

3) 무지개 색종이로 접을 수 있거나 만들 수 있는 것에는 또 어떤 것이 있을까?

3. 이야기 맥락을 벗어난 창의적 질문

"혹시 지금 막 떠오른 생각이 있나요? 무언가 새로운 생각이 떠올랐나요?"

1) 옛날 사람들처럼 돈을 엽전으로 만들면, 어떤 일들이 생겨날까?

2) 다른 사람이 가지고 있는 맛있는 떡볶이를 돈이 아닌 나의 물건을 주고 바꾼다면 무엇을 얼마나 주어야 할까?

3) 무지개 색처럼 여러 색이 없다면, 세상이 어떻게 다를까?

철학적 탐구공동체를 위한 활동

"동화 속에 나온 여러 상황 중에 어떤 부분에 대해 좀 더 탐구해 볼까요? 오늘 선생님이 이런 활동을 준비해 왔는데, 우리 친구들, 함께 생각하고 알아볼까요?"

1. 사탕 목걸이처럼 어린이날 축하를 위한 선물이나 기념품 선정하기

1) 유치원에서 선생님의 도움을 받아 만들 수 있는 선물

2) 친구들과 함께 만드는 기념품

3) 집에서 가족과 함께 만드는 기념품

2. 주위에서 도움 주시는 분들의 고마운 일 알기

1) 내가 아기일 적에 도움을 주신 분들 생각해 보기

2) 의식주(음식, 의복, 주택)와 관련한 고마운 분들

3. 내가 좋아하는 음식, 내가 싫어하는 음식

1) 멋있는 막대사탕 꾸미기

2) 막대에 꽂아서 먹기 좋은 음식 생각하기

3) 싫어하는 음식과 이유 대기

4) 좋아하는 마음과 싫어하는 마음의 씨앗 캐기(원인이나 근본 밝히기)

4. 다른 사람들을 위해 내가 도울 수 있는 일 찾기

1) 동생 간식 먹을 때 흘리지 않도록 도와주기

2) 내 물건 어지르지 않고, 쓰던 물건 제자리에 갖다 두기

3) 화장실 사용 때 급한 친구에게 순서 양보하기

4) 놀이기구 탈 때 무서워하는 동생에게 든든한 형, 언니 되어 주기

5월은 푸르구나 2. 3

페이스페인팅 해 봤니?
진달래반 선생님이 우리 얼굴에 알록달록 재미있는 모양으로 페인팅을 해 주셨어.
내 얼굴 왼쪽 뺨엔 태극기, 오른쪽 뺨엔 월드컵 축구공을 그려 주셨어.
마치 내가 태극전사가 된 기분이었어.
축구 응원단 붉은 악마들도 이런 기분일까?

선생님들이 재미있는 동극을 보여 주셨어.
예쁜 날개를 가진 나비와 여덟 개의 다리를 가진 커다란 거미가 주인공이야.
착한 나비가 거미줄에 걸려서 거미에게 잡혀 먹히게 되었을 때야.
"어서 깨어나. 위험해." 하고 우리가 두 손을 모아 나비를 향해 힘껏 소리쳤어.
나비가 힘을 얻은 걸까?
노란 나비가 열심히 몸을 흔들어서 거미줄을 벗어났어.
정말 아슬아슬했어.

유아들의 철학적 탐구를 돕는 활동

경_청_하_기_

1. 개념(단어)

"이야기 속에 어떤 말, 단어, 또는 개념이 있었나요? 재미있는 말, 처음 들어 본 말, 잘 모르는 말이 있었나요?"

- 페인팅
- 빰
- 월드컵
- 태극전사
- 기분
- 날개
- 거미줄
- 주인공
- 알록달록
- 착한
- 열심히
- 아슬아슬
- 잡혀 먹히게(잡혀 먹히다)
- 깨어나(깨어나다)
- 위험해(위험하다)
- 모아(모으다)
- 소리쳤어(소리치다)
- 벗어났어(벗어나다)

2. 명제(문장)

"이야기 중에 재미있는 문장, 또는 생각나는 문장, 잘 이해되지 않는 문장이 있었나요?"

1) 얼굴에 알록달록 재미있는 모양으로 페인팅도 해 주셨어.
2) 선생님들이 재미있는 동극을 보여 주셨어.
3) 노란 나비가 열심히 몸을 흔들어서 거미줄을 벗어났어.

질_문_하_기_

1. 등장인물들의 질문

"이야기 중에 주인공이나 등장인물들이 물어본 질문들이 있었나요? 어떤 질문이 있었는지 찾아볼까요?"

1) 페이스페인팅 해 봤니?
2) 축구 응원단 붉은 악마들도 이런 기분일까?

3) 나비가 힘을 얻은 걸까?

2. 이야기 내용과 관련된 질문

"이야기 내용과 관련해서 우리도 질문을 만들 수 있을까요? 주인공 친구가 질문했던 것을 우리 친구들도 궁금해한 적이 있나요?"

1) 페이스페인팅 한다면 어떤 그림을 그리면 좋을까?
2) 실제로 나비가 거미줄을 벗어날 수 있을까?
3) 선생님이 나비인 줄 아는데 왜 아슬아슬하게 느껴질까?

3. 이야기 맥락을 벗어난 창의적 질문

"혹시 지금 막 떠오른 생각이 있나요? 무언가 새로운 생각이 떠올랐나요?"

1) 축구나 야구 말고 올림픽 중계할 때 처음 보았던 새로운 경기가 있니?
2) 길에서, 차에서, 아니면 혹시 집에서 아슬아슬했던 경험이 있니?
3) 우리가 소리를 모아 고함을 지르면 어디까지 퍼질까?

철_학_적__탐_구_공_동_체_를__위_한__활_동_

"동화 속에 나온 여러 상황 중에 어떤 부분에 대해 좀 더 탐구해 볼까요? 오늘 선생님이 이런 활동을 준비해 왔는데, 우리 친구들, 함께 생각하고 알아볼까요?"

1. 우리나라 선수들을 태극전사라고 부르는 운동 경기 알아보기

1) 축구
2) 농구
3) 야구

2. 응원 메시지 써 보기

1) 경기를 하러 떠나는 형 누나들에게
2) 경기에 이긴 선수들에게

3) 경기에 진 선수들에게

3. 주위의 것들에 관심 가지고 알아보기

1) 사건을 취재하는 기자처럼 동물, 가꾸는 식물, 친한 친구, 내가 다니는 유치원이나 어린이집에 대해 취재하는 어린이 기자가 되어 인터뷰 질문 만들기
2) 어른에게 묻기, 그림책이나 사전 찾아보기 등등, 모르는 것이 생겼을 때 답이나 관련 정보를 얻는 방법이나 소재지 알아보기
3) 동물이나 식물, 주위 사람들에게 관심이나 사랑하는 마음 전달하는 방법 찾기

4. 동극 속의 나비와 거미의 입장 되어 보기

1) 나비의 생각과 거미줄을 벗어날 방법
2) 거미의 생각과 나비를 놓치지 않을 방법
3) 동극 대본을 쓴 작가의 생각을 미루어 비춰 보기

5. 다른 사람의 입장이 되어 생각해 보기 : 감정 이입 · 반대 입장 고려하기 · 대안 찾기

1) 전래동요 "참나무 뽕나무 대나무" 노래 부르며 각각의 입장을 고려하기
2) 전래동화 「생각 나름」을 읽고, 우산장수와 짚신장수 두 아들을 둔 어머니 마음 헤아리기

6. 나비와 거미를 소재로 새로운 이야기 만들기

1) 나비와 거미에 관련된 과학적 사실 모아 이야기 만들기
2) 『꽃들에게 희망을』 책 속 나비의 다음 이야기 이어 보기
3) 유익한 거미와 유해한 거미를 소재로 이야기 꾸미기

5월은 푸르구나 2.4

해질 무렵에는 아빠들이 많이 오셨어.
우리 아빠는 바쁘셔서 어린이날 행사에 못 오실 것 같다고 하셨어.
그런데 무슨 일이 일어난 줄 아니?
아빠가 나타나신 거야.
어린이날을 축하하고 나와 함께 놀아 주시기 위해 열심히 달려오셨대.

맨 처음 '풍선 빨리 불어 터뜨리기' 게임을 했어.
풍선을 크게 불어서 아빠와 내 가슴 사이에 넣고 힘껏 끌어안고
'뻥!' 하고 터뜨리는 게임이야.
아빠가 누구보다 먼저 크게 불려고 풍선에 입김을 세게 불어넣었어.
풍선을 불 때 아빠 얼굴이 어땠는지 상상이 되니?
아빠 두 볼이 '불룩불룩' 커졌다 작아졌다, 얼굴색이 빨갛게
변하기도 했어.
아빠와 내가 힘껏 껴안아 '뻥!' 하고 풍선이 터질 때 소리는 또 어떻고?
아빠도 나도 신나게 웃었어.

아빠는 기다란 풍선을 여러 개 엮어서 내게 멋있는 왕관을 만들어 주셨어.
짜잔, 머리에 풍선 왕관을 쓴 기분은 어떨 것 같아?
나중에는 아빠도 풍선 왕관을 크게 만들어 머리에 쓰고 좋아하셨어.
풍선 왕관을 쓴 아빠와 나는 얼굴을 맞대고 사진도 찍었어.
두 손가락을 펴서 '브이(V)' 사인을 하고 말이야!
사진 속 아빠와 내가 머릿속에 그려지니?

해가 기울고 주위가 점점 어두워지자 불꽃놀이를 시작했어.
아빠, 엄마, 언니, 나, 모두가 가느다란 폭죽을 하나씩 손에 들었어.
'파-팟!' 불꽃이 튀는 폭죽을 손에 들어도 괜찮을까?
뜨거운 불꽃이 튈 것 같아서 겁이 났지만 정말 신기하고 재미있었어.
나중엔 폭죽을 흔들며 노래도 불렀단다.

아빠도 좋아하셨느냐고?
어쩌면 나보다 아빠가 더 즐거워하시는 것 같아.
그런 아빠가 나는 정말 좋아.

유아들의 철학적 탐구를 돕는 활동

경_청_하_기_

1. 개념(단어)

"이야기 속에 어떤 말, 단어, 또는 개념이 있었나요? 재미있는 말, 처음 들어 본 말, 잘 모르는 말이 있었나요?"

- 아빠
- 풍선
- 얼굴색
- 브이(V) 사인
- 폭죽
- 풍선 왕관
- 불꽃
- 겁
- 해질 무렵
- 열심히
- 그런데
- 맨 처음
- 빨리
- 세게
- 불룩불룩
- 점점
- 바쁘셔서(바쁘다)
- 나타나신 거야(나타나다)
- 불어서(불다)
- 끌어안고(끌어안다)
- 터뜨리는(터뜨리다)
- 불어넣었어(불어넣다)
- 엮어서(엮다)
- 맞대고(맞대다)
- 튈(튀다)

2. 명제(문장)

"이야기 중에 재미있는 문장, 또는 생각나는 문장, 잘 이해되지 않는 문장이 있었나요?"

1) 해질 무렵에는 아빠들이 많이 오셨어.
2) 아빠가 누구보다 먼저 크게 불려고 풍선에 입김을 세게 불어넣었어.
3) 어쩌면 아빠가 나보다 더 즐거워하시는 것 같아.

질_문_하_기_

1. 등장인물들의 질문

"이야기 중에 주인공이나 등장인물들이 물어본 질문들이 있었나요? 어떤 질문이 있었는지 찾아볼까요?"

1) 그런데 무슨 일이 일어난 줄 아니?

2) 풍선을 불 때 아빠 얼굴이 어땠는지 상상이 되니?

3) '파-팟!' 불꽃이 튀는 폭죽을 손에 들어도 괜찮을까?

2. 이야기 내용과 관련된 질문

"이야기 내용과 관련해서 우리도 질문을 만들 수 있을까요? 주인공 친구가 질문했던 것을 우리 친구들도 궁금해한 적이 있나요?"

1) 풍선을 빨리 크게 불려면 어떻게 해야 할까?

2) 어린이날 행사에 참석하지 못한 아빠들께 오늘 행사를 어떻게 설명해 드릴까?

3) 머리에 풍선 왕관을 쓰면 행동도 왕자님 공주님처럼 바뀌니?

3. 이야기 맥락을 벗어난 창의적 질문

"혹시 지금 막 떠오른 생각이 있나요? 무언가 새로운 생각이 떠올랐나요?"

1) 빵빵하게 크고 탄탄한 풍선이 아닌 말랑말랑 물렁거리는 풍선으로는 어떤 놀이를 할 수 있을까?

2) 친구 기분의 상태를 손가락으로 표시해 본 적 있니?

3) 아빠가 어린이처럼 즐겁고, 슬프고, 재미있고, 엉뚱해 보일 때는 언제니?

철학적 탐구공동체를 위한 활동

"동화 속에 나온 여러 상황 중에 어떤 부분에 대해 좀 더 탐구해 볼까요? 오늘 선생님이 이런 활동을 준비해 왔는데, 우리 친구들, 함께 생각하고 알아볼까요?"

1. 여러 사람 얼굴 탐색하기

1) 풍선을 불고 있는 사람들의 입 모양과 얼굴 색 관찰하기

2) 사진 속 가족 얼굴에서 닮은 곳 찾기

3) 어린이의 머리 크기와 어른의 머리 크기를 손으로 내어 비교하기

2. 한 가지 대상을 정하여 특징적인 연속 동작 자세하게 묘사해 보기

1) 새장 속의 새(문조)가 목욕하는 모습을 자세하게 묘사하기

2) 우리 집 강아지 목욕시키는 모습을 묘사하기

3) 인형 씻기는 모습을 말로 묘사하기

3. 멋진 장면 생각해 내고 몸으로 표현해 보기

1) 풍선의 여러 크기와 탄력에 따라 풍선이 터질 때 모양과 소리 흉내 내기

2) 여러 폭죽의 형태에 따라 일어나는 불꽃의 모양 묘사하기

3) 친구들이 만드는 손가락 사인의 의미 알아채기

4. 상대편 마음을 이해하기

1) "무슨 일이 일어난 줄 아니?"라고 묻는 주인공의 마음 생각해 보기

2) 풍선을 터뜨리거나 풍선 왕관을 쓴 아빠가 나보다 더 즐거우리라고 생각하는 근거 찾기

3) 어린이같이 행동하는 아빠를 보며 그런 아빠를 더 좋아하게 되는 이유

5. 상대의 바라보는 눈길의 의미 알기

1) 거짓말을 하는지 참말을 하는지 확인하고 싶어서

2) 나의 일을 도와준 사람의 마음이 고마워서

3) 친구의 눈이 정말 맑고 아름다워서

4) 상대의 마음속에 숨어 있는 의도가 의심스럽거나 알고 싶어서

6. 마음에서 마음으로: 친구의 표정을 읽고 그 마음 이해하기

1) 즐거워 할 때 친구의 표정을 말로 표현해 보기

2) 화났을 때

3) 부끄러울 때

4) 무서울 때

5) 놀랄 때

6) 미안할 때

7. '~일 것 같아서', '~할 것 같아서'라는 표현을 넣어 문장 만들어 보기

1) 폭죽의 불꽃이 튈 것 같아서, 손을 멀리 뻗어 들고 있었단다.

2) (한 숨을 더 불어넣으면) 풍선이 터질 것 같아서, ______________

3) (아빠가) 오시지 못할 것 같아서, ______________

8. '~면 ~하지만, ~해'라는 상황 생각하며 이야기 만들기

1) 폭죽 불꽃이 튀면 겁이 나지만, 참 ______________해.

2) 평균대 위를 걸으려면 겁이 많이 나지만, 그래도 ______________.

3) 거미에게 잡힐까 봐 조마조마하지만, 나비의 여행은 ______________.

4) 시작 시간에 맞추기가 아슬아슬했지만, 아빠는 끝까지 안전 운전하셨대.

5월은 푸르구나 2.5

"아름아, 그런데 어버이날에는 우리에게 무엇을 해 줄거니?"
아빠가 말씀하셨어.
"그래 맞다. 내일 모레면 어버이 날이네. 어떡하지, 아름아?"
엄마는 옆에서 빙그레 웃으며 나를 바라보셨어.
"어린이날에는 엄마랑 아빠가 아름이를 위해 즐겁게 해 주었지. 그럼 어버이날에는 아름이가 언니랑 같이 아빠 엄마에게 무언가 해 줘야 하잖아?"
"또 할아버지 할머니께도 효도해야지?"
아빠랑 엄마가 번갈아 가며 말씀하셨어.

효도?
효도가 무슨 말이지?
어떻게 하는 게 효도하는 걸까?
여러 번 들어 본 것 같은데 무슨 뜻인지 잘 모르겠어.
한참 생각했지만, 결국 물어보지 못했어.

유아들의 철학적 탐구를 돕는 활동

경_청_하_기_

1. 개념(단어)

"이야기 속에 어떤 말, 단어, 또는 개념이 있었나요? 재미있는 말, 처음 들어 본 말, 잘 모르는 말이 있었나요?"

- 어버이날
- 모레
- 효도
- 빙그레
- 즐겁게
- 한참
- 결국
- 말씀하셨어(말하다)
- 바라보셨어(바라보다)

2. 명제(문장)

"이야기 중에 재미있는 문장, 또는 생각나는 문장, 잘 이해되지 않는 문장이 있었나요?"

1) 엄마는 옆에서 빙그레 웃으며 나를 바라보셨어.
2) 여러 번 들어 본 것 같은 데 무슨 뜻인지 잘 모르겠어.
3) 한참 생각했지만, 결국 물어보지 못했어.

질_문_하_기_

1. 등장인물들의 질문

"이야기 중에 주인공이나 등장인물들이 물어본 질문들이 있었나요? 어떤 질문이 있었는지 찾아볼까요?"

1) 그런데 어버이날에는 우리에게 무엇을 해 줄거니?
2) 또 할아버지 할머니께도 효도해야지?
3) 효도가 무슨 말이지?

2. 이야기 내용과 관련된 질문

"이야기 내용과 관련해서 우리도 질문을 만들 수 있을까요? 주인공 친구가 질문했던 것을 우리 친구들도 궁금해한 적이 있나요?"

1) 어린이날에 엄마 아빠가 우리를 즐겁게 해 주었으면, 어버이날에는 우리가 아빠 엄마를 즐겁게 해 드려야 하나?
2) 할아버지 할머니께 잘해 드리는 것도 효도일까?
3) 오늘 들었던 말 중에 무슨 뜻인지 모르면서 지나쳐 버린 말들이 있나?

3. 이야기 맥락을 벗어난 창의적 질문

"혹시 지금 막 떠오른 생각이 있나요? 무언가 새로운 생각이 떠올랐나요?"

1) 우리도 아빠 엄마를 즐겁게 하기 위해 풍선 놀이와 폭죽놀이를 준비하면 효도가 될까?
2) 동물들도 효도할까?
3) 어린이날, 어버이날이 없다면 어떨까?

철학적 탐구공동체를 위한 활동

"동화 속에 나온 여러 상황 중에 어떤 부분에 대해 좀 더 탐구해 볼까요? 오늘 선생님이 이런 활동을 준비해 왔는데, 우리 친구들, 함께 생각하고 알아볼까요?"

1. 즐거움 서로 나누기 : GIVE & TAKE

1) 어린이날에 어른이 어린이에게 해 주는 즐거움 그리고 어버이날에 어린이가 어른께 드리는 즐거움을 생각하고 비교해 보기
2) 어린이날에 선생님이 어린이에게 해 주는 즐거움과 스승의 날에 어린이가 선생님께 드리는 즐거움 생각해 보기
3) 어린이 생일에 부모님이 아들딸에게 주는 즐거움 및 부모님 생신에 아들딸이 부모님께 드리는 즐거움 알아보기
4) 친구 생일에 서로서로에게 주고받았던 즐거움의 내용에 대해 이야기 나누기

2. 아버지 어머니, 할아버지 할머니와 함께 살며 효도하는 전래동화 듣고 이야기 나누기

1) '금자동아 효자동아' 노래 배우기

2) 아버지 어머니를 방망이로 때리는 불효자 이야기

3) 고구려 시대 '고려장' 제도를 소재로 한 이야기(늙은 부모를 갖다 버리는 지게에 얽힌 부자 간의 이야기)를 동극으로 꾸미기

5월은 푸르구나 2. 6

5월 8일 어버이날이야.
아침에 유치원에서 만든 빨간 카네이션 꽃을 들고 안방으로 갔어.
"내가 만든 거예요. 달아 드릴게요."
"빨간 색종이로 예쁜 카네이션을 만들었네. 아름이가 만들었니? 고맙다."
아빠랑 엄마가 왼쪽 가슴에 꽃을 달고 기뻐하셨어.

가위질을 잘 하지 못해서 빨간 색종이 꽃잎이 삐뚤빼뚤해졌어.
그래도 선생님이 칠판에 써 주신 글자를 보고 초록색 색종이에 연필로 '축 어버이날' 이라고 내가 열심히 글씨를 써서 꽃 밑에 달았어.
근사할 것 같지 않니?

"아름아, 할아버지 할머니 카네이션은 어디에 있니?"
엄마가 두리번거리며 카네이션 꽃을 또 찾으셨어.
"유치원에서 두 분께 드릴 꽃도 만들었니?"
"맞다. 아빠 엄마보다 할아버지 할머니가 아름이를 훨씬 많이 돌보아 주시는데 감사 선물을 드려야지? 아름인 어떤 선물을 준비했니?"
엄마와 아빠가 할아버지 할머니께 드릴 선물이 있는지 내 손을 바라보셨어.

"유치원에서 아빠 엄마 것 두 개만 만들었는데요?"
"할아버지 할머니 카네이션은 없니?"
"네."
아빠 엄마 얼굴을 번갈아 보며, 걱정이 되어 조그만 목소리로 대답했어.

유아들의 철학적 탐구를 돕는 활동

경_청_하_기_

1. 개념(단어)

"이야기 속에 어떤 말, 단어, 또는 개념이 있었나요? 재미있는 말, 처음 들어 본 말, 잘 모르는 말이 있었나요?"

- 카네이션
- 가위질
- 칠판
- 글자
- 연필
- 감사
- 선물
- 걱정
- 빨간
- 예쁜
- 왼쪽
- 조그만
- 달아 드릴게요(달아 드리다)
- 기뻐하셨어(기뻐하다)
- 근사해 보여(근사해 보이다)
- 두리번거리며(두리번거리다)
- 돌보아 주시는데(돌보아 주다)

2. 명제(문장)

"이야기 중에 재미있는 문장, 또는 생각나는 문장, 잘 이해되지 않는 문장이 있었나요?"

1) 아침에 유치원에서 만든 빨간 카네이션 꽃을 들고 안방으로 갔어.
2) 가위질을 잘 하지 못해서 빨간 색종이 꽃잎이 삐뚤빼뚤해졌어.
3) 엄마가 두리번거리며 카네이션 꽃을 또 찾으셨어.

질_문_하_기_

1. 등장인물들의 질문

"이야기 중에 주인공이나 등장인물들이 물어본 질문들이 있었나요? 어떤 질문이 있었는지 찾아볼까요?"

1) 아름아, 할아버지 할머니 카네이션은 어디에 있니?

2) 유치원에서 두 분께 드릴 꽃도 만들었니?
3) 아빠 엄마보다 할아버지 할머니가 아름이를 훨씬 많이 돌보아 주시는데 감사 선물을 드려야지?

2. 이야기 내용과 관련된 질문

"이야기 내용과 관련해서 우리도 질문을 만들 수 있을까요? 주인공 친구가 질문했던 것을 우리 친구들도 궁금해한 적이 있나요?"

1) 내가 만든 카네이션을 달아 드리면 아빠 엄마는 언제나 기뻐하실까?
2) 유치원에서는 왜 할아버지 할머니 꽃을 만들지 않았을까?
3) 할아버지 할머니는 아빠 엄마의 부모님인데 내가 꽃을 만들어 드려야 할까?

3. 이야기 맥락을 벗어난 창의적 질문

"혹시 지금 막 떠오른 생각이 있나요? 무언가 새로운 생각이 떠올랐나요?"

1) 어버이날에 카네이션 말고 내가 좋아하는 장미꽃을 달아 드리면 안 될까?
2) 외국에서도 어버이날에 부모님들이 카네이션을 가슴에 달고 다닐까?
3) 가슴에 카네이션을 달아 드리지 않으면 효도를 하지 않은 걸까? 불효한 걸까?

철학적 탐구공동체를 위한 활동

"동화 속에 나온 여러 상황 중에 어떤 부분에 대해 좀 더 탐구해 볼까요? 오늘 선생님이 이런 활동을 준비해 왔는데, 우리 친구들, 함께 생각하고 알아볼까요?"

1. 색종이로 어버이날 기념 카네이션 만들고 축하 글씨 써 보기

1) 빨간 카네이션 만들기 : 한 장 꽃 카네이션
여러 겹 꽃 카네이션
2) '축 어버이날', '아버지 어머니 감사합니다', '아빠 엄마 고맙습니다' 쓰기

2. 꽃의 특성 및 꽃말이 주는 정서적 감흥을 이야기해 보기

1) 카네이션: 건강을 바라는 사랑(빨강), 당신을 사랑합니다(분홍), 돌아가신 부모님을 그리는 슬픈 마음, 당신에 대한 애정이 살아 있습니다(하양)

개나리 : 희망, 약속, 봄의 기쁨, 알림

진달래 : 사랑의 희열, 신념, 청렴, 절제, 첫사랑, 사랑의 기쁨, 애틋한 사랑

무궁화 : 일편단심, 영원, 은근과 끈기, 섬세한 아름다움, 영원히 피고 또 피어서 지지 않는 꽃

2) 장미, 목련, 국화, 백일홍

3) 연꽃, 배꽃, 복숭아꽃, 가지꽃, 호박꽃

3. 어버이날 선물로 드릴 '근사한' 그림 생각하고 그리기

1) 축하의 뜻을 담을 수 있는 그림 내용 생각해 보기

2) 부모님이 좋아하실 내용 생각해 보고 그리기

3) 그림 또는 그림 내용에 어울리는 색 고르기

4. 나를 돌보아 주시는 분들의 노고를 기억하기

1) 아버지 어머니 할아버지 할머니께서 나를 돌보아 주신 일 한 가지씩 말하기

2) 어른들이 돌보아 주신 일이 왜 고마운지, 그 까닭을 생각해 보기

3) 집이나 유치원에서 일하시는 아주머니, 아저씨가 나를 도와주신 일 생각해 보기

4) 고마운 뜻을 기억하고 보답해야 하는 이유를 생각하기

5) 고마운 분들께 편지 쓰기(그림 편지 그리기)

5. 상황에 따라 차이를 나타내는 목소리

1) "내가 만든 거예요. 달아 드릴게요."라는 마음이 실린 아름이 목소리

2) "할아버지 할머니 카네이션은 어디에 있니?"와 "할아버지 할머니 카네이션은 없니?"의 표현과 목소리 차이 구별하기

3) 아빠 엄마 얼굴을 번갈아 보며 걱정이 되어 조그마해진 아름이의 목소리 따라 해 보기

5월은 푸르구나 2. 7

그때 다운이 언니가 환하게 미소 지으며 들어왔어.
두 손에는 예쁜 카네이션 두 송이를 들고 있었어.
"언니랑 할아버지 할머니께 카네이션 달아 드리러 갈래?"
"그래. 할아버지 할머니께 가서 '우리를 잘 키워 주셔서 감사합니다.' 하고 가슴에 달아 드려라."
엄마가 웃으며 말씀하셨어.

아! 다행이다. 역시 우리 언니야.
유치원에서 만든 카네이션이 모자라서 얼마나 걱정했는데…….
"자, 한 송이는 네가 달아 드려."
"누구? 할아버지? 할머니?"
"아름이는 누구 달아 드리고 싶어?"
"그럼 내가 할머니께 달아 드릴게."

"언니 고마워."
언니 얼굴을 다시 한 번 바라보며 말했어.
오늘따라 언니 얼굴이 더 예뻐 보이는 건 당연하겠지?

유아들의 철학적 탐구를 돕는 활동

경_청_하_기_

1. 개념(단어)

"이야기 속에 어떤 말, 단어, 또는 개념이 있었나요? 재미있는 말, 처음 들어 본 말, 잘 모르는 말이 있었나요?"

- 언니
- 송이
- 환하게
- 역시
- 얼마나
- 오늘따라
- 미소 지으며(미소 짓다)
- 키워 주셔서(키워 주다)
- 다행이다

2. 명제(문장)

"이야기 중에 재미있는 문장, 또는 생각나는 문장, 잘 이해되지 않는 문장이 있었나요?"

1) 그때 다운이 언니가 환하게 미소 지으며 들어왔어.
2) 아! 다행이다. 역시 우리 언니야.
3) 언니 얼굴을 다시 한 번 바라보며 말했어.

질_문_하_기_

1. 등장인물들의 질문

"이야기 중에 주인공이나 등장인물들이 물어본 질문들이 있었나요? 어떤 질문이 있었는지 찾아볼까요?"

1) 언니랑 할아버지 할머니께 카네이션 달아 드리러 갈래?
2) 아름이는 누구 달아 드리고 싶어?
3) 오늘따라 언니 얼굴이 더 예뻐 보이는 건 당연하겠지?

2. 이야기 내용과 관련된 질문

"이야기 내용과 관련해서 우리도 질문을 만들 수 있을까요? 주인공 친구가 질문했던 것을 우리 친구들도 궁금해한 적이 있나요?"

1) 할아버지와 할머니가 같이 살고 계시지 않았다면 언니가 가져온 꽃은 어떻게 하나?
2) 언니가 꽃이 아닌 다른 선물을 가져왔다면 할아버지 할머니께는 어떻게 할까?
3) 사람 얼굴이 갑자기 더 예뻐지거나, 갑자기 더 미워질 수 있을까?

3. 이야기 맥락을 벗어난 창의적 질문

"혹시 지금 막 떠오른 생각이 있나요? 무언가 새로운 생각이 떠올랐나요?"

1) 멀리 계신 할아버지 할머니께는 어떻게 어버이날 축하 선물이나 마음을 전할까?
2) 카네이션을 달지 않으면 어버이날이 아닌 걸까?
3) 내가 언니라면, 동생에게 "네가 달아 드려.", "네가 하고 싶은 대로 해."라고 말했을까?

철_학_적__탐_구_공_동_체_를__위_한__활_동_

"동화 속에 나온 여러 상황 중에 어떤 부분에 대해 좀 더 탐구해 볼까요? 오늘 선생님이 이런 활동을 준비해 왔는데, 우리 친구들, 함께 생각하고 알아볼까요?"

1. 친구 표정 읽고 흉내 내기

1) 환하게 미소 짓는 친구 얼굴 흉내 내기
2) 걱정에 싸인 사람의 표정 지어 보기
3) 친구 얼굴에서 가장 예쁜 표정 찾아주기

2. 언니가(형이) 되어 동생에게 해 줄 수 있는 일 생각하기

1) 칭찬받을 일을 동생이 먼저 선택할 수 있도록 양보하기
2) 동생이 잘 만들지 못하고 있는 것을 잘 완성하도록 도와주는 일

3) 맛있는 것 혼자 먹지 않고 기다렸다가 함께 나누어 먹기

3. 가족이 함께 미소 지었던 날이나 계기를 기억하기

1) 엄마나 아빠와 함께 있을 때 웃었던 일

2) 오빠, 언니, 형, 누나, 동생 등 형제끼리 함께 웃었던 일

3) 할아버지 할머니와 함께 웃으며 즐거웠던 일

5월은 푸르구나 2.8

언니와 함께 할아버지 할머니께 예쁜 카네이션을 달아 드렸어.
"할아버지 할머니 잘 키워 주셔서 고맙습니다."
"고맙다. 우리 아름이랑 다운이 언니가 예쁜 선물을 주었네."
"오늘 가슴에 달고 밖에 가서 우리 효손이 달아 줬다고 자랑해 볼까?"
할머니가 나를 안고 뽀뽀해 주셨어.

유치원 가는 길에 갑자기 궁금한 것이 떠올랐어.
효손?
할머니가 내게 '효손'이라고 하신 말씀이 생각났어.
지난번에 할아버지가 효손이란 '효도하는 손자'라고 가르쳐 주셨는데…….

내가 효도한 걸까?
어버이날 카네이션을 달아 드리면 효손일까?
가만, 〈효녀 심청〉 이야기에는 카네이션이 없잖아?

유아들의 철학적 탐구를 돕는 활동

경_청_하_기_

1. 개념(단어)

"이야기 속에 어떤 말, 단어, 또는 개념이 있었나요? 재미있는 말, 처음 들어 본 말, 잘 모르는 말이 있었나요?"

- 효손
- 자랑
- 밖에
- 우리
- 갑자기
- 자랑해야겠다(자랑하다)
- 떠올랐어(떠오르다)
- 생각났어(생각나다)
- 가르쳐 주셨는데(가르쳐 주다)

2. 명제(문장)

"이야기 중에 재미있는 문장, 또는 생각나는 문장, 잘 이해되지 않는 문장이 있었나요?"

1) 언니와 함께 할아버지 할머니께 예쁜 카네이션을 달아 드렸어.
2) 유치원에 가는 길에 갑자기 궁금한 것이 떠올랐어.
3) 할머니가 내게 '효손' 이라고 하신 말씀이 생각났어.

질_문_하_기_

1. 등장인물들의 질문

"이야기 중에 주인공이나 등장인물들이 물어본 질문들이 있었나요? 어떤 질문이 있었는지 찾아볼까요?"

1) 오늘 가슴에 달고 밖에 가서 우리 효손이 달아 줬다고 자랑해 볼까?
2) 어버이날 카네이션을 달아 드리면 효손일까?
3) 가만, 〈효녀 심청〉 이야기에는 카네이션이 없잖아?

2. 이야기 내용과 관련된 질문

"이야기 내용과 관련해서 우리도 질문을 만들 수 있을까요? 주인공 친구가 질문했던 것을 우리 친구들도 궁금해한 적이 있나요?"

1) 어른들은 카네이션 꽃이 왜 그렇게 좋을까?
2) 갑자기 떠오르는 생각들은 어디에 있다가 나타나는 걸까?
3) 어른들도 효도를 할까?

3. 이야기 맥락을 벗어난 창의적 질문

"혹시 지금 막 떠오른 생각이 있나요? 무언가 새로운 생각이 떠올랐나요?"

1) 할아버지 할머니의 자랑거리는 어떤 것들일까?
2) 오늘 아침 유치원 버스를 타고 올 때 창밖으로 어떤 장면을 보았었지?
3) 내가 효손이 아니면, 할아버지 할머니는 내게 어떻게 하실까?

철학적 탐구공동체를 위한 활동

"동화 속에 나온 여러 상황 중에 어떤 부분에 대해 좀 더 탐구해 볼까요? 오늘 선생님이 이런 활동을 준비해 왔는데, 우리 친구들, 함께 생각하고 알아볼까요?"

1. 할아버지 할머니 마음 되어 보기

1) 효손을 사랑하는 할아버지 할머니의 마음과 말씀
2) 효손이 아닌 (불효하는) 손자를 보는 할아버지 할머니의 마음과 말씀
3) 어버이날, 할아버지 할머니는 무엇을 하면 즐거우실까?

2. 할아버지 할머니께 사랑받는 우리를 바라보는 아빠 엄마의 마음 되어 보기

1) 효도하는 우리를 바라보는 아빠 엄마의 마음
2) 할아버지 할머니 말씀 안 듣는 우리를 바라보는 아빠 엄마의 마음
3) 할아버지 할머니를 기쁘게 해 드리기 위해 아빠 엄마가 하신 일 알아보기

3. 유치원 버스에 타고 있는 친구들의 생각 들여다보기

1) 앞, 뒤, 옆의 친구들은 무슨 생각을 하는지 추측해 보기
2) 말다툼한 친구, 친하게 소곤대는 친구, 바깥을 열심히 내다보고 있는 친구들 각각 어떤 생각을 할지 상상해 보기
3) 유치원 버스에 타고 있을 때 내가 했던 생각 돌이켜 보기

4. 나, 주위 사람, 또는 동물들이 좋아하는 일 생각하여 말하기

1) 나 : 춤추기, 노래하기, 식구들과 함께 산책하기, 자장가 들으며 잠자기
2) 동생(아기) :
3) 누나(언니) :
4) 할아버지 :
5) 선생님 :
6) 강아지 : 우유 마시기, 사료 먹기, 날아가는 원반 잡아 오기, 사람에게 달려가 안기기

5. 추측하기, 유추하기

1) ~일 거라고 생각하다.
   네가 다른 꽃을 답하는 거라고 생각하신 거야.
2) ~(이)라서 그렇다.
   - 호야랑 범우는 웃는 모습이랑 생각하는 게 비슷해.
     어릴 때부터 항상 같이 다녀서 그래.
   - 빛나는 어제도 노란색 셔츠를 입고 오더니 오늘은 노란색 바지를 입고 왔네.
     빛나가 노란색을 제일 좋아하는구나.

동화와 철학적 탐구 3 태극기가 하늘 높이

나는야 어린 철학자 5『태극기가 하늘 높이』ⓒ 아이코리아. 2007. 정대련 글

태극기가 바람에 펄럭입니다. 하늘 높이 아름답게 펄럭입니다. "빨리요. 태극기를 달아야 해요. 아빠 일어나세요. 안 일어나실 거예요?" "조금만 있다가 하자. 아빠 조금만 더 자고. 응?" "일어나세요. 유치원 선생님이 오늘은 태극기를 달아야 한대요." "으응. 알았어. 조금만 기다려 주라. 조금만 있다가 태극기 달자." "아빠. 어서요. 태극기 걸러 가요." 아무리 졸라도 아빠는 일어나실 것 같지 않아. 드디어 부엌에서 아침식사 준비하시던 엄마가 등장하셨어. "으뜸아. 아빠가 안 일어나시면 엄마하고 태극기 건다고 말씀 드리렴." 엄마가 가르쳐 준 대로 말하면 아빠가 일어나실까? "아빠. 으뜸이랑 엄마랑 태극기 걸어요. 우리 태극기 겁니다아~." "잠깐. 아빠 나간다. 태극기는 아빠와 걸어야지." 아빠가 온몸으로 기지개를 켜며 잠자리를 박차고 나오셨어. 태극기는 아빠와 걸아야 하는 거였나?

"아빠, 오늘은 조기를 다는 거래요." "조기? 맛있는 생선 조기를 단다고?" "에이 아빠, 그게 아니고요. 태극기로 하는 조기요." "오늘이 무슨 날인데? 왜 조기를 달지?" 아빠는 잠이 아직 덜 깨서 오늘이 현충일인지 생각 안 나는가 봐. "오늘은 현충일이잖아요. 그래서 조기를 달아야 한대요." "그래? 현충일? 현충일이 어떤 날인데? 무슨 까닭에 현충일에는 조기를 달아야 한대?" "현충일은 우리나라를 지키다가 돌아가신 분들을 생각하는 슬픈 날이래요." 아빠가 내 눈을 찬찬히 들여다보셨어. "그분들이 언제 우리나라를 지키다가 돌아가셨지?" "6 · 25전쟁. 그리고 임진왜란……." 아빠가 자꾸 물으니까 나는 점점 자신이 없어졌어. 그런데 아빠는 한 번 더 묻는 거야. "임진왜란?" 나는 고개를 끄덕이며 아빠 눈과 입을 바라보았어. "으뜸아, 임진왜란이 뭔데? 유치원에서 선생님이 임진왜란 이야기해 주셨니?" 이번에는 엄마가 내게 물었어. "네. 이순신 장군이 우리나라를 쳐들어 온 왜적을 물리쳤대요." 엄마가 묻는 말에, 나는 TV에서 본 프로그램을 생각해 내고 말을 이었어. "우리, 아빠랑 다 같이 TV에서 봤잖아요. 이순신 장군이 거북선 타고 나가서 이겼잖아요. 생각나죠?" "그래. 이순신 장군이 싸워 이긴 전쟁이 임진왜란이지. 우리 으뜸이 잘 알고 있구나!" 엄마가 입가에 미소를 지었어.

아빠가 태극기를 걸어 놓을 깃대와 깃봉을 손보시며, 또 물으시는 거야. "으뜸아, 조기는 어떻게 거는 거지? 그것도 유치원 선생님이 가르쳐 주셨니?" 아빠가 조기를 어떻게 거는 건지 내게 물으셨어. "네. 아빠는 조기 다는 법을 모르세요?" 내가 간단히 알려드렸어. "내려서 다는 거래요." "내려서 달아? 뭘?" 아빠는 또 물으셨어. "깃대를 대문 바깥 낮은 곳에 내려놓으라는 거야? 아니면 태극기를 깃대 아래 부분에 달으라는 거야?" 아빠는 깃대를 들었다가 놓았다가, 태극기를 집었다가 놓았다가 하시며 한꺼번에 여러 가지를 물으셨어. "어디? 여기 깃대 맨 아래에 내려 달면 되니?" 어? 정말? 분명히 선생님이 태극기를 내려 달라고 하셨는데, 어디에 달으라는 걸까? "아빠, 모르세요? 조기 달아 본 적 없으세요?" 덜컥 걱정스러웠어. 아빠는 무엇이든 잘 알고 계셨는데, 오늘은 자꾸만 물으시네. 나는 잘 모르겠는데……. "어디 보자. 조기를 단다는 건 말이다. 여기 깃대에 태극기를 걸 때, 한 폭을 내려서 거는 거야." "에이. 아빠는 조기가 뭔지 알면서 왜 자꾸만 모르는 척하셨어요?" 잠시 놀랐다가 아빠에게 원망스럽게 말했어.

아빠는 태극기 모서리에 붙어 있는 실을 깃대에 묶으시며 계속 말씀하셨어. "현충일에는 임진왜란 때 나라를 구하기 위해 바다를 지켰던 이 순신 장군이나 6 · 25 한국 전쟁 때 우리나라를 지키기 위해 목숨을 바쳐 싸우다가 돌아가신 분들을 기리기 위해서 태극기를 조금 내려서 조기를 걸어." "또 나라가 슬픈 일을 당했을 때도 조기를 걸지." "그리고 그날 하루 조용히 지내면서 그분들께 감사하고 또 위로하는 마음을 갖는 거란다." 역시 아빠는 모르는 게 없으셔. 그런데 아까는 왜 자꾸 내게 물으셨을까?

"아빠, 그런데요. 이순신 장군은 어떻게 거북선을 생각해 냈을까요?" "거북선은 세계 최초의 철갑선이래요. 그림책에 거북선이 나와요." "그리고 배 갑판에는 쇠못도 박아 놓았대요. 왜군이 기어 올라오지 못하도록 뾰족한 못을 거북선 등에 많이 박아 놓았대요." 나는 유치원에서 선생님이 들려주신 여러 이야기를 아빠께 들려 드렸어. 가만히 듣고 계시던 아빠가 또 질문을 쏟아 내셨어. "그래? 못이 거북선 등에 어떻게 박혀 있는데?" "뾰족한 끝이 바깥쪽으로 박혀 있다고? 우리가 집에서 못을 박을 때는 사람들이 다치지 않게 납작하게 두드려 박잖니?" "어떻게 박으면 뾰족한 쪽이 바깥을 향하게 될까?" 아빠가 묻는 말에 대답 못하고 멍하니 바라보고 있는데 또 물으셨어. "그런데 뾰족 못이 거북선에 몇 개나 박혀 있었다니?" "많이요. 그림책에 보니까 거북선에 못이 아주 많아요." "못이 몇 개인지 세어 봤니? 못 길이는 얼마나 되는데? 길어? 짧아?" "모르겠어요." 이젠 항복 선언을 해야 할까? 뭔가 알고 있는 줄 알았는데, 아는 것이 없어. "그림책에 거북선 이야기가 나온다고 했지? 아빠도 궁금한 게 참 많아. "으뜸아, 아빠하고 거북선 이야기를 읽어 보자. 그리고 오후에는 전쟁기념관에 있는 커다란 거북선 보러 갈까?" 이래서 난 아빠가 좋더라. 아빠랑 이순신 장군과 거북선을 탐험할 생각을 하니 벌써 가슴이 두근거려.

태극기가 하늘 높이 3. 1

태극기가 바람에 펄럭입니다.
하늘 높이 아름답게 펄럭입니다.

"빨리요. 태극기를 달아야 해요. 아빠 일어나세요. 안 일어나실 거예요?"
"조금만 있다가 하자. 아빠 조금만 더 자고. 응?"
"일어나세요. 유치원 선생님이 오늘은 태극기를 달아야 한대요."
"으응. 알았어. 조금만 기다려 주라. 조금만 있다가 태극기 달자."
"아빠. 어서요. 태극기 걸러 가요."
아무리 졸라도 아빠는 일어나실 것 같지 않아.

드디어 부엌에서 아침식사 준비하시던 엄마가 등장하셨어.
"으뜸아. 아빠가 안 일어나시면 엄마하고 태극기 건다고 말씀 드리렴."
엄마가 가르쳐준 대로 말하면 아빠가 일어나실까?
"아빠. 으뜸이랑 엄마랑 태극기 걸어요. 우리 태극기 겁니다아~."

"잠깐. 아빠 나간다. 태극기는 아빠와 걸어야지."
아빠가 온몸으로 기지개를 켜며 잠자리를 박차고 나오셨어.
태극기는 아빠와 걸아야 하는 거였나?

유아들의 철학적 탐구를 돕는 활동

경_청_하_기_

유아를 위한 철학교육의 가장 중요한 핵심은 '유아 스스로 생각하기'를 돕는 일이다. 스스로 생각하기 위해서는 우선 '경청하기', 즉 다른 사람의 말을 귀 기울여 듣는 것이 중요하다.

1. 개념

유아가 동화 속 이야기를 집중하여 들었는지, 귀에 친숙한 개념이나 익숙하지 않은 단어들이 있었는지, 또는 주인공 유아가 무슨 생각을 하고 어떻게 판단했는지, 교사는 동화 속 개념을 찾아보도록 질문한다.

"이야기 속에 어떤 말, 단어, 또는 개념이 있었나요? 재미있는 말, 처음 들어 본 말, 잘 모르는 말이 있었나요?"

- 태극기
- 바람
- 부엌
- 아침식사
- 기지개
- 잠자리
- 하늘 높이
- 아름답게
- 조금만
- 아무리
- 잠깐
- 온몸으로
- 어서요
- 펄럭입니다(펄럭이다)
- 달아야 해요(달다)
- 기다려 주라(기다려 주다)
- 졸라도(조르다)
- 등장하셨어(등장하다)
- 말씀드리렴(말씀드리다)
- 켜며(켜다)
- 박차고(박차다)

2. 명제

일종의 판단, 제시된 상황, 또는 내재된 느낌 등은 그에 대한 의문을 제기해 볼 수 있는 출발점이 된다. 동화 속에서 주인공이 관찰하고 있거나 판단한 내용, 그를 중심으로 발생하는 상황 설명이나 어떤 사태에 대한 주인공의 느낌이 나타나있는 문장을 찾아본다.

"이야기 중에 재미있는 문장, 또는 생각나는 문장, 잘 이해되지 않는 문장이 있었나요?"

1) 아무리 졸라도 아빠는 일어나실 것 같지 않아.
2) 드디어 부엌에서 아침식사 준비하시던 엄마가 등장하셨어.

3) 아빠가 온몸으로 기지개를 켜며 잠자리를 박차고 나오셨어.

질_문_하_기_

소크라테스에게서 보듯이, 철학한다는 말은 '질문하기'를 뜻하기도 한다. 유아를 위한 철학교육에서 또 하나 중요한 요소는 '질문하기'이다. 유아들이 동화를 경청하고 나면, 그들을 철학하기에 초대하기 위해 교사는 동화 내용에 대한 '질문하기'로 시작할 수 있다.

1. 등장인물들의 질문

동화 속에서 주인공이 제기한 질문을 찾아보고 그 질문을 함께 읽으며 그에 대한 생각을 나눈다.

"이야기 중에 주인공이나 등장인물들이 물어본 질문들이 있었나요? 어떤 질문이 있었는지 찾아볼까요?"

1) 안 일어나실 거예요?
2) 엄마가 가르쳐 준 대로 말하면 아빠가 일어나실까?
3) 태극기는 아빠와 걸어야 하는 거였나?

2. 이야기 내용과 관련된 질문:

주인공 유아가 질문했던 문장이나 아래 예시된 질문들을 길잡이 삼아, 유아들이 이들과 비슷한 유형의 질문을 만들 수 있도록 인도한다.

"이야기 내용과 관련해서 우리도 질문을 만들 수 있을까요? 주인공 친구가 질문했던 것을 우리 친구들도 궁금해한 적이 있나요?"

1) 아빠는 태극기를 왜 아빠와 걸어야 한다고 생각하실까?
2) 태극기가 아름답게 펄럭이는 모습이란 어떤 형태를 말하는 걸까?
3) '조금만 기다리라'는 말은 시간으로 얼마를 말하는 걸까? 10분? 1시간?

3. 이야기 맥락을 벗어난 창의적 질문

동화 속 맥락에서 한 단계 비약하거나 반대 상황 그려 보기, 이야기 내용 살짝 비틀어 보기, 전혀 엉뚱한 상상하기 등을 허용하는 질문을 하여 유아의 사고 범위를 확장시킬 수 있다.

"혹시 지금 막 떠오른 생각이 있나요? 무언가 새로운 생각이 떠올랐나요?"

1) 태극기를 향해 경례하는 법은 몇 가지일까?
2) 아빠가 일어나셔도 엄마랑 태극기를 걸면 안 되나?
3) 태극기를 달아야 하는 날에 태극기를 달지 않으면 어떤 일이 벌어질까?

철_학_적__탐_구_공_동_체_를__위_한__활_동_

철학적 탐구공동체로서 여럿이 모여 활동하는 중에, 유아들은 상대방의 말을 경청하고, 내재된 가정이 있는지 살펴보고, 실례와 반례를 제시하며, 이유를 캐묻고, 각각의 차이를 구별하며, 서로의 아이디어를 교환하고, 종합하여 새로운 의견을 구축하기도 하며, 탐구가 진행되는 과정에 적극적으로 참여하고 구성원으로서 따르는 경험을 하게 된다. 또한 유아들은 공동체의 일원으로서 순서를 지켜 이야기하는 법을 배우고, 상대의 표정을 읽고, 말 뒤에 숨어 있는 의미에 귀를 기울이고, 한 가지 이상의 다양한 견해로부터 중심 주제와 문제가 무엇인지 살피게 된다.

"동화 속에 나온 여러 상황 중에 어떤 부분에 대해 좀 더 탐구해 볼까요? 오늘 선생님이 이런 활동을 준비해 왔는데, 우리 친구들, 함께 생각하고 알아볼까요?"

1 . 태극기의 구성 알기

1) 태극기의 유래 알기:

태극(太極)은 중국의 고대 사상 중 음양 사상과 결합하여 만물을 생성시키는 우주의 근원으로서 중시된 개념이다. 태극은 사고의 개입이 없는 순수하고 완전한 행위를 의미하는 무아전위(無我全爲)의 우주일체가 역동적으로 움직이는 것을 상징한다.

우리나라를 상징하는 국기를 만들게 된 계기는 《조선책략》에 "조선이 독립국

이면 국기를 가져야 한다."라는 글과 함께 4개의 발을 가진 용 모양을 제시해 놓은 데에서 비롯된다. 고종이 임금을 뜻하는 붉은 바탕에 관원을 뜻하는 푸른 색과 백성을 뜻하는 흰색을 화합시킨 동그라미를 그려 넣게 하여 군민일체를 나타내려 하였으나, 일본 제국의 국기와 비슷하다고 하여, 김홍집은 "반홍반청(半紅半靑)의 태극무늬로 하고 그 둘레에 조선 8도를 뜻하는 팔괘를 그리면 일본 국기와 구분이 될 것"이라 하여 이후, 1883년 3월 6일(고종 20년 음력 1월 27일) '조선국기' 가 국기로 제정되었다. (위키백과 참조)

우리나라 전통적인 태극은 3태극으로서 빨강, 파랑, 노랑 삼색으로 대표된다는 주장과 빨강, 파랑, 하양 삼색이라는 주장이 있다. 한편 무극(하늘) 태극(땅) 황극(인간)의 상징으로 삼 태극을 설명하기도 한다. 삼태극은 무극(無極), 태극(太極), 황극(皇極)을 말하는데, 무극은 우주의 근본으로서 혼돈의 상태, 카오스 상태이며 태극의 바탕, 본원이 된다. 태극은 무극이 개체 분할하여 음양으로 분할된 상태로서 현실적인 만물창조와 성장운동의 질서를 이룬다. 이러한 태극은 다시 황극의 바탕이 된다.

2) 건곤감리 알기: 제3괘, 제4괘, 제5괘, 제6괘

구분	이름(卦名)	자연(卦象)	계절	방위	사덕(四德)	가정	오행(五行)의 의미
3괘	건(乾)	천(하늘)	춘	동	인(仁)	부	금(金, 정의)
4괘	리(離)	일(해)	추	남	예(禮)	중남(子)	화(火, 생명력)
5괘	감(坎)	월(달)	동	북	지(智)	중녀(女)	수(水, 지혜)
6괘	곤(坤)	지(땅)	하	서	의(義)	모	토(土, 풍요)

3) 태극기 구성 요소와 위치 찾아 색칠하기

4) 그림 그린 태극기를 들고 퍼레이드 하기

2. 잠자는 아빠를 빨리 깨우는 방법 찾기

1) 큰 소리로 "아빠"를 부르며 흔들어 깨우기

2) 차가운 물수건을 만들어 아빠 이마에 가져다 놓기

3) 아빠가 잠에서 깨어나야 하는 이유를 알리기

4) 또 ?

3. 기지개를 켜며 온몸을 깨어나게 하는 동작 해 보기

1) 큰 기지개를 켜보기

2) "기지개" 글자로 삼행시 지어 보기

3) 온몸을 깨우는 각자의 방법 소개하기

태극기가 하늘 높이 3. 2

"아빠, 오늘은 조기를 다는 거래요."

"조기? 맛있는 생선 조기를 단다고?"

"에이 아빠, 그게 아니고요. 태극기로 하는 조기요."

"오늘이 무슨 날인데? 왜 조기를 달지?"

아빠는 잠이 아직 덜 깨서 오늘이 현충일인지 생각 안 나는가 봐.

"오늘은 현충일이잖아요. 그래서 조기를 달아야 한대요."

"그래? 현충일? 현충일이 어떤 날인데? 무슨 까닭에 현충일에는 조기를 달아야 한대?"

"현충일은 우리나라를 지키다가 돌아가신 분들을 생각하는 슬픈 날이래요."

아빠가 내 눈을 찬찬히 들여다보셨어.

유아들의 철학적 탐구를 돕는 활동

경_청_하_기_

1. 개념

"이야기 속에 어떤 말, 단어, 또는 개념이 있었나요? 재미있는 말, 처음 들어 본 말, 잘 모르는 말이 있었나요?"

- 조기
- 현충일
- 우리나라
- 까닭
- 맛있는
- 찬찬히
- 커다란
- 슬픈
- 달아야(달다)
- 돌아가신(돌아가시다)

2. 명제

"이야기 중에 재미있는 문장, 또는 생각나는 문장, 잘 이해되지 않는 문장이 있었나요?"

1) 오늘은 조기를 다는 거래요.
2) 아빠는 아직 잠이 덜 깨서 오늘이 현충일인지 생각 안 나는가봐.
3) 아빠가 내 눈을 찬찬히 들여다보셨어.

질_문_하_기_

1. 등장인물들의 질문

"이야기 중에 주인공이나 등장인물들이 물어본 질문들이 있었나요? 어떤 질문이 있었는지 찾아볼까요?

1) 맛있는 생선 조기를 단다고?
2) 오늘이 무슨 날인데?
3) 무슨 까닭에 현충일에는 조기를 달아야 한대?

2. 이야기 내용과 관련된 질문

"이야기 내용과 관련해서 우리도 질문을 만들 수 있을까요? 주인공 친구가 질문했던 것을 우리 친구들도 궁금해한 적이 있나요?"

1) 현충일 외에 조기를 걸어야 하는 날이 또 있나요?
2) 생선을 깃발처럼 걸어 두는 나라가 있을까? 일본의 생선 깃발은 어떤 뜻일까?
3) 돌아가신 분들을 생각하면 슬픈 마음이 생기니? 슬픈 날에는 어떻게 행동해야 하지?

3. 이야기 맥락을 벗어난 창의적 질문

"혹시 지금 막 떠오른 생각이 있나요? 무언가 새로운 생각이 떠올랐나요?

1) 바닷가에서 오징어, 명태 말리는 광경을 보면 무슨 생각이 떠오르니?
2) 아침에 잠에서 깨어날 때 무슨 생각이 가장 먼저 났니?
3) 아빠나 엄마가 내 눈을 찬찬히 들여다보는 이유가 있을까?

철학적 탐구공동체를 위한 활동

"동화 속에 나온 여러 상황 중에 어떤 부분에 대해 좀 더 탐구해 볼까요? 오늘 선생님이 이런 활동을 준비해 왔는데, 우리 친구들, 함께 생각하고 알아볼까요?"

1. 같은 소리 다른 뜻 단어 (동음이의어) 찾기

1) 조기 : 깃발 게양방법의 하나, 생선 조기, 빠른(이른) 시기
2) 달다: (깃발이나 물건을) 걸다. (맛이)달다.
3) 깨다: (잠에서) 깨어나다. (생각이) 깨다. (물건을) 조각 내다
4) 또?

2. 국기가 아닌 깃발의 종류와 각각의 의미 알아보기

1) 단체 깃발
2) 행사용 깃발

3) 선전 깃발

4) 전쟁 중 (신호나 명령) 깃발

5) 일본 축제 깃발

3. 눈으로 말해요: 눈빛이 전하는 의미의 차이 알기

1) 난 너를 이해하지 못하겠어. 무슨 말 하는 거야?

2) 참 우스운 말이야. 그래도 그럴 수 있을 것 같아.

3) 진지하게 생각해볼게, 네가 한 말에는 여러 뜻이 가능해.

4. 이야기에 나온 사건 발생의 원인을 찾고 앞으로 따라올 결과 예측하기

아빠가 온몸으로 기지개를 켜며 잠자리를 박 차고 나오셨어.

1) 아빠가 왜 일어나셨을까?

2) 아빠가 잠자리를 박차고 나오신 목적이 뭐지?

3) 왜 온몸으로 기지개를 켰지?

4) 기지개를 켜고 나면 무엇이 달라질까?

태극기가 하늘 높이 3.3

"그분들이 언제 우리나라를 지키다가 돌아가셨지?"
"6 · 25전쟁. 그리고 임진왜란……."

아빠가 자꾸 물으니까 나는 점점 자신이 없어졌어.
그런데 아빠는 한 번 더 묻는 거야.
"임진왜란?"
나는 고개를 끄덕이며 아빠 눈과 입을 바라보았어.

"으뜸아, 임진왜란이 뭔데? 유치원에서 선생님이 임진왜란 이야기해 주셨니?"
이번에는 엄마가 내게 물었어.
"네. 이순신 장군이 우리나라를 쳐들어 온 왜적을 물리쳤대요."
엄마가 묻는 말에, 나는 TV에서 본 프로그램을 생각해 내고 말을 이었어.
"우리, 아빠랑 다 같이 TV에서 봤잖아요. 이순신 장군이 거북선 타고 나가서 이겼잖아요. 생각나죠?"
"그래. 이순신 장군이 싸워 이긴 전쟁이 임진왜란이지. 우리 으뜸이 잘 알고 있구나!"
엄마가 입가에 미소를 지었어.

유아들의 철학적 탐구를 돕는 활동

경_청_하_기_

1. 개념

"이야기 속에 어떤 말, 단어, 또는 개념이 있었나요? 재미있는 말, 처음 들어 본 말, 잘 모르는 말이 있었나요?"

- 6 · 25 전쟁
- 임진왜란
- 이순신 장군
- 입가
- 왜적
- 거북선
- 프로그램
- 점점
- 이번에는
- 끄덕이며(끄덕이다)
- 말을 이었어(말을 잇다)
- 물리쳤대요(물리치다)
- 타고(타다)
- 겼잖아요(이기다)

2. 명제

"이야기 중에 재미있는 문장, 또는 생각나는 문장, 잘 이해되지 않는 문장이 있었나요?"

1) 아빠가 자꾸 물으니까 나는 점점 자신이 없어졌어.
2) 나는 고개를 끄덕이며 아빠 눈과 입을 바라보았어.
3) 엄마가 묻는 말에 나는 TV에서 본 프로그램을 생각해 내고 말을 이었어.

질_문_하_기_

1. 등장인물들의 질문

"이야기 중에 주인공이나 등장인물들이 물어본 질문들이 있었나요? 어떤 질문이 있었는지 찾아볼까요?"

1) 그분들이 언제 우리나라를 지키다가 돌아가셨지?

2) 유치원에서 선생님이 임진왜란 이야기해 주셨니?

3) 이순신 장군이 거북선 타고 나가서 이겼잖아요. 생각나죠?

2. 이야기 내용과 관련된 질문

"이야기 내용과 관련해서 우리도 질문을 만들 수 있을까요? 주인공 친구가 질문했던 것을 우리 친구들도 궁금해한 적이 있나요?"

1) 지금 우리나라를 지키는 분들은 누구이지?

2) 지난 주 한강에 떠 있는 거북선이 옛날 거북선처럼 불꽃을 내뿜을 수 있을까?

3) 엄마가 입가에 미소를 지은 까닭은 무엇일까?

3. 이야기 맥락을 벗어난 창의적 질문

"혹시 지금 막 떠오른 생각이 있나요? 무언가 새로운 생각이 떠올랐나요?"

1) 다른 나라에 파병된 우리나라 군인들은 어떤 일을 할까?

2) 6 · 25 전쟁 때 어린이들은 어떻게 살았을까?

3) 어떻게 하면 전쟁 없는 세상을 만들 수 있을까?

철학적 탐구공동체를 위한 활동

"동화 속에 나온 여러 상황 중에 어떤 부분에 대해 좀 더 탐구해 볼까요? 오늘 선생님이 이런 활동을 준비해 왔는데, 우리 친구들, 함께 생각하고 알아볼까요?"

1. 역사적으로 우리나라와 관련된 전쟁 알아보기

1) 을지문덕 장군: 고구려 장군, 수나라 상대로 살수대첩
   강감찬 장군: 고려장군, 요나라 상대로 귀주 대첩

2) 김유신 장군과 계백장군

3) 6 · 25 전쟁 베트남전쟁 자이툰 부대

2. 거북선과 일본 함선 그려 보기

1) 우리나라 조선군의 복식과 깃발, 거북선 그리기
2) 일본 왜적의 복식과 깃발, 함선 그리기
3) 의복, 깃발, 함선의 차이점을 비교하고 각각 차이의 근거를 생각해 보기

3. 그림책, TV, 비디오 프로그램을 통해 전쟁을 접하고 이야기 나누기

1) 전쟁 관련 그림책 읽고 이야기 나누기
2) 방송을 통해 들은 최근의 외국 전쟁에 대해 이야기 나누기
3) 북한과 우리나라가 휴전 상태임을 알기
4) 종전과 휴전의 차이 알기

태극기가 하늘 높이 3. 4

아빠가 태극기를 걸어놓을 깃대와 깃봉을 손보시며, 또 물으시는 거야.
"으뜸아, 조기는 어떻게 거는 거지? 그것도 유치원 선생님이 가르쳐 주셨니?"
아빠가 조기를 어떻게 거는 건지 내게 물으셨어.
"네. 아빠는 조기 다는 법을 모르세요?"
내가 간단히 알려드렸어.
"내려서 다는 거래요."

"내려서 달아? 뭘?"
아빠는 또 물으셨어.
"깃대를 대문 바깥 낮은 곳에 내려놓으라는 거야? 아니면 태극기를 깃대 아랫부분에 달으라는 거야?"
아빠는 깃대를 들었다가 놓았다가, 태극기를 집었다가 놓았다가 하시며 한꺼번에 여러 가지를 물으셨어.
"어디? 여기 깃대 맨 아래에 내려 달면 되니?"

어? 정말?
분명히 선생님이 태극기를 내려 달라고 하셨는데, 어디에 달으라는 걸까?
"아빠, 모르세요? 조기 달아 본 적 없으세요?"
덜컥 걱정스러웠어.

아빠는 무엇이든 잘 알고 계셨는데, 오늘은 자꾸만 물으시네.
나는 잘 모르겠는데….

유아들의 철학적 탐구를 돕는 활동

경_청_하_기_

1. 개념

"이야기 속에 어떤 말, 단어, 또는 개념이 있었나요? 재미있는 말, 처음 들어 본 말, 잘 모르는 말이 있었나요?"

• 깃대 • 깃봉 • (방)법 • 대문 • 바깥
• 간단히 • 낮은 • 한꺼번에 • 덜컥 • 무엇이든 • 자꾸만
• 어? • 정말?
• 걸어 놓을(걸어 놓다) • 손보시며(손보다) • 가르쳐 주셨니(가르쳐 주다)
• 알려드렸어(알려드리다) • 내려놓으라는(내려놓다) • 걱정스러웠어(걱정스럽다)

2. 명제

"이야기 중에 재미있는 문장, 또는 생각나는 문장, 잘 이해되지 않는 문장이 있었나요?"

1) 아빠가 태극기를 걸어 놓을 깃대와 깃봉을 손보시며, 또 물으시는 거야.
2) 아빠는 깃대를 들었다가 놓았다가, 태극기를 집었다가 놓았다가 하시며 한꺼번에 여러 가지를 물으셨어.
3) 아빠는 무엇이든 잘 알고 계셨는데, 오늘은 자꾸만 물으시네.

질_문_하_기_

1. 등장인물들의 질문

"이야기 중에 주인공이나 등장인물들이 물어본 질문들이 있었나요? 어떤 질문이 있었는지 찾아볼까요?"

1) 아빠는 조기 다는 법을 모르세요?

2) 깃대를 대문 바깥 낮은 곳에 내려놓으라는 거야?

3) 분명히 선생님이 태극기를 내려 달라고 하셨는데, 어디에 달으라는 걸까?

2. 이야기 내용과 관련된 질문

"이야기 내용과 관련해서 우리도 질문을 만들 수 있을까요? 주인공 친구가 질문했던 것을 우리 친구들도 궁금해한 적이 있나요?"

1) 태극기를 가로로 또는 세로로 달 때 그림이 어떻게 달라지나?

2) 대문 바깥 낮은 곳이라면 어디를 말하는 걸까?

3) '내가 무엇을 모르는지' 내가 알 수 있을까?

3. 이야기 맥락을 벗어난 창의적 질문

"혹시 지금 막 떠오른 생각이 있나요? 무언가 새로운 생각이 떠올랐나요?"

1) 태극기를 이용하여 무엇을 할 수 있을까?

2) 내가 유치원 선생님이라면 태극기를 어떻게 소개해 줄까?

3) 태극기나 기타 깃발이 걸려 있는 장소는 어떤 곳일까?

철학적 탐구공동체를 위한 활동

"동화 속에 나온 여러 상황 중에 어떤 부분에 대해 좀 더 탐구해 볼까요? 오늘 선생님이 이런 활동을 준비해 왔는데, 우리 친구들, 함께 생각하고 알아볼까요?"

1. 태극기 그리기

1) 태극기를 그리기 위해 필요한 준비물 목록 작성하기

2) 태극기 그리고 태극 모양에 맞게 색칠하기

2. 유치원 선생님 되어 친구에게 태극기 구성 뜻과 모양 설명하기

1) 태극과 4괘의 이름 알기

2) 친구에게 유치원 선생님처럼 설명해 주기

3. 우리 집에서 국기를 게양할 수 있는 장소를 찾아보고 적절한 게양 방법 모색하기

1) 아파트 베란다에 걸 때
2) 한옥, 단독주택에서 대문 앞에 걸 때(대문간에 설치되어 있을 때)
3) 행사장에서 게양할 때, 교실에서

4. 국기에 대한 자부심 살피기

1) 태극기를 자랑스럽게 생각해 본 적 있는지 이야기 나누기
2) 붉은 악마의 응원 대형 태극기 연출을 보고 느낀 점 말하기
3) 태극기 문양을 응용한 선물(물건)을 찾아보거나 만들기
   - 펜던트
   - 뱃지
   - 수첩 겉장 만들기
4) 태극기를 평소에 걸어 두고 싶은 장소를 생각해 보기
5) 태극기를 간수하는 좋은 방법 생각하기

태극기가 하늘 높이 3.5

"어디 보자. 조기를 단다는 건 말이다. 여기 깃대에 태극기를 걸 때, 한 폭을 내려서 거는 거야."
"에이. 아빠는 조기가 뭔지 알면서 왜 자꾸만 모르는 척하셨어요?"
잠시 놀랐다가 아빠에게 원망스럽게 말했어.

아빠는 태극기 모서리에 붙어 있는 실을 깃대에 묶으시며 계속 말씀하셨어.
"현충일에는 임진왜란 때 나라를 구하기 위해 바다를 지켰던 이순신 장군이나 6 · 25 한국전쟁 때 우리나라를 지키기 위해 목숨을 바쳐 싸우다가 돌아가신 분들을 기리기 위해서 태극기를 조금 내려서 조기를 걸어."
"또 나라가 슬픈 일을 당했을 때도 조기를 걸지."
"그리고 그날 하루 조용히 지내면서 그분들께 감사하고 또 위로하는 마음을 갖는 거란다."

역시 아빠는 모르는 게 없으셔.
그런데 아까는 왜 자꾸 내게 물으셨을까?

유아들의 철학적 탐구를 돕는 활동

경_청_하_기_

1. 개념

"이야기 속에 어떤 말, 단어, 또는 개념이 있었나요? 재미있는 말, 처음 들어 본 말, 잘 모르는 말이 있었나요?"

- (한) 폭
- 모서리
- 현충일
- 나라
- 바다
- 목숨
- 하루
- 감사
- 위로
- 마음
- 어디
- 에이
- 잠시
- 조금
- 조용히
- 슬픈
- 역시
- 그런데
- 아까
- 놀랬다가(놀래다)
- 원망스럽게(원망스럽다)
- 묶으시며(묶다)
- 구하기(구하다)
- 지켰던(지키다)
- 바쳐(바치다)
- 기리기(기리다)
- 싸우다가(싸우다)
- 지내면서(지내다)
- 당했을(당하다)
- 모르는(모르다)

2. 명제

"이야기 중에 재미있는 문장, 또는 생각나는 문장, 잘 이해되지 않는 문장이 있었나요?"

1) 잠시 놀랬다가 아빠에게 원망스럽게 말했어.
2) 그날 하루 조용히 지내면서 그분들께 감사하고 또 위로하는 마음을 갖는 거란다.
3) 역시 아빠는 모르는 게 없으셔.

질_문_하_기_

1. 등장인물들의 질문

"이야기 중에 주인공이나 등장인물들이 물어본 질문들이 있었나요? 어떤 질문이 있었는지

찾아볼까요?"

1) 에이. 아빠는 조기가 뭔지 알면서 왜 자꾸만 모르는 척하셨어요?
2) 그런데 아까는 왜 자꾸 내게 물으셨을까?

2. 이야기 내용과 관련된 질문

"이야기 내용과 관련해서 우리도 질문을 만들 수 있을까요? 주인공 친구가 질문했던 것을 우리 친구들도 궁금해한 적이 있나요?"

1) 나라를 구하기 위해 우리나라 땅이나 하늘을 지켰던 분들은 어떤 분들일까?
2) 생선 조기 한 마리를 혼자서 다 먹으면서도 자꾸 맛없다고 사람을 이해할 수 있니?
3) 나라를 위해 목숨 바친 분들 외에 그 가족까지 생각하고 위로하는 마음을 가져야 할까?

3. 이야기 맥락을 벗어난 창의적 질문

"혹시 지금 막 떠오른 생각이 있나요? 무언가 새로운 생각이 떠올랐나요?"

1) 이순신 장군을 현충일 외에 기쁜 일로 기릴 수는 없을까?
2) 알면서도 모르는 척 하는 이유가 뭘까?
3) 현충일은 휴일인데, 꼭 슬픈 마음으로 조용히 지내야 하나? 가족들과 즐거운 외출하면 안 되나?

철_학_적__탐_구_공_동_체_를__위_한__활_동_

"동화 속에 나온 여러 상황 중에 어떤 부분에 대해 좀 더 탐구해 볼까요? 오늘 선생님이 이런 활동을 준비해 왔는데, 우리 친구들, 함께 생각하고 알아볼까요?"

1. 잘할 줄 알면서도 못하는 척 숨기며 상대방이 할 수 있는지 떠보기

1) 동생들이 놀이를 직접 배우도록 하기 위해서

2) 나중에 잘 해 보이며 엄마(어른)를 깜짝 놀라게 해서 더욱 기쁘게 해 드리기 위해
3) 잘난 척하는 친구에게 나중에 나도 잘할 수 있음을 보이며 친구의 콧대를 꺾기 위해

2. 현충일에 기려야 할 분들을 차례로 기억하기:

1) 이순신 장군
2) 안중근 의사, 유관순 열사, 헤이그 밀사 등 일제 강점기 독립운동가
3) 6 · 25 전쟁 등 역사 속에 묻힌 이름 없는 무명용사들 : 무명용사탑의 의미
4) 성철 스님, 김수환 추기경 등 오늘날의 종교적 정신적 지도자들을 기리는 일도 현충일에 적합한가?

3. 척척박사 아빠 놀이

1) 아빠께 여쭈어보아 새로운 사실을 알게 된 경험 생각해 내기
2) 아빠와 함께 새로운 것을 만들어 본 경험 나누기
3) 아빠만이 하실 수 있는 어려운 일 알아보기
4) 우리 아빠가 잘 못하거나 실수하는 일 찾아보기

태극기가 하늘 높이 3. 6

"아빠, 그런데요. 이 순신 장군은 어떻게 거북선을 생각해 냈을까요?"
"거북선은 세계 최초의 철갑선이래요. 그림책에 거북선이 나와요."
"그리고 배 갑판에는 쇠못도 박아 놓았대요. 왜군이 기어 올라오지 못하도록 뾰족한 못을 거북선 등에 많이 박아 놓았대요."
나는 유치원에서 선생님이 들려주신 여러 이야기를 아빠께 들려드렸어.

가만히 듣고 계시던 아빠가 또 질문을 쏟아 내셨어.
"그래? 못이 거북선 등에 어떻게 박혀 있는데?"
"뾰족한 끝이 바깥쪽으로 박혀 있다고? 우리가 집에서 못을 박을 때는 사람들이 다치지 않게 납작하게 두드려 박잖니?"
"어떻게 박으면 뾰족한 쪽이 바깥을 향하게 될까?"

아빠가 묻는 말에 대답 못하고 멍하니 바라보고 있는데 또 물으셨어.
"그런데 뾰족 못이 거북선에 몇 개나 박혀 있었다니?"
"많이요. 그림책에 보니까 거북선에 못이 아주 많아요."
"못이 몇 개인지 세어 봤니? 못 길이는 얼마나 되는데? 길어? 짧아?"

유아들의 철학적 탐구를 돕는 활동

경_청_하_기_

1. 개념

"이야기 속에 어떤 말, 단어, 또는 개념이 있었나요? 재미있는 말, 처음 들어 본 말, 잘 모르는 말이 있었나요?"

- 거북선 • 세계 • 최초 • 철갑선 • 그림책 • 배 • 갑판
- 쇠못 • 왜군 • 등 • 끝 • 바깥쪽 • 길이
- 그런데요 • 뾰족한 • 많이 • 가만히 • 납작하게
- 향하게 • 멍하니 • 길어 • 짧아
- 생각해 냈을까요(생각해 내다) • 나와요(나오다)
- 박아 놓았대요(박아 놓다) • 기어(기다)
- 올라오지(올라오다) • 들려드렸어(들려드리다)
- 쏟아 내셨어(쏟아 내다) • 박혀(박히다)
- 박잖니(박다) • 세어(세다)

2. 명제

"이야기 중에 재미있는 문장, 또는 생각나는 문장, 잘 이해되지 않는 문장이 있었나요?"

1) 거북선은 세계 최초의 철갑선이래요.
2) 왜군이 기어 올라오지 못하도록 뾰족한 못을 거북선 등에 많이 박아 놓았대요.
3) 아빠가 묻는 말에 대답 못하고 멍하니 바라보고 있는데 또 물으셨어.

질_문_하_기_

1. 등장인물들의 질문

"이야기 중에 주인공이나 등장인물들이 물어본 질문들이 있었나요? 어떤 질문이 있었는지 찾아볼까요?"

1) 이순신 장군은 어떻게 거북선을 생각해 냈을까요?
2) 못이 거북선 등에 어떻게 박혀 있는데?
3) 어떻게 박으면 뾰족한 쪽이 바깥을 향하게 될까?

2. 이야기 내용과 관련된 질문

"이야기 내용과 관련해서 우리도 질문을 만들 수 있을까요? 주인공 친구가 질문했던 것을 우리 친구들도 궁금해한 적이 있나요?"

1) 등이 쇠로 덮인 거북선은 잠수함이 될 수 있을까?
2) 거북선 안에 몇 사람이나 타고 있었을까?
3) 밖으론 보이지 않는데, 거북선을 나아가게 하기 위해 노를 젓는 사람, 화포를 쏘는 사람, 활을 쏘는 사람들이 있었을까?

3. 이야기 맥락을 벗어난 창의적 질문

"혹시 지금 막 떠오른 생각이 있나요? 무언가 새로운 생각이 떠올랐나요?"

1) 거북선의 얼굴을 왜 용 모양으로 만들었을까?
2) 거북선 등에 못을 박지 않고 아무 것도 붙이지 않고 미끄럽게 만들었다면 어땠을까?
3) 거북선 못이 몇 개 인지 세어 보거나 물어보는 사람이 또 있었을까?

철_학_적__탐_구_공_동_체_를__위_한__활_동_

"동화 속에 나온 여러 상황 중에 어떤 부분에 대해 좀 더 탐구해 볼까요? 오늘 선생님이 이런 활동을 준비해 왔는데, 우리 친구들, 함께 생각하고 알아볼까요?"

1. 거북선 그리기 : 거북선 구조 조직하기

1) 거북선 모형을 조립하거나 거북선 그림(사진)을 자세히 살펴보기

2) 거북선 그림책을 읽고서 거북선의 전체 모양을 그려 보기

3) 거북선의 머리, 몸체, 쇠판, 나무(목선), 내부 등을 각각 알아보기

2. 거북선 선원 (뱃사람) 되어 보기

1) 내가 거북선 선장(군관)이라면 ____________ 할 것이다.

2) 내가 거북선 선원(군졸)이라면 ____________________

3) 거북선을 탔던 분들께 편지 쓰기

3. "거북선"을 주제로 삼행시나 동시 짓기

1) 삼행시: '거' 북이 한 마리 천천히 천천히
'북' 껍질 등에 매고 느리게 느리게
'선' 착순 순서는 아랑곳없다.

2) 동시: 이순신 장군은 거북선을 타고
우리 친구 으뜸이는 유람선을 타고
한강에서 만나면 정말 좋겠다.

4. 바다와 관련된 생활 이야기 나누기 : 어촌 사람들의 삶 알기

1) 바다　　파도　　백사장　　바닷가 놀이

2) 배　　어부　　뱃놀이

3) 바닷물고기　　생선 요리

태극기가 하늘 높이 3. 7

"모르겠어요."

이젠 항복 선언을 해야 할까?

뭔가 알고 있는 줄 알았는데, 아는 것이 없어.

"그림책에 거북선 이야기가 나온다고 했지? 아빠도 궁금한 게 참 많아. 으뜸아, 아빠하고 거북선 이야기를 읽어 보자. 그리고 오후에는 전쟁기념관에 있는 커다란 거북선 보러 갈까?"

이래서 난 아빠가 좋더라.

아빠랑 이순신 장군과 거북선을 탐험할 생각을 하니 벌써 가슴이 두근거려.

유아들의 철학적 탐구를 돕는 활동

경_청_하_기_

1. 개념

"이야기 속에 어떤 말, 단어, 또는 개념이 있었나요? 재미있는 말, 처음 들어 본 말, 잘 모르는 말이 있었나요?"

• 항복 • 오후 • 전쟁기념관 • 북선 • 탐험 • 가슴
• 참 • 커다란 • 이래서 • 벌써
• 알고(알다) • 궁금한(궁금하다) • 읽어 보자(읽어 보다)
• 좋더라(좋다) • 두근거려(두근거리다)

2. 명제

"이야기 중에 재미있는 문장, 또는 생각나는 문장, 잘 이해되지 않는 문장이 있었나요?"

1) 뭔가 알고 있는 줄 알았는데, 아는 것이 없어.
2) 아빠도 궁금한 게 참 많아.
3) 아빠랑 이순신 장군과 거북선을 탐험할 생각을 하니 벌써 가슴이 두근거려.

질_문_하_기_

1. 등장인물들의 질문

"이야기 중에 주인공이나 등장인물들이 물어본 질문들이 있었나요? 어떤 질문이 있었는지 찾아볼까요?"

1) 이젠 항복 선언을 해야 할까?
2) 그림책에 거북선 이야기가 나온다고 했지?
3) 오후에는 전쟁기념관에 있는 커다란 거북선 보러 갈까?

2. 이야기 내용과 관련된 질문

"이야기 내용과 관련해서 우리도 질문을 만들 수 있을까요? 주인공 친구가 질문했던 것을 우리 친구들도 궁금해한 적이 있나요?"

1) 나는 모르는 것이 생길 때 어떻게 했지? 그냥 넘어갈까, 물어서 알려고 할까?
2) 아빠는 어떤 것이 궁금할까?
3) 전쟁기념관에 가면 또 어떤 것을 볼 수 있을까?

3. 이야기 맥락을 벗어난 창의적 질문

"혹시 지금 막 떠오른 생각이 있나요? 무언가 새로운 생각이 떠올랐나요?"

1) 어떤 때 항복을 생각하게 되나?
2) 왜 사람들은 전쟁을 하려고 하지? 왜군이 왜 우리나라를 쳐들어 왔을까?
3) 우리 동네에서 탐험할 만한 곳이 있을까?

철학적 탐구공동체를 위한 활동

"동화 속에 나온 여러 상황 중에 어떤 부분에 대해 좀 더 탐구해 볼까요? 오늘 선생님이 이런 활동을 준비해 왔는데, 우리 친구들, 함께 생각하고 알아볼까요?"

1. 항복의 규칙 정하기 : 게임을 종료할 수 있는 조건 생각해 보기

1) 게임에 졌을 때 항복 선언할 수 있는 조건 제시하기
2) 항복 사인 만들기: 항복 선언 할 때의 절차와 표시 정하기
3) 항복한 자에 대한 배려 사항 찾기

2. 박물관, 기념관, 전시관 등을 견학할 때 꼭 알아보아야 할 내용 미리 정하기

1) 견학할 곳의 주제에 대해 미리 궁금한 사항 목록 만들기
2) 보다 재미있는 견학이 될 수 있도록 준비할 사항 정리하기

3. 탐험 놀이: 탐색한 내용 기억하고 이야기 나누기

1) 엄마와 함께 하는 탐험놀이(집 안 탐험, 동네 탐험)
2) 친구와 유치원 잔디밭 탐험하기(곤충, 식물, 동물 등)
3) 탐험 관련 책 읽고 관련 활동 하기

4. 아빠 (또는 내가 좋아하는 사람)가 "좋은" 이유 대기

1) 아빠, 엄마, 할아버지, 할머니, 엄마, 기타 가족들이 좋은 이유 알리기
2) 친구들, 선생님들, 여타 (책, 미디어 등)의 캐릭터들이 "좋은 이유(근거)"를 찾아서 알려주기

동화와 철학적 탐구 4 야, 여름이다!

나는야 어린 철학자 6『야, 여름이다』ⓒ 아이코리아. 2007. 정대련 글

"자람아, 자람아! 일어나야지." 요즘 아침마다 우리 형을 깨우는 소리야. 여름방학이라고 초등학생 형이 매일 늦잠을 자고 있어. 형은 유치원에 다니는 나보다 훨씬 더 늦게까지 잠을 자곤 해. 왜 형은 날마다 늦게 일어나는 걸까? 이렇게 늦잠꾸러기인데 방학이 아닐 때는 어떻게 일찍 일어나 학교에 가지? 학교 다닐 때는 졸리지 않나?

저녁 식사 후, 아빠가 식구들에게 말씀하셨어. "우리, 날씨도 덥고, 또 우람이와 자람이 여름방학이니까 여행을 떠나도록 하자." 그리고 우리들의 생각을 물으셨어. "어디로 갈까? 산으로 갈까? 설악산? 월악산? 지리산?" "바다는 어때요? 동해 바다도 좋고, 아니면 서해도 가 보고 싶은데……. 저기 남쪽 섬에는 우람이도 가 본 적이 없지, 아마?" 엄마는 바다 여행을 추천하셨어.

"잠깐만! 날씨가 너무 많이 더우니까, 힘들게 멀리 가지 말고 가까이 갈까? 자람이는 여름 캠프 가지? 우람이는 어디어디 가 봤더라?" 아빠가 식구들 얼굴을 돌아보며 여기저기 생각하시더니 말씀하셨어. "이번 여름에는 자람이 형 여름 캠프 장소인 경주로 갈래?" "경주에 가면 남산, 첨성대, 황룡사지에도 갈 수 있고, 불국사, 석굴암처럼 세계문화유산도 볼 수 있어." "맞아. 가까운 곳에 남산도 있고 감포 해수욕장도 있지." "그렇지. 경주에 가면 산, 바다, 유적지 모두 가 볼 수 있으니까 좋을 것 같지 않아? 자, 가족 여러분 생각은 어떠하신지요?" 아빠는 TV 드라마에 나오는 말투로 우리들에게 물어보셨어.

"나는 놀이공원에 가고 싶은데요. 우람아, 놀이공원 가고 싶지 않니?" 형이 새로운 생각을 냈어. "응, 나도 놀이공원 가고 싶어." "이제 놀이공원에서 달나라열차 타는 거 무섭지 않아?" 형이 내게 물었어. 내가 네 살 때 놀이공원에서 달나라열차 타면서 많이 무서워했대. "달나라 열차? 몰라. 그래도 놀이공원 가는 건 나도 대찬성이야." 형이랑 나랑은 놀이공원을 생각하며 신이 났어.

–중략–

나는 엄마가 이어야 할 말을 생각해서 대답해야 해. 내 끝말을 이으며 엄마는 형이 이어갈 말을 생각해야 하고. 또 형은 엄마의 끝말을 받으면서 아빠가 이어갈 말을 생각해야겠지? 그리고 아빠는 형의 끝말에 이어서 내가 새로운 말을 찾아낼 수 있는 글자로 끝나는 말을 생각해야 해. 모두들 앞사람의 끝말을 이으면서, 다음 사람이 자기의 끝말로 시작하는 말을 찾을 수 있도록 새 단어를 생각하는 데 시간이 한참씩 걸렸어. '기슭'이나 '여름'처럼 다음 사람이 이을 수 없는 단어를 말하면 자기가 지는 거니까.

많이 생각해야 하지만, 정말 흥미진진한 게임이야. 엄마가 제안한 규칙이 우리들의 끝말잇기 게임을 아주 오랫동안 길게 이어갈 수 있도록 만들었어. 다음 사람이 이을 수 있는 끝말잇기 게임을 하면서, 형이 한마디 했어. "아우~, 머리에 쥐가 날 것 같아. 우람아, 넌 아무렇지도 않니?"

"이제는 '가운데 말 이어가기' 해요." "'수수께끼' 하자." "동요 부르기 할까?" "369놀이 할래?" 차를 타고 가며, 엄마와 형은 끊임없이 놀이를 생각해 냈어. "형은 어떻게 그렇게 놀이를 많이 알고 있어?" "놀이 박사야? 엄마는 놀이도 연구해요?" 차 속에서 할 수 있는 놀이가 정말 여러 가지야. 그리고 여러 번 반복해도 우리 가족이 함께 하는 놀이는 언제나 재미있어.

"형, 잘 지내!" 형을 여름 캠프 장소에 데려다 주었어. 돌아오는 길에 아빠, 엄마, 나는 바닷가에 갔어. "우람아, 엄마가 사진 찍어 줄게. 저기 바닷물에 발 담가 볼래?" 바닷물 가까이에 가서 엄마를 향해 돌아섰어. "더 들어가. 바닷물에 발을 담가야지."

"여기요?" 나는 바닷물에 발이 젖지 않을 만큼 다가서서 물었어. "아니, 더 들어가. 바닷물이 발목 정도까지 올라와야지. 그래야 손도 담그고 발로 물방울을 튕겨 볼 수 있잖니?" "아빠도 바닷물에 들어가실래요? 아들과 함께 사진 찍어 드릴게요." 엄마가 주문하자, 아빠가 바지를 무릎까지 걷어 올리고 내 옆으로 다가오셨어. 그리곤 바닷물 속으로 내 손을 잡고 성큼성큼 걸어 들어가시는 거야. "아~아빠. 됐어요. 그만 가요. 그만."

지금 나는 커다란 사진 한 장을 보고 있어. 바지를 무릎 위로 걷어 올리고 바닷물에 발을 담근 채, 아빠와 함께 바다를 바라보며 서 있는 사진이야. 이 사진을 보면 떠오르는 의문이 있어. 왜 사람들은 바닷가에 가면 꼭 바닷물 속에 들어가려 할까? 왜 꼭 바닷물에 발을 담가야 한다고 생각하지? 출렁거리는 바닷물에 들어가려면 나는 겁이 나는데……. 나는 그냥 파란 바다를 가만히 바라보는 게 훨씬 좋은데…….

야, 여름이다! 4. 1

"자람아, 자람아! 일어나야지."

요즘 아침마다 우리 형을 깨우는 소리야.

여름방학이라고 초등학생 형이 매일 늦잠을 자고 있어.

형은 유치원에 다니는 나보다 훨씬 더 늦게까지 잠을 자곤 해.

왜 형은 날마다 늦게 일어나는 걸까?

이렇게 늦잠꾸러기인데 방학이 아닐 때는 어떻게 일찍 일어나 학교에 가지?

학교 다닐 때는 졸리지 않나?

유아들의 철학적 탐구를 돕는 활동

경_청_하_기_

유아를 위한 철학교육의 가장 중요한 핵심은 '유아 스스로 생각하기'를 돕는 일이다. 스스로 생각하기 위해서는 우선 '경청하기', 즉 다른 사람의 말을 귀 기울여 듣는 것이 중요하다.

1. 개념(단어)

유아가 동화 속 이야기를 집중하여 들었는지, 귀에 친숙한 개념이나 익숙하지 않은 단어들이 있었는지, 또는 주인공 유아가 무슨 생각을 하고 어떻게 판단했는지, 교사는 동화 속 개념을 찾아보도록 질문한다.

"이야기 속에 어떤 말, 단어, 또는 개념이 있었나요? 재미있는 말, 처음 들어 본 말, 잘 모르는 말이 있었나요?"

- 여름방학
- 매일
- 늦잠꾸러기
- 방학
- 요즘
- 훨씬 더
- 늦게
- 일찍
- 다니는(다니다)
- 일어나는(일어나다)
- 졸리지(졸리다)

2. 명제(문장)

일종의 판단, 제시된 상황, 또는 내재된 느낌 등은 그에 대한 의문을 제기해 볼 수 있는 출발점이 된다. 동화 속에서 주인공이 관찰하고 있거나 판단한 내용, 그를 중심으로 발생하는 상황 설명이나 어떤 사태에 대한 주인공의 느낌이 나타나있는 문장을 찾아본다.

"이야기 중에 재미있는 문장, 또는 생각나는 문장, 잘 이해되지 않는 문장이 있었나요?"

1) 요즘 아침마다 우리 형을 깨우는 소리야
2) 여름방학이라고 초등학생 형이 매일 늦잠을 자고 있어.
3) 형은 유치원에 다니는 나보다 훨씬 더 늦게까지 잠을 자곤 해.

질_문_하_기_

소크라테스에게서 보듯이, 철학한다는 말은 '질문하기'를 뜻하기도 한다. 유아를 위한 철학교육에서 또 하나 중요한 요소는 '질문하기'이다. 유아들이 동화를 경청하고 나면, 그들을 철학하기에 초대하기 위해 교사는 동화 내용에 대한 '질문하기'로 시작할 수 있다.

1. 등장인물들의 질문

동화 속에서 주인공이 제기한 질문을 찾아보고 그 질문을 함께 읽으며 그에 대한 생각을 나눈다.

"이야기 중에 주인공이나 등장인물들이 물어본 질문들이 있었나요? 어떤 질문이 있었는지 찾아볼까요?"

1) 왜 형은 날마다 늦게 일어나는 걸까?
2) 이렇게 늦잠꾸러기인데 방학이 아닐 때는 어떻게 일찍 일어나 학교에 가지?
3) 학교 다닐 때는 졸리지 않나?

2. 이야기 내용과 관련된 질문

주인공 유아가 질문했던 문장이나 아래 예시된 질문들을 길잡이 삼아, 유아들이 이들과 비슷한 유형의 질문을 만들 수 있도록 인도한다.

"이야기 내용과 관련해서 우리도 질문을 만들 수 있을까요? 주인공 친구가 질문했던 것을 우리 친구들도 궁금해한 적이 있나요?"

1) 방학에는 일찍 자고 일찍 일어나지 않아도 될까?
2) 여름에 방학을 하는 까닭은 무엇일까?
3) 집에서 졸리지 않으려면 어떻게 해야 할까?

3. 이야기 맥락을 벗어난 창의적 질문

동화 속 맥락에서 한 단계 비약하거나 반대 상황 그려 보기, 이야기 내용 살짝 비틀어 보기, 전혀 엉뚱한 상상하기 등을 허용하는 질문을 하여 유아의 사고 범위를 확장시킬 수 있다.

"혹시 지금 막 떠오른 생각이 있나요? 무언가 새로운 생각이 떠올랐나요?"

1) 아침에 눈뜰 때 제일 먼저 보았으면 하고 바라는 게 있니?
2) 초등학생이 되면 제일 먼저 무엇을 해 보고 싶어?
3) 하루 종일 깨지 않고 잠만 잘 수 있을까?

철학적 탐구공동체를 위한 활동

철학적 탐구공동체로서 여럿이 모여 활동하는 중에, 유아들은 상대방의 말을 경청하고, 내재된 가정이 있는지 살펴보고, 실례와 반례를 제시하며, 이유를 캐묻고, 각각의 차이를 구별하며, 서로의 아이디어를 교환하고, 종합하여 새로운 의견을 구축하기도 하며, 탐구가 진행되는 과정에 적극적으로 참여하고 구성원으로서 따르는 경험을 하게 된다. 또한 유아들은 공동체의 일원으로서 순서를 지켜 이야기하는 법을 배우고, 상대의 표정을 읽고, 말 뒤에 숨어 있는 의미에 귀를 기울이고, 한 가지 이상의 다양한 견해로부터 중심 주제와 문제가 무엇인지 살피게 된다.

"동화 속에 나온 여러 상황 중에 어떤 부분에 대해 좀 더 탐구해 볼까요? 오늘 선생님이 이런 활동을 준비해 왔는데, 우리 친구들, 함께 생각하고 알아볼까요?"

1. 유치원에서 낮잠 시간에 쉽게 잠들 수 있는 방법 생각해 보기

1) 잠을 청할 때 틀어 주면 좋아할 음악을 골라서 듣고 느낌 나누기
2) 운동을 하고 난 후 잠을 청하는 방법을 시도해 보고 평가하기
3) 친구들 잠자는 머리맡에서 들려주면 좋을 이야기 고르기

2. 유치원 낮잠 시간에 쉽게 잠을 깨는 방법 생각해 보기

1) 몸을 많이 흔들어 잠을 깨우는 방법의 경험 나누기
2) 낮잠을 깨우는 데에 효과적인 음악 찾기 :
   조용한 음악, 시끄러운 음악
   전통 국악, 서양 클래식

3. 깨어 있을 때, 잠이 올 때, 잠이 깰 때 내 모습 묘사하기

1) 평소의 나의 모습을 말로 묘사하기
2) 잠이 올 때 나의 눈, 몸, 행동, 생각 상태를 묘사하기
3) 잠이 깰 때, 꿈을 꾸고 난 후, 실컷 자고 났을 때, 잠깐 자고 억지로 일어나야 할 때 모습 그려 보기

야, 여름이다! 4. 2

저녁 식사 후, 아빠가 식구들에게 말씀하셨어.
"우리, 날씨도 덥고, 또 우람이와 자람이 여름방학이니까 여행을 떠나도록 하자."
그리고 우리들의 생각을 물으셨어.
"어디로 갈까? 산으로 갈까? 설악산? 월악산? 지리산?"
"바다는 어때요? 동해 바다도 좋고, 아니면 서해도 가 보고 싶은데……. 저기 남쪽 섬에는 우람이도 가 본 적이 없지, 아마?"
엄마는 바다 여행을 추천하셨어.

"잠깐만! 날씨가 너무 많이 더우니까, 힘들게 멀리 가지 말고 가까이 갈까?
자람이는 여름 캠프 가지? 우람이는 어디어디 가 봤더라?"

아빠가 식구들 얼굴을 돌아보며 여기저기 생각하시더니 말씀하셨어.
"이번 여름에는 자람이 형 여름 캠프 장소인 경주로 갈래?"
"경주에 가면 남산, 첨성대, 황룡사지에도 갈 수 있고, 불국사, 석굴암처럼 세계문화유산도 볼 수 있어."
"맞아. 가까운 곳에 남산도 있고 감포 해수욕장도 있지."
"그렇지. 경주에 가면 산, 바다, 유적지 모두 가 볼 수 있으니까 좋을 것 같지 않아? 자, 가족 여러분 생각은 어떠하신지요?"
아빠는 TV 드라마에 나오는 말투로 우리들에게 물어보셨어.

유아들의 철학적 탐구를 돕는 활동

경_청_하_기_

1. 개념(단어)

"이야기 속에 어떤 말, 단어, 또는 개념이 있었나요? 재미있는 말, 처음 들어 본 말, 잘 모르는 말이 있었나요?"

- 저녁
- 식구
- 날씨
- 여행
- 섬
- 동해
- 여름 캠프
- 장소
- 세계문화유산
- 유적지
- 말투
- 여러분
- 멀리
- 가까이
- 자
- 힘들게(힘들다)
- 추천하셨어(추천하다)
- 돌아보며(돌아보다)
- 그렇지(그렇다)

2. 명제(문장)

"이야기 중에 재미있는 문장, 또는 생각나는 문장, 잘 이해되지 않는 문장이 있었나요?"

1) 아빠가 식구들 얼굴을 돌아보며 여기저기 생각하시더니 말씀하셨어.
2) 경주에 가면, 남산, 첨성대, 황룡사지에도 갈 수 있고, 불국사, 석굴암처럼 세계문화유산도 볼 수 있어.
3) 아빠는 TV 드라마에 나오는 말투로 우리들에게 물어보셨어.

질_문_하_기_

1. 등장인물들의 질문

"이야기 중에 주인공이나 등장인물들이 물어본 질문들이 있었나요? 어떤 질문이 있었는지 찾아볼까요?"

1) 바다는 어때요? 저기 남쪽 섬에는 우람이도 가 본 적이 없지, 아마?

2) 날씨가 너무 많이 더우니까, 힘들게 멀리 가지 말고 가까이 갈까?

3) 이번 여름에는 자람이 형 여름 캠프 장소인 경주로 갈래?

2. 이야기 내용과 관련된 질문

"이야기 내용과 관련해서 우리도 질문을 만들 수 있을까요? 주인공 친구가 질문했던 것을 우리 친구들도 궁금해한 적이 있나요?"

1) 날씨가 더울 때 할 수 있는 일이 또 무엇이 있을까?

2) 경주 남산과 서울 남산은 같은 걸까? 다른 걸까? 왜 이름이 같을까?

3) 산, 바다, 유적지 중에 우리가 가 본 곳이 어딜까?

3. 이야기 맥락을 벗어난 창의적 질문

"혹시 지금 막 떠오른 생각이 있나요? 무언가 새로운 생각이 떠올랐나요?"

1) 여름방학에 우주인이 되어 우주 여행을 할 수 있다면 어떨까?

2) 산에 올라가면 힘든데, 왜 사람들은 등산을 할까?

3) 추운 나라의 섬에서 살기와 더운 나라 섬에서 살기는 어떻게 다를까?

철학적 탐구공동체를 위한 활동

동화 속에 나온 여러 상황 중에 어떤 부분에 대해 좀 더 탐구해 볼까요? 오늘 선생님이 이런 활동을 준비해 왔는데, 우리 친구들, 함께 생각하고 알아볼까요?"

1. 방학 중 계획 수립하기

1) 여름방학 중 집에서 하고 싶은 일 또는 꼭 방학 동안 해야 할 일 확인하기

2) 평소 생활과 방학 생활의 차이 살피기

3) 방학 중 친구들과 함께 하고 싶은 일 나열하기

2. 저녁 식사 후 가족들 간 대화를 재현하기

1) 아빠, 엄마, 가족들이 들려준 이야기 생각하기
2) 형, 오빠, 동생과 함께 놀이하면서 나눈 이야기 들려주기
3) TV나 기타 미디어를 통해 알게 된 이야기 나누기

3. 산이나 바다에 대한 경험을 이야기 나누기

1) 가족들과 다녀온 산이나 바다의 이름 알고 지도에서 위치 찾아보기
2) (사)계절별로 산이나 바다에서 경험해 볼 수 있는 내용 생각해 보기
3) 산이나 바다에 대한 느낌을 유아들 상호 간에 공유하고 그림이나 몸으로 표현하기

야, 여름이다! 4. 3

"나는 놀이공원에 가고 싶은데요. 우람아, 놀이공원 가고 싶지 않니?"
형이 새로운 생각을 냈어.
"응, 나도 놀이공원 가고 싶어."
"이제 놀이공원에서 달나라열차 타는 거 무섭지 않아?"
형이 내게 물었어.
내가 네 살 때 놀이공원에서 달나라열차 타면서 많이 무서워했대.
"달나라 열차? 몰라. 그래도 놀이공원 가는 건 나도 대찬성이야."
형이랑 나랑은 놀이공원을 생각하며 신이 났어.

하지만 엄마가 아빠 편을 들었어.
"여름방학이니까, 멀리 여행하는 기분도 들고 경주 쪽이 좋을 것 같지 않니?"
때때로 형아 생각을 따르기도 하지만, 엄마는 아빠 의견에 반대하는 법이 없어.
그래서 우리도 거의 아빠 생각을 따르게 돼.
"엄마는 왜 항상 아빠 편만 들어요? 불공평해요."
형이 입을 삐죽거리며 한마디 말했어.

그런데 말이야.
여행이 시작되면, 금방 잊어버리고, 히히히 웃으며 좋다고 노래 부르고 제일 즐거워하는 사람이 누군지 아니?
바로 우리 형이야.
정말 알다가도 모를 형이야.

유아들의 철학적 탐구를 돕는 활동

경_청_하_기_

1. 개념(단어)

"이야기 속에 어떤 말, 단어, 또는 개념이 있었나요? 재미있는 말, 처음 들어 본 말, 잘 모르는 말이 있었나요?"

- 놀이공원
- 달나라열차
- 대찬성
- (아빠)편
- 의견
- 법
- 불공평
- 이제
- 멀리
- 때때로
- 그래서
- 거의
- 금방
- 무섭지(무섭다)
- 들었어(편을 들다)
- 반대하는(반대하다)
- 삐죽거리며(삐죽거리다)
- 잊어버리고(잊어버리다)

2. 명제(문장)

"이야기 중에 재미있는 문장, 또는 생각나는 문장, 잘 이해되지 않는 문장이 있었나요?"

1) 때때로 형아 생각을 따르기도 하지만, 엄마는 아빠 의견에 반대하는 법이 없어.
2) 형이랑 나랑은 놀이공원을 생각하며 신이 났어.
3) 정말 알다가도 모를 형이야.

질_문_하_기_

1. 등장인물들의 질문

"이야기 중에 주인공이나 등장인물들이 물어본 질문들이 있었나요? 어떤 질문이 있었는지 찾아볼까요?"

1) 이제 놀이공원에서 달나라열차 타는 거 무섭지 않아?

2) 엄마는 왜 항상 아빠 편만 들어요?
3) 여행이 시작되면, 금방 잊어버리고 히히히 웃으며 좋다고 노래 부르고 제일 즐거워하는 사람이 누군지 아니?

2. 이야기 내용과 관련된 질문

"이야기 내용과 관련해서 우리도 질문을 만들 수 있을까요? 주인공 친구가 질문했던 것을 우리 친구들도 궁금해한 적이 있나요?"

1) 놀이기구 중에서 무서워도 타 본 경험이 있니?
2) 엄마가 가족들 의견을 모을 때 아빠 편이 아닌 우리 편을 들 때는 언제일까?
3) 집이 아닌 다른 곳에서 나이, 남녀, 형제 순위 등 때문에 불공평함을 체험한 적이 있니?

3. 이야기 맥락을 벗어난 창의적 질문

"혹시 지금 막 떠오른 생각이 있나요? 무언가 새로운 생각이 떠올랐나요?"

1) 〈은하철도 999〉 기차는 하늘을 날아가는 걸까, 아니면 하늘에 놓인 철도 위를 달리는 걸까?
2) 내가 만약 놀이기구를 만든다면 어떤 기구를 만들어 볼까?
3) 걸어서 지구 끝까지 여행할 수 있을까?

철학적 탐구공동체를 위한 활동

"동화 속에 나온 여러 상황 중에 어떤 부분에 대해 좀 더 탐구해 볼까요? 오늘 선생님이 이런 활동을 준비해 왔는데, 우리 친구들, 함께 생각하고 알아볼까요?"

1. 놀이공원 가서 타 보고 싶었거나 타 본 것, 안 타 본 것

1) 어린이용 놀이기구 이름과 특징 찾기
2) 성인과 아동이 함께 타는 놀이기구 중 키 제한이 있어서 못 타 본 경험 나누기
3) 자동차 운전 등 어린이에게 허용되지 않는 놀이기구의 이유 찾기

2. 어린이들이 (놀러) 갈 수 있는 장소와 갈 수 없는 장소

1) 놀이터 등 혼자 갈 수 있고 혼자 놀 수 있는 곳 생각하기
2) 어른들과 함께 갈 수 있는 산, 들, 바다 찾아보기
3) 어린이가 절대로 (혼자) 가서는 안 되는 곳

3. 놀이에 따라 느끼는 재미와 감정 나누기

1) 길고 높은 미끄럼틀 타기가 무서웠지만 지금은 잘 타게 된 이야기
2) 회전목마(Merry-Go-Round)의 목마와 마차 탈 때의 재미와 편안함
3) 달나라열차 또는 가상 우주 여행의 스릴과 새로운 느낌
4) 모노레일 바이크나 보트의 재미와 유용성

4. 가족회의 해 보기

1) 가족회의 주제 정하기
2) 가족들 중에서 사회(진행)자를 선출하기
3) 가족회의 진행하고 그 결과를 글이나 그림으로 기록하기
4) 가족회의 결과에 대한 만족도 평가하기

5. 황희정승의 "부인도 옳소" 이야기 역할극 해 보기 : 공정과 배려

1) 황희정승 이야기(전래동화) 등장인물 배역 정하기 :
   황희정승, 두 명의 하인, 황희정승의 부인
2) 이야기를 대본으로 다시 쓰기
3) 역할을 배정하고 연기하기

6. 불공평한 대우를 받은 경험 나누기

1) 동생이기 때문에 불공평하게 대우를 받았던 때 이야기 나누기
2) 형이나 누나이기 때문에 불공평한 대우를 받았던 경우
3) 불공평한 대우를 받았지만, 이해하고 참을 수 있었던 이유
4) 절대로 이해할 수 없을 정도로 불공평하거나 불공정한 대우를 받았던 경험,

그리고 그것이 불공평하거나 불공정하다고 생각한 이유

5) 서로가 평등하게 대우받기 위해 필요한 행동이나 태도

7. 두 형제의 사과 나눠 먹기 게임 : 공평한 기회

1) 사과를 2쪽으로 자르는 기회

2) 2쪽으로 나누어진 사과 중 1쪽을 먼저 선택하는 기회

3) 찰흙 놀이, 블록 놀이, 역할 놀이, 그네 타기 등에서 공평하게 기회를 나누고 만족할 수 있는 방법 생각해 보기

야, 여름이다! 4. 4

새벽 일찍, 하늘이 깜깜할 때 우리 가족은 여름 여행을 떠났어.
"차를 타고 가면서 잠자도 되니까, 일찍 떠나자. 휴가철이라 길이 많이 막히지 않겠어요?
우리 아들들, 그래도 되겠지?"
엄마가 말씀하시지 않아도, 형과 나는 차에 오르자마자 금방 잠들었어.
차를 타면 금방 졸려. 왜 차만 타면 잠이 더 잘 오는 거지?

"여기서부터는 제가 운전할까요?"
고속도로 휴게소에서 아빠와 순서를 바꿔 엄마가 운전을 시작하셨어.
"잠깐 눈 좀 붙이세요. 새벽에 일찍 나오고 계속 운전하시느라 힘드시죠?"
'아~함' 하품하시는 아빠를 보며 엄마가 핸들을 돌리기 시작하셨어.
자동차 뒷자리에 앉은 형이랑 나랑은 또다시 잠들었어.

유아들의 철학적 탐구를 돕는 활동

경_청_하_기_

1. 개념(단어)

"이야기 속에 어떤 말, 단어, 또는 개념이 있었나요? 재미있는 말, 처음 들어 본 말, 잘 모르는 말이 있었나요?"

- 새벽
- 가족
- 휴가철
- 고속도로
- 휴게소
- 순서
- 하품
- 뒷자리
- 일찍
- 깜깜할 때
- 오르자마자
- 아~함
- 떠나자(떠나다)
- 막힐(막히다)
- 붙이세요(붙이다)
- 힘드시죠(힘들다)

2. 명제(문장)

"이야기 중에 재미있는 문장, 또는 생각나는 문장, 잘 이해되지 않는 문장이 있었나요?"

1) 새벽 일찍, 하늘이 깜깜할 때 우리 가족은 여름 여행을 떠났어.
2) 엄마가 말씀하시지 않아도, 형과 나는 차에 오르자마자 금방 잠들었어.
3) '아~함' 하품하시는 아빠를 보며 엄마가 핸들을 돌리기 시작하셨어.

질_문_하_기_

1. 등장인물들의 질문

"이야기 중에 주인공이나 등장인물들이 물어본 질문들이 있었나요? 어떤 질문이 있었는지 찾아볼까요?"

1) 휴가철이라 길이 많이 막히지 않겠어요?
2) 왜 차만 타면 잠이 더 잘 오는 거지?
3) 새벽에 일찍 나오고 계속 운전하시느라 힘드시죠?

2. 이야기 내용과 관련된 질문

"이야기 내용과 관련해서 우리도 질문을 만들 수 있을까요? 주인공 친구가 질문했던 것을 우리 친구들도 궁금해한 적이 있나요?"

1) 휴가철에 길이 많이 막힌다면, 휴가철이 아닌 때 여행을 떠나면 되지 않을까?
2) 친구네 아빠 엄마는 서로 순서를 정해서 운전하시니? 아니면, 엄마나 아빠 혼자서만 운전하시나? 왜 그렇게 하시지?
3) 고속도로 휴게소는 왜 만들어 놓았을까?

3. 이야기 맥락을 벗어난 창의적 질문

"혹시 지금 막 떠오른 생각이 있나요? 무언가 새로운 생각이 떠올랐나요?"

1) 새벽은 몇 시부터일까? 새벽은 시간으로 정하는 걸까 아니면 하늘 빛으로 말하는 걸까?
   새벽 하늘은 어떤 색일까? 까만색일까? 어슴푸레한 푸른색일까?
2) 차를 타도 졸리지 않는 방법이 있을까?
3) 사람이 운전하지 않고 자동차 스스로 목적지까지 운전해서 갈 수 있을까?

철학적 탐구공동체를 위한 활동

"동화 속에 나온 여러 상황 중에 어떤 부분에 대해 좀 더 탐구해 볼까요? 오늘 선생님이 이런 활동을 준비해 왔는데, 우리 친구들, 함께 생각하고 알아볼까요?"

1. 고속도로 휴게소에서 하고 싶은 일 이야기 나누기

1) 맛있는 간식거리와 각각의 맛을 표현해 보기 :
   음료수, 어묵, 떡볶이, 감자 튀김, 호두과자, 오징어 구이, 간단한 음식
2) 짧은 시간에 할 수 있는 운동이나 산책하기
3) 휴게소 지역의 명승지와 유래 알아보기

2. 긴 여행 시간 동안 차 안에서 편안하게 잠자기 위해 필요한 물건 목록 만들기

1) 작은 모포
2) 쿠션
3) 햇빛 가리개

3. 휴가철 길이 복잡하거나 정체되는 이유를 생각해 보기

1) 봄, 여름, 가을, 겨울, 각각 몇 월 며칠쯤 여행 기간이 겹치는지 알아보기
2) 산이나 바다 등, 가고 싶은 곳의 특성이나 지역의 위치나 선택 의도 알아보기
3) 휴가 기간 동안 이용되는 교통수단 종류와 도로 특성 생각해 보기 : 걷기(등산), 자동차, 버스, 기차, 배, 비행기

4. 이유와 직접추리

선생님은 자람이가 '서울의 남산'을 대답하는 줄로 생각하셨나 봐. 그래서 '아니'라고 말씀하신 걸 거야. (선생님은 경주의 남산을 생각하셨던 게지.)

1) 이유 : ~이기 때문에 ~이(하)다.
   점심 시간이기 때문에, 선생님은 우리들에게 모두 모이라고 말씀하셨어.
2) 직접추리 : ~이다. 고로 ~이다.
   어린 친구들이 냉장고 문을 자꾸 열어 본다. 간식 시간이 된 거다.

5. 여행할 때 필요한 물건 챙기기

1) 가족 여행 중 내가 간수할 물건 목록 정하기
2) 산으로 여행갈 때와 바다로 여행 갈 때 필요한 물건의 차이를 알고 비교하기
3) 자동차 여행이나 기차 여행 할 때, 함께 나누어 먹고 싶은 간식 메뉴 짜 보기
4) 여행 갈 때 꼭 가져가고 싶은 것이 무엇인지 생각해 보고 이유나 목적 제시하기

야, 여름이다! 4.5

"우리 끝말 이어가기 할까? 노래 부를까?"
운전하시면서 엄마가 제안하셨어.
"끝말잇기 해요. 내가 먼저 할게요."
게임이라면 언제나 환영하는 형이 시작했어.

"자동차. 다음은 누가 해요? 어느 방향으로 돌아가죠?"
"아빠가 할게. '자동차' 했지? 그럼, '차도.' 우람이 이어 볼까?"
"음~, '도로.' 이젠 엄마가 할 차례예요."
"로마."
"그럼 내 순서지? 마술."
형이 다시 잇고 식구들이 똑같은 순서대로 돌아가며 끝말을 이었어.
술래잡기, 기차, 차표, 표시, 시간, 간식, 식수, 수학, 학생, 생각, 각시, 시작, 작가, 가사, 사장, 장고, 고추, 추석, 석고.
"고드름. 헤헤, 끝말이 '름'이지? '름'으로 시작하는 말은 없지? 내가 이겼다."
형이 좋아하며 만세를 불렀어.

유아들의 철학적 탐구를 돕는 활동

경_청_하_기_

1. 개념(단어)

"이야기 속에 어떤 말, 단어, 또는 개념이 있었나요? 재미있는 말, 처음 들어 본 말, 잘 모르는 말이 있었나요?"

- 끝말잇기
- 게임
- 다음
- 방향
- 표시
- 시간
- 고드름
- 만세
- 먼저
- 언제나
- 똑같은
- 헤헤
- 제안하셨어(제안하다)
- 환영하는(환영하다)
- 이겼다(이기다)

2. 명제(문장)

"이야기 중에 재미있는 문장, 또는 생각나는 문장, 잘 이해되지 않는 문장이 있었나요?"

1) 운전하시면서 엄마가 제안하셨어.
2) 게임이라면 언제나 환영하는 형이 시작했어.
3) 형이 다시 잇고 식구들이 똑같은 순서대로 돌아가며 끝말을 이었어.

질_문_하_기_

1. 등장인물들의 질문

"이야기 중에 주인공이나 등장인물들이 물어본 질문들이 있었나요? 어떤 질문이 있었는지 찾아볼까요?"

1) 우리 끝말 이어가기 할까? 노래 부를까?
2) 다음은 누가 해요? 어느 방향으로 돌아가죠?
3) 끝말이 '름' 이지? '름' 으로 시작하는 말은 없지?

2. 이야기 내용과 관련된 질문

"이야기 내용과 관련해서 우리도 질문을 만들 수 있을까요? 주인공 친구가 질문했던 것을 우리 친구들도 궁금해한 적이 있나요?"

1) 여행 중 자동차 안에서 할 수 있는 또 다른 놀이가 무엇이 있을까?
2) 게임과 놀이에는 어떤 차이가 있을까?
3) 게임 전개 순서에서 맨 처음 하는 사람을 정하는 방법은 하나뿐일까?

3. 이야기 맥락을 벗어난 창의적 질문

"혹시 지금 막 떠오른 생각이 있나요? 무언가 새로운 생각이 떠올랐나요?"

1) 어떤 노래를 부르는지에 따라서 여행 기분이 달라질까?
2) 게임도, 노래도 싫은 사람은 없니? 그럴 때는 어떻게 하면 좋을까?
3) 왜 만세를 부를까? 신나고 기분 좋은 것을 표현하는 다른 방법은 없나?

철학적 탐구공동체를 위한 활동

"동화 속에 나온 여러 상황 중에 어떤 부분에 대해 좀 더 탐구해 볼까요? 오늘 선생님이 이런 활동을 준비해 왔는데, 우리 친구들, 함께 생각하고 알아볼까요?"

1. 끝말 이어가기 또는 말 이어가기 놀이

1) 누군가 시작을 정해 자유롭게 이어가기 :
   여행 – 행복 – 복사 –
   운전 – 전화 – 화장 –
2) 과일 이름 이어가기 또는 식물 이름 이어가기 :
   복숭아 – 사과 – 배 –
   무궁화 – 백일홍 – 목련 –

2. 여행과 관련된 노래 찾아 부르기

1) 여행에 관련된 내용이 담겨 있는 노래 찾아 부르기

2) 차 속에서 가족과 함께 부르고 싶은 노래 모으기

3) 다른 사람 방해 없이 혼자서 부르고 싶은 노래 찾기

4) 산, 강, 바다에 가서 부를 수 있는 노래 배우기

3. 다 함께 노래하며 생각하며

1) 노랫말이 예쁘거나 재미있는 노래 찾아 부르기 :

_예시_ 〈섬집 아기〉

(한인현 시, 이흥렬 곡)

엄마가 섬 그늘에 굴 따러 가면, 아기가 혼자 남아 집을 보다가
바다가 불러 주는 자장 노래에, 팔 베고 스르르 잠이 듭니다.
아기는 잠을 곤히 자고 있지만, 갈매기 울음소리 맘이 설레어
다 못 찬 굴 바구니 머리에 이고, 엄마는 모랫길을 달려옵니다.

_예시_ 〈꿀꿀 돼지〉

(박홍근 작사, 김규환 작곡)

토실토실 아기 돼지~ 나가자고 꿀꿀꿀~
엄마 돼지 비가 와서~ 안 된다고 꿀꿀꿀~
꿀꿀 꿀꿀 꿀꿀꿀꿀 꿀꿀꿀꿀 꿀꿀꿀꿀 꿀

2) 손 유희를 함께 할 수 있는 노래 부르기 :
열 개의 인디언 인형, 다섯 손가락 인사

3) 노래 부르며 게임이나 운동하기 :
꼬마야 꼬마야, 동대문을 열어라, 악어 떼

4. 만세 놀이하기

1) 삼일절, 광복절 등 "만세" 부르는 행사 알기

2) 〈1, 2, 3, "만세"〉 놀이하기

야, 여름이다! 4.6

"'름' 자로 끝나는 말이 또 뭐가 있지?"

아빠가 물었어.

"여름."

"끝말을 잇기 어려운 말이 또 있니? 생각해 보자."

"산기슭."

엄마가 대답했어.

"아냐, '슭' 은 '슭곰발' 로 이을 수 있어요. 맞지? 호야. 지난번 TV 프로그램에서 우리 같이 봤지?"

형이 나를 쳐다보며 동의를 구했어.

"슭곰발? 그게 무슨 말이야?"

"'슭곰발' 은 산에 사는 큰곰의 발을 뜻한대요."

형이랑 나는 앞사람의 끝말이 무슨 말로 끝나는지 귀를 쫑긋 세우고 열심히 들었어.

그리고 다음 사람이 끝말을 잇지 못하도록 '여름' 이나 '고드름' 을 말해서 게임을 이기려고 생각을 많이 했어.

끝말잇기 게임은 계속 이어졌어.

유아들의 철학적 탐구를 돕는 활동

경_청_하_기_

1. 개념(단어)

"이야기 속에 어떤 말, 단어, 또는 개념이 있었나요? 재미있는 말, 처음 들어 본 말, 잘 모르는 말이 있었나요?"

- 여름
- 산기슭
- 슭곰발
- 동의
- 어려운
- 쫑긋
- 계속
- 맞지(맞다)
- 쳐다보며(쳐다보다)
- 이기려고(이기다)
- 뜻한대요(뜻하다)
- 세우고(세우다)

2. 명제(문장)

"이야기 중에 재미있는 문장, 또는 생각나는 문장, 잘 이해되지 않는 문장이 있었나요?"

1) 슭곰발은 산에 사는 큰곰의 발을 뜻한대요.
2) 형이랑 나는 앞사람의 끝말이 무슨 말로 끝나는지 귀를 쫑긋 세우고 열심히 들었어.
3) 다음 사람이 끝말을 잇지 못하도록 '여름'이나 '고드름'을 말해서 게임을 이기려고 생각을 많이 했어.

질_문_하_기_

1. 등장인물들의 질문

"이야기 중에 주인공이나 등장인물들이 물어본 질문들이 있었나요? 어떤 질문이 있었는지 찾아볼까요?"

1) 끝말을 잇기 어려운 말이 또 있니?

2) 지난번 TV 프로그램에서 우리 같이 봤지?
3) 슭곰발? 그게 무슨 말이야?

2. 이야기 내용과 관련된 질문

"이야기 내용과 관련해서 우리도 질문을 만들 수 있을까요? 주인공 친구가 질문했던 것을 우리 친구들도 궁금해한 적이 있나요?"

1) 끝말잇기 놀이할 때 어떤 말에 막혀서 잇지 못했나?
2) 누군가 나를 쳐다보는 눈길만으로 동의나 반대의 사인이나 힌트를 받을 수 있을까?
3) 귀를 쫑긋 세운다는 말은 어떤 뜻일까? 토끼나 동물들의 귀가 쫑긋거리는 것을 본 적이 있니?

3. 이야기 맥락을 벗어난 창의적 질문

"혹시 지금 막 떠오른 생각이 있나요? 무언가 새로운 생각이 떠올랐나요?"

1) 게임에서는 꼭 '이기고 지는' 승부를 갈라야 하나? 승부를 겨루지 않고 모두 함께 즐기는 게임은 없을까?
2) 생각 많이 하는 게임을 싫어하는 사람은 없을까?

철학적 탐구공동체를 위한 활동

"동화 속에 나온 여러 상황 중에 어떤 부분에 대해 좀 더 탐구해 볼까요? 오늘 선생님이 이런 활동을 준비해 왔는데, 우리 친구들, 함께 생각하고 알아볼까요?"

1. 산에 관계된 어휘 찾아 뜻 알아보기 :

- 산기슭
- 산등성이
- 산길
- 산사
- 계곡
- 산꼭대기
- 산마루

2. 곰과 관련된 말을 찾고 몸으로 곰 흉내 내 보기 :

- 곰발바닥
- 곰돌이
- 불곰
- 북극곰
- 판다곰
- 반달곰
- 미련한 곰
- 은곰상

3. 신체 일부가 특수한 모양이나 기능을 가진 동물의 종류를 알아보고 흉내 내 보기

1) 귀 : 토끼, 쥐, (퇴화된 귀) 고래, (새들의) 귀

2) 코 : 개, 코끼리, 코뿔소

4. 동의를 구하는 방법 알아보기

1) 눈길 주기

2) 손을 들어 동의 표시하기

3) 비밀 투표로 동의 표시하기

4) 악수하기, 포옹하기, 수락 연설하기

야, 여름이다! 4.7

그런데 끝말잇기를 하면서 아까부터 계속 궁금한 게 있어.
머리에서 사라지지 않고 남아 있는 거야.
"슭곰발. 형, 누가 그런 말을 만들었을까? 형은 알아?"
"어떻게 그런 말을 생각해 냈을까요? 아빠는 아세요?"
형이 아빠를 향해 고개를 돌리며 다시 물었어.
"글쎄, 왜 그런 소리를 엮어서 말을 하게 되었을까? 아빠도 많이 궁금한데? 우람이 생각은 어떠니?"

또 나에게로 질문이 돌아왔네. 아빠도 모르시나 봐.
어떻게 그런 말이 처음 시작되었을까?
정말 궁금해.

유아들의 철학적 탐구를 돕는 활동

경_청_하_기_

1. 개념(단어)

"이야기 속에 어떤 말, 단어, 또는 개념이 있었나요? 재미있는 말, 처음 들어 본 말, 잘 모르는 말이 있었나요?"

- 머리
- 고개
- 처음
- 아까부터
- 글쎄
- 사라지지(사라지다)
- 향해(향하다)
- 돌리며(돌리다)
- 엮어서(엮다)

2. 명제(문장)

"이야기 중에 재미있는 문장, 또는 생각나는 문장, 잘 이해되지 않는 문장이 있었나요?"

1) 그런데 끝말잇기를 하면서 아까부터 계속 궁금한 게 있어.
2) 머리에서 사라지지 않고 남아 있는 거야.
3) 또 나에게로 질문이 돌아왔네.

질_문_하_기_

1. 등장인물들의 질문

"이야기 중에 주인공이나 등장인물들이 물어본 질문들이 있었나요? 어떤 질문이 있었는지 찾아볼까요?"

1) 누가 그런 말을 만들었을까?
2) 왜 그런 소리를 엮어서 말을 하게 되었을까?
3) 어떻게 그런 말이 처음 시작되었을까?

2. 이야기 내용과 관련된 질문

"이야기 내용과 관련해서 우리도 질문을 만들 수 있을까요? 주인공 친구가 질문했던 것을 우리 친구들도 궁금해한 적이 있나요?"

1) 이 책을 읽으며 생긴 의문 중에 처음부터 지금까지 풀리지 않은 것이 있니?
2) 형이나 누나가 답을 모를 때, 아빠 엄마에게 묻는 방법 외에 또 어떤 방법으로 해결하니?
3) 아빠 같은 어른들은 모르는 문제가 생겼을 때 어떻게 그 문제를 풀까?

3. 이야기 맥락을 벗어난 창의적 질문

"혹시 지금 막 떠오른 생각이 있나요? 무언가 새로운 생각이 떠올랐나요?"

1) 이 세상 말을 처음 만든 사람은 누구일까?
2) 사과, apple처럼 똑같은 과일(사물)을 표현하는데 왜 나라마다 서로 말이 다를까?
3) 이 세상에서 말이 사라진다면 어떤 일이 일어날까?
4) 내가 세상에서 처음으로 말을 만든다면, 어떤 말을 만들어 볼까?

철_학_적__탐_구_공_동_체_를__위_한__활_동_

"동화 속에 나온 여러 상황 중에 어떤 부분에 대해 좀 더 탐구해 볼까요? 오늘 선생님이 이런 활동을 준비해 왔는데, 우리 친구들, 함께 생각하고 알아볼까요?"

1. 돌고 도는 문제 풀기

1) 닭이 먼저? 아니면 달걀이 먼저?
2) 전래동화 「나이 겨룸」에서 두꺼비 등 세 동물의 연장자 찾기
3) 호접몽 : 장자가 나비 꿈 꿨나? 나비가 장자 꿈 꿨나?
4) 새옹지마 : 좋은 일, 나쁜 일? 다리 사고? 전쟁 징병? 부모 봉양?
5) 선인선과 악인악과 : 인연법(전래동화 콩쥐 팥쥐, 혹부리 영감님)

2. 새 말(어휘) 만들어 보기

1) 잔디밭에 자란 이름 모를 풀의 이름 지어 보기

2) 하늘에 떠 있는 별 중에 '내 별, 친구 별' 정해 이름 지어 주기

3) 지금까지 써 온 말, 어휘, 이름을 다른 소리 즉 다른 말, 어휘, 이름으로 바꿔 짓기 :

『책상은 책상이다』[페터 빅셀(2001). 이용숙 역. 예담.]의 새로운 이름 붙이기의 의미

3. 동물 이름 짓고 그 이유를 말하기

1) 동물이름: 아롱이 다롱이 초롱이 새침이

2) 왜 그런 이름을 지었니? 그런 이름을 지어 준 이유가 있니?

4. 노랫말로 배우는 새 단어

1) 나무 이름 :

뽕나무가 '뽕' 하고 방귀를 뀌니
대나무가 '데끼놈' 야단을 쳤네.
참나무가 점잖게 하는 말, '참아라!' (전래동요)

2) 주거 형태 관련 노랫말 :

초가 – 논둑 밭둑 지나서 옥수수밭 지나서 오솔길을 지나면 오막살이 초가집 (시골집, 홍은순 작사/권길상 작곡)

기와집 – 어디 골 기완가, 장자골 기와지 몇 닷냥 주었나 석닷냥 주었지(기와 밟기, 전래동요)

아파트 – 아파트를 지나 공원 가는 길 좁다란 풀밭 사이로 방실방실 웃는 하얀 꽃 송이 토끼풀이 나를 반겨요(토끼풀, 이순형 작사 작곡)

5. 한자 어원 알아보기

1) 내 천(川)

2) 새 조(鳥)

3) 풀 초(艸)

6. 의성어 의태어 어원 생각해 보기

1) 의성어 : 음매음매, 매에, 지지배배, 삐악삐악, 야옹야옹, 멍멍, 꿀꿀, 꼬끼오, 꾀꼴꾀꼴, 맴맴

2) 의태어 : 엉금엉금, 깡충깡충, 폴짝폴짝, 뒤뚱뒤뚱, 팔랑팔랑, 펄럭펄럭, 옹기종기, 펄펄, 소복소복, 수북수북, 콸콸, 좍좍, 부슬부슬

3) 내가 만드는 의성어 의태어 :

우유를 ____________

색연필을 ____________

영어 노랫소리가 ____________

햄스터 톱밥 파는 소리가 ____________

야, 여름이다! 4. 8

"지금부터는 새로운 규칙을 만들어 볼까? 다음 사람이 내 끝말을 이어갈 수 있는 글자로 끝나도록 할 수 있을까?"
엄마가 새로운 제안을 하셨어.
"뒷사람이 이을 수 있는 말을 생각하면서 끝말을 이어야 한다는 건가요?"
형이 다시 물었어.
"어때, 재미있겠지? 이번에는 뒷사람이 이어야 하는 말까지 생각해야 하는 거야. 한 번 더 생각하는 거지. 잘 생각해야 된다."
"와~. 어려워요."
생각만 해도 복잡할 것 같아.

나는 엄마가 이어야 할 말을 생각해서 대답해야 해.
내 끝말을 이으며 엄마는 형이 이어갈 말을 생각해야 하고,
또 형은 엄마의 끝말을 받으면서 아빠가 이어갈 말을 생각해야겠지?
그리고 아빠는 형의 끝말에 이어서 내가 새로운 말을 찾아낼 수 있는 글자로 끝나는 말을 생각해야 해.

모두들 앞사람의 끝말을 이으면서, 다음 사람이 자기의 끝말로 시작하는 말을 찾을 수 있도록 새 단어를 생각하는 데 시간이 한참씩 걸렸어.
'기슭'이나 '여름'처럼 다음 사람이 이을 수 없는 단어를 말하면 자기가 지는 거니까.

유아들의 철학적 탐구를 돕는 활동

경_청_하_기_

1. 개념(단어)

"이야기 속에 어떤 말, 단어, 또는 개념이 있었나요? 재미있는 말, 처음 들어 본 말, 잘 모르는 말이 있었나요?"

- 규칙
- 제안
- 뒷사람
- 와~
- 모두들
- 한참씩
- 복잡할(복잡하다)
- 끝나도록(끝나다)
- 어려워요(어렵다)
- 지는(지다)

2. 명제(문장)

"이야기 중에 재미있는 문장, 또는 생각나는 문장, 잘 이해되지 않는 문장이 있었나요?"

1) 엄마가 새로운 제안을 하셨어.
2) 한 번 더 생각하는 거지.
3) 모두들 앞사람의 끝말을 이으면서, 다음 사람이 자기의 끝말로 시작하는 말을 찾을 수 있도록 새 단어를 생각하는 데 시간이 한참씩 걸렸어.

질_문_하_기_

1. 등장인물들의 질문

"이야기 중에 주인공이나 등장인물들이 물어본 질문들이 있었나요? 어떤 질문이 있었는지 찾아볼까요?"

1) 지금부터는 새로운 규칙을 만들어 볼까?
2) 다음 사람이 내 끝말을 이어갈 수 있는 글자로 끝나도록 할 수 있을까?
3) 또 형은 엄마의 끝말을 받으면서 아빠가 이어갈 말을 생각해야겠지?

2. 이야기 내용과 관련된 질문

"이야기 내용과 관련해서 우리도 질문을 만들 수 있을까요? 주인공 친구가 질문했던 것을 우리 친구들도 궁금해한 적이 있나요?"

1) 끝말잇기의 규칙은 무엇이었니?
2) 규칙을 바꿀 수도 있니? 교실에서 의논하여 학기 초와 다르게 규칙을 바꾼 적이 있니?
3) 뒷말 이을 수 있는 끝말잇기가 재미있을까? 너무 어려울까?

3. 이야기 맥락을 벗어난 창의적 질문

"혹시 지금 막 떠오른 생각이 있나요? 무언가 새로운 생각이 떠올랐나요?"

1) 내가 알고 있는 가장 어려운 놀이 방법은 무엇인가?
2) 아빠 엄마가 만든 규칙 중에서 제일 좋은 규칙과 제일 싫은 규칙이 있다면 무엇인가?
3) 생각하지 않고 살 수도 있을까?
4) 규칙을 만들어 놓고 어기면 어떻게 하나?

철_학_적__탐_구_공_동_체_를__위_한__활_동_

"동화 속에 나온 여러 상황 중에 어떤 부분에 대해 좀 더 탐구해 볼까요? 오늘 선생님이 이런 활동을 준비해 왔는데, 우리 친구들, 함께 생각하고 알아볼까요?"

1. 뒷사람이 이어갈 수 있는 끝말잇기 놀이

1) 쉬운 말로 끝말잇기
2) 끝말을 이을 수 있도록 다음 친구에게 간접적으로 힌트 주기

2. 생각을 많이 하는 친구 찾기

1) 유치원 활동 중에 말을 적게 하는 친구 알기
2) 작업하는 중에 새로운 생각을 제안했던 친구 찾아 칭찬해 주기

3) 친구들이 놀이나 활동, 토론 중에 열심히 생각했던 일들을 기억하고 다시 말해 보기

3. 말하지 않고, 소리 내지 않고, 움직이지 않고 오래 버티기

1) 〈합죽이가 됩시다, 합!〉 놀이하기
2) 침묵게임 하기
3) 침묵 중에 떠올랐던 생각 나누기

4. 우리 교실에서 규칙이 필요한 상황과 규칙들

1) 놀이 시간 규칙
2) 급식 시간 규칙
3) 화장실 갈 때 규칙
4) 바깥 놀이할 때 규칙

5. 놀이할 때 지켜야 할 규칙 정하기

1) 말 잇기 게임이 계속되려면 어떤 규칙이 필요한가?
2) 두 명이 놀이할 때와 세 명 이상 여러 사람이 놀이할 때, 지켜야 할 규칙이 따로 있나?
3) 실내 놀이와 바깥 놀이에서 생각해야 할 규칙이 있다면 어떤 것일까?
4) 그런데 규칙이 꼭 필요할까?

야, 여름이다! 4. 9

많이 생각해야 하지만, 정말 흥미진진한 게임이야.
엄마가 제안한 규칙이 우리들의 끝말잇기 게임을 아주 오랫동안 길게 이어갈 수 있도록 만들었어.
다음 사람이 이을 수 있는 끝말잇기 게임을 하면서, 형이 한마디 했어.
"아우~, 머리에 쥐가 날 것 같아. 우람아, 넌 아무렇지도 않니?"

"이제는 '가운데 말 이어가기' 해요."
"'수수께끼' 하자."
"동요 부르기 할까?"
"369 놀이할래?"
차를 타고 가며, 엄마와 형은 끊임없이 놀이를 생각해 냈어.

"형은 어떻게 그렇게 놀이를 많이 알고 있어?"
"놀이 박사야? 엄마는 놀이도 연구해요?"

차 속에서 할 수 있는 놀이가 정말 여러 가지야.
그리고 여러 번 반복해도 우리 가족이 함께 하는 놀이는 언제나 재미있어.

유아들의 철학적 탐구를 돕는 활동

경_청_하_기_

1. 개념(단어)

"이야기 속에 어떤 말, 단어, 또는 개념이 있었나요? 재미있는 말, 처음 들어 본 말, 잘 모르는 말이 있었나요?"

- 한마디
- (머리에) 쥐
- 수수께끼
- 369 놀이
- 흥미진진한
- 오랫동안
- 아우~
- 가운데
- 쥐가 날(쥐가 나다)
- 연구해요(연구하다)
- 반복해도(반복하다)

2. 명제(문장)

"이야기 중에 재미있는 문장, 또는 생각나는 문장, 잘 이해되지 않는 문장이 있었나요?"

1) 많이 생각해야 하지만 정말 흥미진진한 게임이야.
2) 엄마가 제안한 규칙이 우리들의 끝말잇기 게임을 아주 오랫동안 길게 이어갈 수 있도록 만들었어.
3) 머리에 쥐가 날 것 같아.

질_문_하_기_

1. 등장인물들의 질문

"이야기 중에 주인공이나 등장인물들이 물어본 질문들이 있었나요? 어떤 질문이 있었는지 찾아볼까요?"

1) 넌 아무렇지도 않니?
2) 형은 어떻게 그렇게 놀이를 많이 알고 있어?
3) 놀이 박사야? 엄마는 놀이도 연구해요?

2. 이야기 내용과 관련된 질문

"이야기 내용과 관련해서 우리도 질문을 만들 수 있을까요? 주인공 친구가 질문했던 것을 우리 친구들도 궁금해한 적이 있나요?"

1) '가운데 말 잇기 놀이' 를 한다면, 가운데 말을 다음 말의 첫말로 시작하는 걸까?
2) 여러 가지를 많이 알고 있는 사람은 모두 박사일까?
3) 여러 번 반복해서 놀아도 항상(언제나) 재미있는 놀이가 있을까?

3. 이야기 맥락을 벗어난 창의적 질문

"혹시 지금 막 떠오른 생각이 있나요? 무언가 새로운 생각이 떠올랐나요?"

1) '머리에 쥐가 날 것 같다' 라는 걸 어떻게 알 수 있을까?
2) 우리 가족이 알고 있는 동요는 몇 곡이나 될까?
3) 옛날 어린이들이 했던 놀이 중에 내가 좋아할 만한 놀이가 있을까?

철학적 탐구공동체를 위한 활동

"동화 속에 나온 여러 상황 중에 어떤 부분에 대해 좀 더 탐구해 볼까요? 오늘 선생님이 이런 활동을 준비해 왔는데, 우리 친구들, 함께 생각하고 알아볼까요?"

1. 생각을 많이 해야 하는 놀이

1) 말 잇기 놀이

끝말잇기 : 기사–사진–진실–실패–패거리–리본–본부–부사–사람–람세스–스?

끝없이 이어가는 말 잇기 놀이 : 이유–유세–세상–상품–품질–질서–서?

가운데 말 잇기 놀이 : 운전수–전망대–망부석–부석사–석굴암–굴착기–착?

2) 삼행시 짓기

삼형제가 무척이나 의 좋아 보였어.

육교 위를 나란히 걸어가고 있네.

구름도 뭉게뭉게 삼형제를 뒤따라갔어.

3) 앞사람 문장에 새로운 문장 붙여 이어가기 :

한 사람이 바쁘게 걸어가고 있어.

→ 한 사람이 바쁘게 걸어가고 있어. 누군가에게 휴대폰으로 전화를 걸면서 말이야.

→ 한 사람이 바쁘게 걸어가고 있어. 누군가에게 휴대폰으로 전화를 걸면서 말이야. 사방을 두리번거리며 뭔가 찾는 것 같아.

→ 한 사람이 바쁘게 걸어가고 있어. 누군가에게 휴대폰으로 전화를 걸면서 말이야. 사방을 두리번거리며 뭔가 찾는 것 같아. 차들이 옆으로 마구 지나가는데 좀 아슬아슬해 보여.

→ 한 사람이 바쁘게 걸어가고 있어. 누군가에게 휴대폰으로 전화를 걸면서 말이야. 사방을 두리번거리며 뭔가 찾는 것 같아. 차들이 옆으로 마구 지나가는데 좀 아슬아슬해 보여. 그러더니 결국 앞에 있는 전봇대를 들이받고 말았어.

2. 수수께끼, 스무고개 놀이

1) 수수께끼 전래동화나 그림책 가지고 놀이하기

2) 술래 머릿속에 생각한 물건을 스무 번 질문하여 답 맞히기

3) 난센스(nonsense) 퀴즈 맞추기

4) 동식물 관련된 퀴즈 맞추기

3. 전래 놀이 속에 담긴 생각의 길 따라가기

1) 칠교 놀이

2) 시조 카드 짝짓기 놀이

3) 전래동화 속에 나온 놀이 알아보기 :

범종 옮기기, 지혜 겨룸(훈장과 서당 아이, 중국 사신과 아이 대결)

4. 삼단논법 만들기(논증 찾기)

1) 삼년고개에서 넘어지면 삼 년밖에 못산다.

삼년고개에서 넘어졌다.

결론적으로 삼 년밖에 못산다. (삼 년 후에 죽는다)

삼년고개에서 넘어지면 삼 년을 산다.

삼년고개에서 데굴데굴 스무 번도 더 굴러 떨어졌다.

결론적으로, 최소한 60년은 더 살 수 있다.

2) 노란 꽃은 개나리이다.

나리는 노란 꽃이 아니다.

결론적으로, 개나리는 나리가 아니다.

3) 틀린 답을 말하는 건 창피한 일이다.

'나리' 라고 답한 건 틀린 답을 말한 거다.

결론적으로, '나리' 라고 답한 건 창피한 일이다.

야, 여름이다! 4.10

"형, 잘 지내!"

형을 여름 캠프 장소에 데려다 주었어.

돌아오는 길에 아빠, 엄마, 나는 바닷가에 갔어.

"우람아, 엄마가 사진 찍어 줄게. 저기 바닷물에 발 담가 볼래?"

바닷물 가까이에 가서 엄마를 향해 돌아섰어.

"더 들어가. 바닷물에 발을 담가야지."

"여기요?"

나는 바닷물에 발이 젖지 않을 만큼 다가서서 물었어.

"아니, 더 들어가. 바닷물이 발목 정도까지 올라와야지. 그래야 손도 담그고 발로 물방울을 튕겨 볼 수 있잖니?"

"아빠도 바닷물에 들어가실래요? 아들과 함께 사진 찍어 드릴게요."

엄마가 주문하자, 아빠가 바지를 무릎까지 걷어 올리고 내 옆으로 다가오셨어.

그리곤 바닷물 속으로 내 손을 잡고 성큼성큼 걸어 들어가시는 거야.

"아~아빠. 됐어요. 그만 가요. 그만."

지금 나는 커다란 사진 한 장을 보고 있어.

바지를 무릎 위로 걷어 올리고 바닷물에 발을 담근 채, 아빠와 함께 바다를 바라보며 서 있는 사진이야.

이 사진을 보면 떠오르는 의문이 있어.

왜 사람들은 바닷가에 가면 꼭 바닷물 속에 들어가려 할까?

왜 꼭 바닷물에 발을 담가야 한다고 생각하지?

출렁거리는 바닷물에 들어가려면 나는 겁이 나는데…….

나는 그냥 파란 바다를 가만히 바라보는 게 훨씬 좋은데…….

유아들의 철학적 탐구를 돕는 활동

경_청_하_기_

1. 개념(단어)

"이야기 속에 어떤 말, 단어, 또는 개념이 있었나요? 재미있는 말, 처음 들어 본 말, 잘 모르는 말이 있었나요?"

- 바닷가
- 사진
- 발목
- 물방울
- 주문
- 무릎
- 의문
- 겁
- 성큼성큼
- 꼭
- 그냥
- 훨씬
- 찍어(찍다)
- 젖지(젖다)
- 됐어요(되다)
- 떠오르는(떠오르다)
- 튕겨(튕기다)
- 걷어(걷다)
- 담근(담그다)
- 출렁거리는(출렁거리다)

2. 명제(문장)

"이야기 중에 재미있는 문장, 또는 생각나는 문장, 잘 이해되지 않는 문장이 있었나요?"

1) 형을 여름 캠프 장소에 데려다 주었어.
2) 나는 바닷물에 발이 젖지 않을 만큼 다가서서 물었어.
3) 아빠가 바지를 무릎까지 걷어 올리고 내 옆으로 다가오셨어.

질_문_하_기_

1. 등장인물들의 질문

"이야기 중에 주인공이나 등장인물들이 물어본 질문들이 있었나요? 어떤 질문이 있었는지 찾아볼까요?"

1) 그래야 손도 담그고 발로 물방울을 튕겨 볼 수 있잖니?

2) 왜 사람들은 바닷가에 가면 꼭 바닷물 속에 들어가려 할까?

3) 왜 꼭 바닷물에 발을 담가야 한다고 생각하지?

2. 이야기 내용과 관련된 질문

"이야기 내용과 관련해서 우리도 질문을 만들 수 있을까요? 주인공 친구가 질문했던 것을 우리 친구들도 궁금해한 적이 있나요?"

1) 바닷물을 향해 성큼성큼 걸어 들어가는 기분은 어떤 기분일까?

2) 아빠 같은 어른도 바닷물에 들어가면 아이들처럼 신이 날까?

3) 우리들 키보다 높고 커다란 파도가 출렁거리고 하얗게 파도가 부서지는 모습을 본 적이 있니?

3. 이야기 맥락을 벗어난 창의적 질문

"혹시 지금 막 떠오른 생각이 있나요? 무언가 새로운 생각이 떠올랐나요?"

1) 여름 캠프는 산과 바다, 자연과 관계된 주제와 장소에서만 이루어지나?

2) 아빠랑 아들이 함께 사진을 찍는다면 보통 어떤 모습으로 사진을 찍을까?

3) 다른 사람들에게는 파란 바다를 가만히 바라보는 게 재미없을까?

철_학_적_탐_구_공_동_체_를_위_한_활_동_

"동화 속에 나온 여러 상황 중에 어떤 부분에 대해 좀 더 탐구해 볼까요? 오늘 선생님이 이런 활동을 준비해 왔는데, 우리 친구들, 함께 생각하고 알아볼까요?"

1. 참여해 보고 싶은 여름 캠프와 캠프에서 다룰 수 있는 주제

1) 해양 탐사반 : 부산 바닷가, 남해안 김 양식장

2) 동굴 탐사반 : 만장굴, 고수동굴

3) 숲 속 자연 체험반 :

- 나무 수액이 오르는 소리
- 고로쇠 물 받기

- 산나물
- 산버섯
- 산열매
- 칡, 산도라지 등 뿌리식물
- 숲 속 새소리 구별하기
- 시냇물 소리 듣고 계곡 찾기
- 숲 속 명상
- 휴양림 걸으며 숲 속 공기 맡기

2. 여름 캠프의 특징과 캠프에 가져갈 물건 챙기기

1) 해양 캠프 갈 때 필요한 물건과 알아야 할 수칙
2) 동굴 속 동물과 식물에 대한 이해 및 석회동굴의 특징 살펴보기
3) 숲 속으로 캠프를 떠날 때 주변 나무나 지형, 사람들의 생활 습관 등 알아보기

3. 바닷가에서 할 수 있는 놀이

1) 바닷물에 발 담그고 놀기 : 여자와 남자 모두 물과 함께 노는 법
2) 바닷가 식물 종류 채집하고 식물도감에 맞추어 보기
3) 모터보트, 유람선, 총알고무보트 등 바다에서 타고 놀 수 있는 놀이와 안전수칙 확인

4. 사진과 관계된 추억 나누기

1) 우리는 붕어빵 가족 : 아빠와 남자 어린이, 엄마와 여자 어린이가 닮은꼴로 함께 찍은 사진을 보며 설명하기
2) 사진 찍을 때의 상황과 배경을 묘사하기
3) 사진 속 주인공의 마음 읽기

동화와 철학적 탐구 5 : 모두 모여 한가위

나는야 어린 철학자 7 『모두 모여 한가위』 ⓒ 아이코리아. 2007. 정대련 글

-전략-

추석을 맞아 남자들은 성묘 가고, 여자들은 집에서 음식을 장만해. 어른들은 모두들 바쁜데, 우리들은 이 산 저 산 뛰어다닐 생각으로 신바람이 났어. 그런데 말이야. 엄마들도 성묘하러 같이 가면 안 되나? 엄마들이 함께 가면 더 재미있을 텐데……. 성묘 때 사촌들과 신나게 노는 중에도 문득문득 엄마 생각이 났어.

추석날. "엄마, 내 한복 어디 있어요?" "할머니가 주신 새 양말은요?" 모두들 아침 일찍부터 일어나, 어제 저녁에 엄마들이 다림질해 놓은 한복을 찾아 입느라 부산하게 움직이고 있어. "바지부터 입나요? 저고리부터 입어요?" "바지의 어느 쪽이 앞이에요?" 한복 바지는 앞뒤 구분하기가 쉽지 않아. "바지의 바느질 선이 왼쪽에 오도록, 그러니까 큰사폭이 오른쪽이 되도록 입는 거야." 엄마가 다른 바지보다 훨씬 긴 한복 바지를 다시 펴서, 앞뒤를 구별해 입는 법을 설명하시며 제대로 입을 수 있게 도와주셨어.

"저고리는 어떻게 해요?" "여기, 옷고름을 못 매겠어요." "대님은 안쪽으로 매듭을 짓나요? 바깥쪽으로 고리를 묶을까요?" 저고리 고름 매기, 그리고 바지 대님 매기까지, 한복은 혼자 입기가 정말 어려워.

아빠가 도와주셔서 바지저고리에 조끼까지 차려입고 나면, 어쩐지 내가 큰 어른이 된 기분이야. "할아버지와 아빠는 두루마기를 입으셨네요?" 차례 상 앞에 서 계신 남자 어른들은 기다란 두루마기까지 입으셨어. 사촌 형제들, 누나 그리고 엄마와 작은엄마들까지 색동 빛 고운 한복으로 차려입은 추석날 아침은 잔칫집 그대로야.

"윷놀이 할래?" 추석 저녁, 모두들 거실에서 TV를 보고 있는데 할머니께서 제안하셨어. "그래. TV만 보지 말고 추석인데 우리나라 전통 놀이하자." 아빠께서 말씀하시며, 할머니를 도와 윷놀이를 준비하셨어.

"어떻게 편을 가를까? 남자 편과 여자 편으로 나눌까?" "어른과 아이 각각 두 사람씩 넣는 것은 어때요?" 서로 의견이 분분한데, 윷놀이 할 수 있도록 엄마가 평평하고 부드러운 자리를 들고 오시며 말씀하셨어. "할아버지 팀과 할머니 팀으로 나누면 어때요?" "그거 좋겠다. 할아버지 편에 붙을 사람, 할머니 편에 붙을 사람들이 사이사이에 한 사람씩 섞어 앉자!" 아빠들이 앉을 자리를 정해 주셨어.

할머니께서 윷 주머니를 꺼내 오셨어. 비단 윷 주머니에는 사람들이 많이 모일 때면 꺼내서 가지고 놀던 아주 오래된 윷이 들어 있어. 아빠가 윷판을 펼치고 윷말을 출발점에 놓으셨어. "자, 누가 먼저 시작하지? 할아버지 할머니, 가위바위보 하세요." "할머니가 이겼다. 할머니, 먼저 시작하세요." "자, 봐라. 할머니가 '모'를 하는지, '윷'을 하는지! 어이, 모야!" 할머니는 윷을 손에 넣고 잠시 어르시더니 높이 던지셨어. 세월이 많이 흘러 반들반들해진 윷가락이 척척 뒤집어지고, 하나가 또르륵 구르더니 깔딱 하면서 뒤집어졌어. "와! 윷이다." 할머니가 던진 윷이 바닥에 떨어지면서 한쪽에서는 박수치고 다른 한쪽에선 부러움 섞인 한숨을 쉬면서, 온 거실이 떠나갈 듯 시끄러워졌어.

"'윷'이 나오면 한 번 더 던지는 거죠? 할머니, 또 하세요. 한 번 더 '윷' 하세요!" 할머니 편들이 모두들 침을 꼴깍 삼키며 할머니 윷에 눈길을 박았어. "아니다. 이번에는 '뒷도' 나올 거다!" 할아버지께서 웃음을 참으시며 고개를 저으셨어. "걱정 마라, 하늘아. 할머니가 이번에는 '모' 던져 볼까? 잘 봐라." "모야!" 할머니가 외치며 "뚝! 딱!" 가락에 맞추어 윷을 높이 던지셨어. "와아. '모' 나왔다." 윷말을 잡고 있던 아빠가 손뼉 치고 엉덩이를 들썩이며 좋아하셨어.

나도 두 손으로 윷을 들고 여러 번 던졌어. 내가 할머니를 닮은 걸까? 나도 '윷'이랑 '모'를 두 번이나 했단다. "할머니, 어떻게 그렇게 '윷'이랑 '모'를 잘 던지세요?" "그래. 할머니는 마음먹은 대로 던질 수 있지." 참 신기해. 할머니가 던지시면 '윷'이랑 '모'가 정말 잘 나와! 윷놀이를 오래오래 여러 번 해 보셨기 때문일까?

'도' '개' '걸' '윷' '모' '뒷도' 윷가락이 엎치락덮치락 구를 때마다, 식구들이 환호하고 아쉬워하며 즐거운 시간을 보냈어. 온 가족이 윷판 주위에 모여 앉아 이렇저렁 추석날 밤이 깊어 가고 있어. 엄마들이 차려 주신 과일과 한과를 먹으며, 손뼉 치고 발 구르고 소리치며 노는 윷놀이. 온가족의 따뜻한 마음이 느껴지니?

"보름달 떴다!" 아빠가 밤하늘을 내다보시더니 소리치셨어. "달님께 소원 빌러 갈까?" 엄마가 누나와 내게 손을 내밀며 달구경 가자고 하셨어. "엄마 어릴 땐, 외할머니와 마당에서 보름달님께 절하며 소원을 빌었단다."

"추석날 보름달이 정말 크지? 우리 하늘이, 어떤 소원을 빌거니?" "미리내는 무슨 소원을 가지고 있니? 달님께 기도해 보렴. 이루어 주실 거야." 아빠도 엄마도 두 손 모아 달님께 기도하셨어. 나도 달님을 바라보며 두 손을 모았어. "무엇을 빌까? 음……"

모두 모여 한가위 5. 1

사촌 형제들과 함께 가지고 놀고 싶어서 게임 카드와 장난감을 배낭에 넣으려고 할 때였어.
잠깐 엄마의 표정을 살폈지. 그런 표정을 너도 본 적이 있을까?
엄마는 말없이 눈길을 돌렸어.
거실 바닥에 여기저기 늘어져 있는 추석 선물 꾸러미를 보며 엄마는 한숨을 내쉬었어.
엄마의 피곤한 눈길을 보면서, 나는 잠시 망설이며 기다렸어.

"하늘아, 장난감 넣은 배낭을 혼자 메고 갈 수 있겠니? 그러면 장난감을 가지고 가도 돼."
내 배낭이 불룩해진 것을 보고 엄마가 말씀하셨어.
엄마는 언제나 내 편이야.
"이 정도도 못 멜까 봐요? 걱정하지 마세요. 이제 힘이 많이 세어졌으니까, 장난감을 넣어도 혼자 메고 갈 수 있어요."
내가 배낭을 등에 메고 보여 드리자, 엄마도 고개를 끄덕이셨어.

유아들의 철학적 탐구를 돕는 활동

경_청_하_기_

유아를 위한 철학교육의 가장 중요한 핵심은 '유아 스스로 생각하기'를 돕는 일이다. 스스로 생각하기 위해서는 우선 '경청하기', 즉 다른 사람의 말을 귀 기울여 듣는 것이 중요하다.

1. 개념(단어)

유아가 동화 속 이야기를 집중하여 들었는지, 귀에 친숙한 개념이나 익숙하지 않은 단어들이 있었는지, 또는 주인공 유아가 무슨 생각을 하고 어떻게 판단했는지, 교사는 동화 속 개념을 찾아보도록 질문한다.

"이야기 속에 어떤 말, 단어, 또는 개념이 있었나요? 재미있는 말, 처음 들어 본 말, 잘 모르는 말이 있었나요?"

- 사촌 형제
- 배낭
- 표정
- 눈길
- 추석
- 선물 꾸러미
- 한숨
- 고개
- 잠깐

- 늘어져(늘어지다)
- 피곤한(피곤하다)
- 망설이며(망설이다)
- 불룩해진(불룩하다)
- 살폈지(살피다)
- 내쉬었어(내쉬다)
- 메고(메다)
- 걱정하지(걱정하다)
- 세어졌으니까(세어지다)

2. 명제(문장)

일종의 판단, 제시된 상황, 또는 내재된 느낌 등은 그에 대한 의문을 제기해 볼 수 있는 출발점이 된다. 동화 속에서 주인공이 관찰하고 있거나 판단한 내용, 그를 중심으로 발생하는 상황 설명이나 어떤 사태에 대한 주인공의 느낌이 나타나있는 문장을 찾아본다.

"이야기 중에 재미있는 문장, 또는 생각나는 문장, 잘 이해되지 않는 문장이 있었나요?"

1) 엄마의 피곤한 눈길을 보면서, 나는 잠시 망설이며 기다렸어.

2) 거실 바닥에 여기저기 늘어져 있는 추석 선물 꾸러미를 보며 엄마는 한숨을 내쉬었어.
3) 내가 배낭을 등에 메고 보여 드리자, 엄마도 고개를 끄덕이셨어.

질_문_하_기_

소크라테스에게서 보듯이, 철학한다는 말은 '질문하기'를 뜻하기도 한다. 유아를 위한 철학교육에서 또 하나 중요한 요소는 '질문하기'이다. 유아들이 동화를 경청하고 나면, 그들을 철학하기에 초대하기 위해 교사는 동화 내용에 대한 '질문하기'로 시작할 수 있다.

1. 등장인물들의 질문

동화 속에서 주인공이 제기한 질문을 찾아보고 그 질문을 함께 읽으며 그에 대한 생각을 나눈다.

"이야기 중에 주인공이나 등장인물들이 물어본 질문들이 있었나요? 어떤 질문이 있었는지 찾아볼까요?

1) 그런 표정을 너도 본 적이 있을까?
2) 장난감 넣은 배낭을 혼자 메고 갈 수 있겠니?
3) 이 정도도 못 멜까 봐요?

2. 이야기 내용과 관련된 질문

주인공 유아가 질문했던 문장이나 아래 예시된 질문들을 길잡이 삼아, 유아들이 이들과 비슷한 유형의 질문을 만들 수 있도록 인도한다.

"이야기 내용과 관련해서 우리도 질문을 만들 수 있을까요? 주인공 친구가 질문했던 것을 우리 친구들도 궁금해한 적이 있나요?"

1) 온갖 장난감과 쓰레기가 늘어져 있는 집 안을 보면 엄마가 뭐라 말씀하실까?
2) 명절날, 시골집에 갈 때 어린이들이 제일 먼저 챙기는 물건이 무엇일까?
3) 엄마가 피곤한 눈길을 보이는 때가 또 언제인가?

3. 이야기 맥락을 벗어난 창의적 질문

동화 속 맥락에서 한 단계 비약하거나 반대 상황 그려 보기, 이야기 내용 살짝 비틀어 보기, 전혀 엉뚱한 상상하기 등을 허용하는 질문을 하여 유아의 사고 범위를 확장시킬 수 있다.

"혹시 지금 막 떠오른 생각이 있나요? 무언가 새로운 생각이 떠올랐나요?"

1) 사촌 형제들이 여럿 모일 때 어떤 게임을 하며 놀아 볼까?
2) 추석에는 어떤 선물을 준비해야 하지?
3) 추석 여행 때 엄마들이 가장 많이 생각하는 것은 무엇일까?

철학적 탐구공동체를 위한 활동

철학적 탐구공동체로서 여럿이 모여 활동하는 중에, 유아들은 상대방의 말을 경청하고, 내재된 가정이 있는지 살펴보고, 실례와 반례를 제시하며, 이유를 캐묻고, 각각의 차이를 구별하며, 서로의 아이디어를 교환하고, 종합하여 새로운 의견을 구축하기도 하며, 탐구가 진행되는 과정에 적극적으로 참여하고 구성원으로서 따르는 경험을 하게 된다. 또한 유아들은 공동체의 일원으로서 순서를 지켜 이야기하는 법을 배우고, 상대의 표정을 읽고, 말 뒤에 숨어 있는 의미에 귀를 기울이고, 한 가지 이상의 다양한 견해로부터 중심 주제와 문제가 무엇인지 살피게 된다.

"동화 속에 나온 여러 상황 중에 어떤 부분에 대해 좀 더 탐구해 볼까요? 오늘 선생님이 이런 활동을 준비해 왔는데, 우리 친구들, 함께 생각하고 알아볼까요?"

1. 추석에 고향 갈 때 필요한 사항 메모하기

1) 자동차 또는 기차 안에서 필요한 놀잇감 또는 그림책 목록 써 보기
2) 내가 좋아하는 간식, 가족이 함께 먹을 간식 종류 알아보기
3) 어머니의 추석 준비 메모지 돋보기로 들여다보기

2. 어머니가 피곤하게 느낄 일과 기운이 나는 일 적고 비교해 보기

1) 어머니를 피곤하게 만드는 일 :

방에 여러 물건 늘어놓기

여러 번 같은 지적하게 만들기

찾아 놓은 물건 말없이 치우거나 가져가기

2) 어머니를 기운 나게 하는 일 :

찾을 때 제자리에 있으면서 부를 때 대답 크게 하고 달려오기

짐 될 물건 늘리지 않고, 노래 불러 드리기 등

3) 서로 상반된 일 비교하기 :

해서 좋은 일 - 해서 안 될 일

안 해서 좋을 일 - 안 하면 안 될 일

해서 좋을 일 - 안 해서 좋을 일

꼭 해야 할 일 - 해서는 안 될 일

3. 얼굴 표정으로 생각이나 느낌 전하기

1) 엄마의 피곤한 눈길을 보면서, 나는 잠시 망설이며 기다렸어.

2) 뾰루퉁 나온 입 모양을 하고 나는 엄마를 바라보았어.

3) 친구는 이를 드러내고 활짝 웃으며 고개를 끄덕였어.

4) 선생님은 차가운 눈빛으로 고개를 가로저었어.

4. 내 힘 측정하기

1) 배낭을 가득 채워서 메고 마당 걸어 보기

2) 친구의 배낭과 바꾸어 메고 측정하기

3) 그림책을 머리에 얹고 목을 세워 걸어 보기

모두 모여 한가위 5. 2

엄마는 할아버지, 할머니께 가져갈 선물을 분홍 보자기에 예쁘게 쌌어.
여행 가방에 우리가 입을 추석빔을 챙긴 엄마가 드디어 출발 선언을 하셨어.
"준비 끝! 이제 기차 타러 가자!"

"어서 나와요. 아직 멀었나요?"
현관문을 잡고 아빠가 엄마를 부르셔.
"잠깐만요. 빠진 것 없나? 짐 다 들었어요? 하나, 둘, 셋, 넷."
"너희들, 방에 전기 스위치 껐지? 엄마가 아까 가스 잠갔지?"
"아빠는 기차표 갖고 계시지요?"
여행을 떠날 때면, 아빠가 현관문을 잠그는 마지막 순간까지 엄마는 하나하나 확인하며 언제나 바빠.

드디어 아빠와 엄마는 꾸러미와 가방을 양손에 하나씩 들고 집을 나섰어.
누나는 큰 배낭, 나는 작은 배낭을 하나씩 메고 앞장서서 걸었어.
우리 모두 기차 타고 고향으로 출발!

유아들의 철학적 탐구를 돕는 활동

경_청_하_기_

1. 개념(단어)

"이야기 속에 어떤 말, 단어, 또는 개념이 있었나요? 재미있는 말, 처음 들어 본 말, 잘 모르는 말이 있었나요?"

- 분홍 보자기
- 추석빔
- 출발 선언
- 현관문
- 어서
- 아까
- 예쁘게(예쁘다)
- 챙긴(챙기다)
- 쌌어(싸다)
- 빠진(빠지다)
- 꼈지(끄다)
- 잠갔지(잠그다)

2. 명제(문장)

"이야기 중에 재미있는 문장, 또는 생각나는 문장, 잘 이해되지 않는 문장이 있었나요?"

1) 엄마는 할아버지, 할머니께 가져갈 선물을 분홍 보자기에 예쁘게 쌌어.
2) 현관문을 잡고 아빠가 엄마를 부르셔.
3) 여행을 떠날 때면 아빠가 현관문을 잠그는 마지막 순간까지 엄마는 하나하나 확인하며 언제나 바빠.

질_문_하_기_

1. 등장인물들의 질문

"이야기 중에 주인공이나 등장인물들이 물어본 질문들이 있었나요? 어떤 질문이 있었는지 찾아볼까요?"

1) 아직 멀었나요?
2) 엄마가 아까 가스 잠갔지?

3) 아빠는 기차표 갖고 계시지요?

2. 이야기 내용과 관련된 질문

"이야기 내용과 관련해서 우리도 질문을 만들 수 있을까요? 주인공 친구가 질문했던 것을 우리 친구들도 궁금해한 적이 있나요?"

1) 선물을 보자기에 싸는 이유가 뭘까?
2) 왜 여행을 할 때면 엄마만 그렇게 바쁘지?
3) 명절에 고향을 가야 하나?

3. 이야기 맥락을 벗어난 창의적 질문

"혹시 지금 막 떠오른 생각이 있나요? 무언가 새로운 생각이 떠올랐나요?"

1) 고향에 가는 사람들이 가장 많이 이용하는 교통수단은 어떤 것일까?
2) 아빠가 마지막 확인을 한다면 엄마와 똑같은 내용을 챙길까?
3) 누나 배낭엔 무엇이 들었을까?

철학적 탐구공동체를 위한 활동

"동화 속에 나온 여러 상황 중에 어떤 부분에 대해 좀 더 탐구해 볼까요? 오늘 선생님이 이런 활동을 준비해 왔는데, 우리 친구들, 함께 생각하고 알아볼까요?"

1. 할아버지 할머니 선물 품목 생각하기

1) 음식 종류 : 반찬용, 간식용, 추석 상차림용
2) 옷 종류 : 가을 나들이옷, 양말
3) 건강용품류 : 몸보신용, 건강운동기구, 건강체크기구

2. 추석빔 종류 확인하기

1) 어른 남녀 한복 : 두루마기, 조끼, 바지저고리, 치마저고리, 배자
2) 어린이 남녀 한복 : 바지저고리, 치마저고리, 쾌자(전복), 복건

3) 신발류 : 새 신, 한복용 신(갓신, 고무신)

3. 외출할 때 집안 점검하기

1) 전기, 수도, 가스 점검

2) 외출했을 때 집 밖에서 필요한 물건

3) 각자의 방, 부엌, 마당, 대문 등 각종 문 잠금과 전기 스위치 점멸 점검

4. 여행가방 싸기와 선물 꾸러미 만들고 포장하기

1) 여행하는 시간과 장소를 정하여 여행 목적에 맞는 가방 싸기

2) 선물 준비와 포장 : 도시 가정, 농촌 가정, 어촌 가정, 산촌 가정, 다문화 가정

3) 어른 선물과 어린이 선물 포장의 특징 찾기

모두 모여 한가위 5.3

추석 이틀 전 저녁.
우리 식구가 대문을 들어서자, 할아버지, 할머니, 작은아버지, 작은어머니, 그리고 사촌 형제들이 모두 나와서 맞아 주었어.

"우리 하늘이랑 미리내가 왔구나! 어서 오너라. 그동안 잘 있었니?"
할아버지 할머니께서 누나와 내 등을 토닥거리며 반가워하셨어.
"누나 왔어?"
"미리내가 예뻐졌네."
"어이쿠, 하늘인 언제 이렇게 키가 컸지?"
"어디, 얼마큼 컸나 보자. 사촌끼리 누가 큰지 키를 재 볼까?"

한동안 만나지 못했던 친척들이 서로가 변한 모습에 신기해하고 반가워서 모두들 한참 동안 서서 웅성거려.
한가위에는 모두 만날 수 있어서 정말 좋아.

유아들의 철학적 탐구를 돕는 활동

경_청_하_기_

1. 개념(단어)

"이야기 속에 어떤 말, 단어, 또는 개념이 있었나요? 재미있는 말, 처음 들어 본 말, 잘 모르는 말이 있었나요?"

- 추석
- 현관
- 작은아버지
- 미리내
- 그동안
- 사촌끼리
- 부쩍
- 한동안
- 맞아 주었어(맞아 주다)
- 컸네(크다)

2. 명제(문장)

"이야기 중에 재미있는 문장, 또는 생각나는 문장, 잘 이해되지 않는 문장이 있었나요?"

1) 사촌 형제들이 모두 나와서 맞아 주었어.
2) 할아버지 할머니께서 누나와 내 등을 토닥거리며 반가워하셨어.
3) 한동안 만나지 못했던 친척들이 서로가 변한 모습에 신기해하고 반가워서 모두들 한참 동안 서서 웅성거려.

질_문_하_기_

1. 등장인물들의 질문

"이야기 중에 주인공이나 등장인물들이 물어본 질문들이 있었나요? 어떤 질문이 있었는지 찾아볼까요?

1) 누나 왔어?
2) 하늘인 언제 이렇게 키가 컸지?
3) 사촌끼리 누가 큰지 키를 재 볼까?

2. 이야기 내용과 관련된 질문

"이야기 내용과 관련해서 우리도 질문을 만들 수 있을까요? 주인공 친구가 질문했던 것을 우리 친구들도 궁금해한 적이 있나요?"

1) 할아버지 할머니, 친척들, 지난해 담임선생님이나 친구들, 오랜만에 만난 사이에는 서로 어떤 인사를 나눌까?
2) 왜 어른들은 아이들의 키를 비교해 보고 싶어 할까?
3) 한가위에 고향 가지 않는 사람들은 무엇을 하며 지낼까?

3. 이야기 맥락을 벗어난 창의적 질문

"혹시 지금 막 떠오른 생각이 있나요? 무언가 새로운 생각이 떠올랐나요?"

1) 명절에는 꼭 할아버지 할머니 댁(아니면 큰집)으로 모여야 할까?
2) 4~5개월 사이에 어린이들 키가 얼마나 많이 클 수 있을까?
3) 명절에 만나는 일가친척은 누구누구지?

철_학_적__탐_구_공_동_체_를__위_한__활_동_

"동화 속에 나온 여러 상황 중에 어떤 부분에 대해 좀 더 탐구해 볼까요? 오늘 선생님이 이런 활동을 준비해 왔는데, 우리 친구들, 함께 생각하고 알아볼까요?"

1. 우리 일가친척 촌수 알기

1) 할아버지, 할머니, 우리 가족 알기
2) 삼촌, 고모, 외삼촌, 이모, 사촌, 고종사촌, 외사촌, 이종사촌 알기
3) 그 외에 나와 함께 사는 친척 알기

2. 일가친척들이 모이는 명절이나 집안 모임 알기

1) 설, 추석
2) 한식날, 어린이날, 어버이날, 크리스마스
3) 가족 생일 - 할아버지, 할머니, 아빠, 엄마, 형제, 나

4) 입학식, 졸업식

3. 가족 모임 때 첫 대면하면서 나누는 이야기

1) 얼굴이나 키, 모습 등 어린이나 어른들의 외형적 변화 :
얼굴 예뻐졌네, 키가 많이 컸네, 몸이 건강해졌구나

2) 유치원 및 초등학교 진학 및 학업 능력의 변화와 발전 :
벌써 유치원생(초등학생)이 되었네. 공부 잘하고 있지?

3) 집안의 대소사 및 가족들에 얽힌 생활 속의 변화 :
○○가 대학 들어갔어요, ○○는 결혼했대요, ○○랑 ○○가 여행을 떠났대요

모두 모여 한가위 5. 4

"내가 가져온 카드야. 이런 카드놀이 해 봤어?"

"나는 게임기 가져왔다."

"이 게임 어렵지 않아?"

"형은 뭐 갖고 왔어? 이건 어떻게 하는 거야?"

사촌들이 만나서 모여 앉으면 곧바로 서로 가져온 장난감을 꺼내 놓고 이것저것 살펴보곤 해.

그동안 어떻게 지냈는지 이야기를 나누며 사촌들과 함께 놀면 참 재미있어.

우리 집에선 매일 밤 일찍 잤는데, 할머니 댁에 사촌들과 모이면 왜 잠이 안 올까?

"어서 자거라. 내일 아침에 성묘 가려면 일찍 일어나야지?"

그만 놀고 잠자리에 들라고 엄마가 재촉하셨어.

"내일 놀자. 잘 자."

할아버지 곁에 마련된 잠자리에 들었어.

하지만 잠은 오지 않고 눈만 말똥말똥해.

사촌 형제들과 자꾸 소곤거리니까 결국 할아버지께서 불을 끄셨어.

"형, 잠들었어? 범아, 자니?"

사촌 형과 동생이 잠들었는지 어느새 숨소리가 달라졌어.

유아들의 철학적 탐구를 돕는 활동

경_청_하_기_

1. 개념(단어)

"이야기 속에 어떤 말, 단어, 또는 개념이 있었나요? 재미있는 말, 처음 들어 본 말, 잘 모르는 말이 있었나요?"

- 카드놀이
- 성묘
- 잠자리
- 숨소리
- 곧바로
- 곁에
- 말똥말똥
- 어느새
- 마련된(마련하다)
- 소곤거리니까(소곤거리다)
- 달라졌어(달라지다)

2. 명제(문장)

"이야기 중에 재미있는 문장, 또는 생각나는 문장, 잘 이해되지 않는 문장이 있었나요?"

1) 사촌들이 만나서 모여 앉으면 곧바로 서로 가져온 장난감을 꺼내 놓고 이것저것 살펴보곤 해.
2) 사촌 형제들과 자꾸 소곤거리니까 결국 할아버지께서 불을 끄셨어.
3) 사촌 형과 동생이 잠들었는지 어느새 숨소리가 달라졌어.

질_문_하_기_

1. 등장인물들의 질문

"이야기 중에 주인공이나 등장인물들이 물어본 질문들이 있었나요? 어떤 질문이 있었는지 찾아볼까요?"

1) 형은 뭐 갖고 왔어? 이건 어떻게 하는 거야?
2) 우리 집에선 매일 밤 일찍 잤는데, 할머니 댁에 사촌들이 모이면 왜 잠이 안 올까?

3) 내일 아침에 성묘 가려면 일찍 일어나야지?

2. 이야기 내용과 관련된 질문

"이야기 내용과 관련해서 우리도 질문을 만들 수 있을까요? 주인공 친구가 질문했던 것을 우리 친구들도 궁금해한 적이 있나요?"

1) 요즘 유행하는 놀잇감에 어떤 것이 있나?
2) 성묘는 누가, 언제, 왜 가나?
3) 사촌 형과 동생이 잠들었는지 아닌지 어떻게 알아챌 수 있을까?

3. 이야기 맥락을 벗어난 창의적 질문

"혹시 지금 막 떠오른 생각이 있나요? 무언가 새로운 생각이 떠올랐나요?"

1) 할아버지 할머니와 함께 즐길 수 있는 놀잇감도 있니?
2) 손자들을 왜 할아버지 곁에 재우실까?
3) 잠자리에서 소곤거리며 이야기 나누면 더 재미있니?

철학적 탐구공동체를 위한 활동

"동화 속에 나온 여러 상황 중에 어떤 부분에 대해 좀 더 탐구해 볼까요? 오늘 선생님이 이런 활동을 준비해 왔는데, 우리 친구들, 함께 생각하고 알아볼까요?"

1. 여러 사람이 함께 참여해서 가지고 노는 카드놀이

1) 글자 맞추기 카드 : 한글-한자, 한글-영어, 한글-그림, 글자(자음)-단어
2) 시조 카드
3) 같은 쌍 그림 맞추기 카드

2. 성묘 가서 하는 일 알기

1) 산소 앞에서 간단한 차례 지내기
2) 봉분 제초하며 주변 청소하기

3) 산소에 모신 조상님에 관한 이야기 나누기

4) 요즘 지내는 이야기 들려드리기

3. 숨소리 흉내 내 보기

1) 어른과 아이들, 가족들의 숨의 길이, 숨소리의 특징 알기

2) 숨 오래 참기 겨루기

3) 잠잘 때, 운동할 때, 화가 났을 때, 때에 따라 각각 다른 숨소리 흉내 내 보기

4) 명절날 가족들의 잠자리 배치표 만들기

모두 모여 한가위 5. 5

"하늘아, 성묘 가자. 너희들 모두 갈 거지?"
"엄마들 음식 준비하는데 귀찮게 하지 말고, 모두 선산에 따라가자."
아빠가 옹기종기 모여 있는 우리들을 향해 말씀하셨어.

"우리 아들들, 엄마 옆에서 송편 빚을래? 아니면 산에 따라 갈래?"
엄마가 웃으며 덧붙이셨지.

마침내 할아버지랑 아빠, 작은아버지들이 성묘하러 가시는데,
우리 모두 따라 나서는 바람에 자동차 두 대가 가득 차게 되었어.
어젯밤 늦게 자서 많이 졸리지만, 사촌들과 하루 종일 함께 지낼 수
있다면 성묘 길도 정말 흥겨울 것 같아.

"제초 기계 잘 넣었느냐?"
할아버지께서 작은아버지께 물으셨어.
"성묘 때 쓸 과일과 음식, 술잔과 제기도 넣으셨지요?"
작은아버지가 큰 등산 배낭을 등에 둘러메면서 할머니께 확인하셨어.

추석을 맞아 남자들은 성묘 가고, 여자들은 집에서 음식을 장만해.
어른들은 모두들 바쁜데, 우리들은 이 산 저 산 뛰어다닐 생각으로
신바람이 났어.

그런데 말이야.
엄마들도 성묘하러 같이 가면 안 되나?
엄마들이 함께 가면 더 재미있을 텐데….

성묘 때 사촌들과 신나게 노는 중에도 문득문득 엄마 생각이 났어.

유아들의 철학적 탐구를 돕는 활동

경_청_하_기_

1. 개념(단어)

"이야기 속에 어떤 말, 단어, 또는 개념이 있었나요? 재미있는 말, 처음 들어 본 말, 잘 모르는 말이 있었나요?"

- 선산
- 송편
- 성묘
- 제초 기계
- 제기
- 등산
- 배낭
- 신바람
- 옹기종기
- 바람에
- 문득문득
- 귀찮게(귀찮다)
- 빚을래(빚다)
- 흥겨울(흥겹다)
- 둘러메면서(둘러메다)

2. 명제(문장)

"이야기 중에 재미있는 문장, 또는 생각나는 문장, 잘 이해되지 않는 문장이 있었나요?"

1) 어젯밤 늦게 자서 많이 졸리지만, 사촌들과 함께 지낼 수 있다면 성묘 길도 정말 흥겨울 것 같아.
2) 추석을 맞아 남자들은 성묘 가고, 여자들은 집에서 음식을 장만해.
3) 성묘 때 사촌들과 신나게 노는 중에도 문득문득 엄마 생각이 났어.

질_문_하_기_

1. 등장인물들의 질문

"이야기 중에 주인공이나 등장인물들이 물어본 질문들이 있었나요? 어떤 질문이 있었는지 찾아볼까요?"

1) 우리 아들들, 엄마 옆에서 송편 빚을래? 아니면 산에 따라갈래?

2) 성묘 때 쓸 과일과 음식, 술잔과 제기도 넣으셨지요?
3) 엄마들도 성묘하러 같이 가면 안 되나?

2. 이야기 내용과 관련된 질문

"이야기 내용과 관련해서 우리도 질문을 만들 수 있을까요? 주인공 친구가 질문했던 것을 우리 친구들도 궁금해한 적이 있나요?"

1) "우리 아들들"이 아니고 '우리 딸들'이라고 해도 똑같은 질문을 하셨을까?
2) 집에서 차례를 지내는데, 또 산에 가서 성묘하는 이유는 뭐지?
3) 왜 산에는 남자만 가나? 차례 지낼 때 왜 남자들만 참석하지?

3. 이야기 맥락을 벗어난 창의적 질문

"혹시 지금 막 떠오른 생각이 있나요? 무언가 새로운 생각이 떠올랐나요?"

1) 우리나라 명절 음식과 제사 음식에 차이가 있을까?
2) 여자의 일과 남자의 일이 서로 달라야 하나?
3) 아무런 놀잇감을 가지고 가지 않은 산에서 할 수 있는 놀이로는 어떤 것이 있을까?

철학적 탐구공동체를 위한 활동

"동화 속에 나온 여러 상황 중에 어떤 부분에 대해 좀 더 탐구해 볼까요? 오늘 선생님이 이런 활동을 준비해 왔는데, 우리 친구들, 함께 생각하고 알아볼까요?"

1. 산에서 할 수 있는 놀이 찾기

1) 숨바꼭질, 산길 빨리 걷기 시합
2) 봉분 주위의 풀 많이 뽑기
3) 산에 있는 다양한 질, 색깔의 흙을 비교하기
4) 나무에 귀 대고 수액 오르는 소리 듣기, 나무의 키 재 보기
5) 나무 이름 대기, 같은 나무 찾기, 아카시아 잎사귀 떼기(가위바위보)

6) 나무 지팡이 만들기, 나무 칼 만들기

7) 나물 찾기, 이끼 찾기

8) 버섯 찾아 독버섯과 식용 버섯 구별하기

9) 성묘하는 조상님에 관한 이야기 듣고 소감 나누기

10) 산 할아버지 이야기 꾸미고 역할극 하기

11) 주제 설정하여 나무 부속품(나무줄기, 이파리, 낙엽 등)으로 꾸미기

2. 추석날 만드는 음식 종류와 놀이

1) 송편 만들기

쌀가루 빻아 오기 → 반죽하기 → 송편 크기로 반죽 나누기 → 송편 둥근 옷 빚기 → 속 넣고 송편 빚기

2) 지방마다, 가정마다 각각 다른 모양의 송편 살펴보고 빚어 보기

3) 추석 나물 종류 알기 :

박나물, 토란대 나물, 가지 나물

초록빛 나물(시금치, 쑥갓), 하얀색 나물(도라지, 숙주나물, 콩나물)

4) 추석에 부치는 채소전 종류 :

연근전, 고구마전, 깻잎전, 호박전, 가지전

3. 산에 성묘 가서 할 일을 적어 보기

1) 성묘하기, 차례 지내기

2) 제초하기, 봉분 다듬기

3) 큰 바위나 산 정상에 올라 눈앞에 펼쳐지는 곳에서 이루어지고 있는 일에 대해 어른들로부터 설명 듣거나, 이루어질 만한 일을 스스로 상상해 보기

모두 모여 한가위 5.6

추석날.
"엄마, 내 한복 어디 있어요?"
"할머니가 주신 새 양말은요?"
모두들 아침 일찍부터 일어나, 어제 저녁에 엄마들이 다림질해 놓은 한복을 찾아 입느라 부산하게 움직이고 있어.

"바지부터 입나요? 저고리부터 입어요?"
"바지의 어느 쪽이 앞이에요?"
한복 바지는 앞뒤 구분하기가 쉽지 않아.

"바지의 바느질 선이 왼쪽에 오도록, 그러니까 큰사폭이 오른쪽이 되도록 입는 거야."
엄마가 다른 바지보다 훨씬 긴 한복 바지를 다시 펴서, 앞뒤를 구별해 입는 법을 설명하시며 제대로 입을 수 있게 도와주셨어.

"저고리는 어떻게 해요?"
"여기, 옷고름을 못 매겠어요."
"대님은 안쪽으로 매듭을 짓나요? 바깥쪽으로 고리를 묶을까요?"
저고리 고름 매기, 그리고 바지 대님 매기까지, 한복은 혼자 입기가 정말 어려워.

아빠가 도와주셔서 바지저고리에 조끼까지 차려입고 나면, 어쩐지 내가 큰 어른이 된 기분이야.

"할아버지와 아빠는 두루마기를 입으셨네요?"

차례 상 앞에 서 계신 남자 어른들은 기다란 두루마기까지 입으셨어. 사촌 형제들, 누나 그리고 엄마와 작은엄마들까지 색동 빛 고운 한복으로 차려입은 추석날 아침은 잔칫집 그대로야.

유아들의 철학적 탐구를 돕는 활동

경_청_하_기_

1. 개념(단어)

"이야기 속에 어떤 말, 단어, 또는 개념이 있었나요? 재미있는 말, 처음 들어 본 말, 잘 모르는 말이 있었나요?"

- 양말
- 선
- 사폭
- 옷고름
- 매듭
- 고리
- 두루마기
- 색동
- 훨씬
- 제대로
- 부산하게(부산하다)
- 고운(곱다)
- 구분하기가(구분하다)
- 매겠어요(매다)
- 차려입고(차려입다)

2. 명제(문장)

"이야기 중에 재미있는 문장, 또는 생각나는 문장, 잘 이해되지 않는 문장이 있었나요?"

1) 모두들 아침 일찍부터 일어나, 어제 저녁에 엄마들이 다림질해 놓은 한복을 찾아 입느라 부산하게 움직이고 있어.
2) 저고리 고름 매기, 그리고 바지 대님 매기까지 한복은 혼자 입기가 정말 어려워.
3) 아빠가 도와주셔서 바지저고리에 조끼까지 차려입고 나면, 어쩐지 내가 큰 어른이 된 기분이야.

질_문_하_기_

1. 등장인물들의 질문

"이야기 중에 주인공이나 등장인물들이 물어본 질문들이 있었나요? 어떤 질문이 있었는지

찾아볼까요?"

1) 엄마, 내 한복 어디 있어요?
2) 대님은 안쪽으로 매듭을 짓나요? 바깥쪽으로 고리를 묶을까요?
3) 할아버지와 아빠는 두루마기를 입으셨네요?

2. 이야기 내용과 관련된 질문

"이야기 내용과 관련해서 우리도 질문을 만들 수 있을까요? 주인공 친구가 질문했던 것을 우리 친구들도 궁금해한 적이 있나요?"

1) 추석(설날)에는 꼭 새 양말을 신어야 하나?
2) 추석이나 설날, 생일이 아닌 날에도 유치원에 갈 때 한복을 입고 가면 어떨까?
3) 한복의 종류도 다양할까?

3. 이야기 맥락을 벗어난 창의적 질문

"혹시 지금 막 떠오른 생각이 있나요? 무언가 새로운 생각이 떠올랐나요?"

1) 옛날 사람들도 우리나라 옷을 한복이라고 불렀을까?
2) 한복에도 여름옷, 겨울옷이 따로 있을까?
3) 왜 어른들은 귀찮게 한복을 입으라는 걸까?

철학적 탐구공동체를 위한 활동

"동화 속에 나온 여러 상황 중에 어떤 부분에 대해 좀 더 탐구해 볼까요? 오늘 선생님이 이런 활동을 준비해 왔는데, 우리 친구들, 함께 생각하고 알아볼까요?"

1. 한복의 명칭 알기

1) 남자 한복 명칭 : 바지, 저고리, 조끼, 두루마기, 관복, 사모, 버선, 주머니
2) 여자 한복 명칭 : 치마, 저고리, 조끼, 두루마기, 활옷, 원삼, 족두리, 댕기, 버선, 귀주머니, 조바위, 남바위

3) 아기 한복 : 까치두루마기, 꽃버선, 쾌자, 복건

2. 한복 생김새 알고 좌우 앞뒤 구분하기

1) 바지의 앞뒤 구분하기

2) 치마의 좌우 알기

3) 버선의 왼쪽 오른쪽 알기

3. 한복 바로 입기

1) 속옷 챙겨 입기 : 속치마, 단속곳, 속바지, 버선, 무지기치마

2) 겉옷 입기 : 바지(치마), 저고리, 조끼, 마고자, 두루마기

3) 고름, 대님 매기, 매듭 짓기 : 저고리 고름 매기, 바지 대님 매기

4) 누가 한복을 제대로 입었는지 확인해 보기 : 한복의 격식을 갖추어 입기

모두 모여 한가위 5.7

"윷놀이할래?"

추석 저녁, 모두들 거실에서 TV를 보고 있는데 할머니께서 제안하셨어.

"그래. TV만 보지 말고 추석인데 우리나라 전통 놀이하자."

아빠께서 말씀하시며, 할머니를 도와 윷놀이를 준비하셨어.

"어떻게 편을 가를까? 남자 편과 여자 편으로 나눌까?"

"어른과 아이 각각 두 사람씩 넣는 것은 어때요?"

서로 의견이 분분한데, 윷놀이할 수 있도록 엄마가 평평하고 부드러운 자리를 들고 오시며 말씀하셨어.

"할아버지 팀과 할머니 팀으로 나누면 어때요?"

"그거 좋겠다. 할아버지 편에 붙을 사람, 할머니 편에 붙을 사람들이 사이사이에 한 사람씩 섞어 앉자!"

아빠들이 앉을 자리를 정해 주셨어.

유아들의 철학적 탐구를 돕는 활동

경_청_하_기_

1. 개념(단어)

"이야기 속에 어떤 말, 단어, 또는 개념이 있었나요? 재미있는 말, 처음 들어 본 말, 잘 모르는 말이 있었나요?"

- 윷놀이
- 거실
- 제안
- 전통놀이
- 편
- 의견
- 자리
- 팀
- 각각
- 사이사이에
- 분분한데(분분하다)
- 평평하고(평평하다)
- 붙을(붙다)
- 정해 주셨어(정해 주다)
- 섞어(섞다)

2. 명제(문장)

"이야기 중에 재미있는 문장, 또는 생각나는 문장, 잘 이해되지 않는 문장이 있었나요?"

1) TV만 보지 말고 추석인데 우리나라 전통 놀이하자.
2) 서로 의견이 분분한데, 윷놀이를 할 수 있도록 엄마가 평평하고 부드러운 자리를 들고 오시며 말씀하셨어.
3) 할아버지 편에 붙을 사람, 할머니 편에 붙을 사람들이 사이사이에 한 사람씩 섞어 앉자.

질_문_하_기_

1. 등장인물들의 질문

"이야기 중에 주인공이나 등장인물들이 물어본 질문들이 있었나요? 어떤 질문이 있었는지 찾아볼까요?"

1) 윷놀이할래?

2) 어떻게 편을 가를까? 남자 편과 여자 편으로 나눌까?

3) 어른과 아이 각각 두 사람씩 넣는 것은 어때요?

2. 이야기 내용과 관련된 질문

"이야기 내용과 관련해서 우리도 질문을 만들 수 있을까요? 주인공 친구가 질문했던 것을 우리 친구들도 궁금해한 적이 있나요?"

1) 추석에 할 수 있는 놀이에는 또 어떤 것이 있나?

2) 윷놀이를 하면 어떤 재미가 있을까?

3) 편을 가를 때, 우리 편이 이기려면 어떻게 나누면 좋을까?

3. 이야기 맥락을 벗어난 창의적 질문

"혹시 지금 막 떠오른 생각이 있나요? 무언가 새로운 생각이 떠올랐나요?"

1) 전통 놀이 중에 요즘 컴퓨터 게임처럼 재미있는 게 있을까?

2) 명절에 가족들이 모여서 했던 일 중에 가장 기억에 남는 일이 무엇인가?
여러 모양 송편 빚기, 한복 챙겨 입기, 차례 지내기, 성묘 가기, 전통 놀이하기
대화와 토론하기, 낮잠 자기, 사촌들과 뛰어놀기, 게임하기, TV나 DVD 보기

3) 윷놀이할 때 편짜기에 불만이 있었던 적은 없었나?

철학적 탐구공동체를 위한 활동

"동화 속에 나온 여러 상황 중에 어떤 부분에 대해 좀 더 탐구해 볼까요? 오늘 선생님이 이런 활동을 준비해 왔는데, 우리 친구들, 함께 생각하고 알아볼까요?"

1. 윷놀이 편짜기 방법 생각하기

1) 남자 편 – 여자 편

2) 할아버지 편 – 할머니 편

3) 아빠들 – 엄마들

4) 아들들 – 딸뜰

5) 어른들 – 아이들

2. 윷놀이하기

1) 윷판 알기

2) 윷 던지는 방법 살피기

3) 윷말 종류 알기

4) 윷놀이 규칙 알기

5) 윷 던진 결과 이름 알기 : 도, 개, 걸, 윷, 모, 뒷도

6) 윷말 서는 법 알기

3. 윷놀이할 때 흥을 돋우는 방법 살피기

1) 윷을 던질 때 추임새 하기

2) 윷을 놀 때 즐거움과 아쉬움 표현하기

3) 윷놀이로 경쟁이 아닌 화목함으로 마무리할 수 있는 방법 생각하기

모두 모여 한가위 5. 8

할머니께서 윷 주머니를 꺼내 오셨어.
비단 윷 주머니에는 사람들이 많이 모일 때면 꺼내서 가지고 놀던 아주 오래된 윷이 들어 있어.
아빠가 윷판을 펼치고 윷말을 출발점에 놓으셨어.

"자, 누가 먼저 시작하지? 할아버지 할머니, 가위바위보 하세요."
"할머니가 이겼다. 할머니, 먼저 시작하세요."
"자, 봐라. 할머니가 '모'를 하는지, '윷'을 하는지! 어이, 모야!"
할머니는 윷을 손에 넣고 잠시 어르시더니 높이 던지셨어.

세월이 많이 흘러 반들반들해진 윷가락이 척척 뒤집어지고, 하나가 또르륵 구르더니 깔딱 하면서 뒤집어졌어.
"와! 윷이다."
할머니가 던진 윷이 바닥에 떨어지면서 한쪽에서는 박수치고 다른 한쪽에선 부러움 섞인 한숨을 쉬면서, 온 거실이 떠나갈 듯 시끄러워졌어.

"'윷'이 나오면 한 번 더 던지는 거죠? 할머니, 또 하세요. 한 번 더 '윷' 하세요!"
할머니 편들이 모두들 침을 꼴깍 삼키며 할머니 윷에 눈길을 박았어.
"아니다. 이번에는 '뒷도' 나올 거다!"
할아버지께서 웃음을 참으시며 고개를 저으셨어.

"걱정 마라, 하늘아. 할머니가 이번에는 '모' 던져 볼까? 잘 봐라."

"모야!"

할머니가 외치며 "똑! 딱!" 가락에 맞추어 윷을 높이 던지셨어.

"와아. '모' 나왔다."

윷말을 잡고 있던 아빠가 손뼉 치고 엉덩이를 들썩이며 좋아하셨어.

유아들의 철학적 탐구를 돕는 활동

경_청_하_기_

1. 개념(단어)

"이야기 속에 어떤 말, 단어, 또는 개념이 있었나요? 재미있는 말, 처음 들어 본 말, 잘 모르는 말이 있었나요?"

- 윷판
- 주머니
- 세월
- 윷가락
- 척척
- 또르륵
- 깔딱
- 꼴깍
- 어르시더니(어르시다)
- 던지셨어(던지다)
- 흘러(흐르다)
- 뒤집어지고(뒤집어지다)
- 저으셨어(젓다)
- 들썩이며(들썩이다)

2. 명제(문장)

"이야기 중에 재미있는 문장, 또는 생각나는 문장, 잘 이해되지 않는 문장이 있었나요?"

1) 비단 윷 주머니에는 사람들이 많이 모일 때면 꺼내서 가지고 놀던 아주 오래된 윷이 들어 있어.
2) 할머니는 윷을 손에 넣고 잠시 어르시더니 높이 던지셨어.
3) 세월이 많이 흘러 반들반들해진 윷가락이 척척 뒤집어지고, 하나가 또르륵 구르더니 깔딱 하면서 뒤집어졌어.

질_문_하_기_

1. 등장인물들의 질문

"이야기 중에 주인공이나 등장인물들이 물어본 질문들이 있었나요? 어떤 질문이 있었는지 찾아볼까요?"

1) 누가 먼저 시작하지?

2) '윷'이 나오면 한 번 더 던지는 거죠?
3) 할머니가 이번에는 '모' 던져 볼까?

2. 이야기 내용과 관련된 질문

"이야기 내용과 관련해서 우리도 질문을 만들 수 있을까요? 주인공 친구가 질문했던 것을 우리 친구들도 궁금해한 적이 있나요?"

1) 가위바위보를 해서 진 사람이 먼저 해야 할까, 이긴 사람이 먼저 해야 할까?
2) 왜 할머니 편들이 모두들 침을 꼴깍 삼키며 할머니 윷에 눈길을 박았을까?
3) 어떻게 던지면 똑딱 소리를 내며 윷이 떨어지게 할 수 있을까?

3. 이야기 맥락을 벗어난 창의적 질문

"혹시 지금 막 떠오른 생각이 있나요? 무언가 새로운 생각이 떠올랐나요?"

1) 모가 나오려면 윷의 깍은 면이 넓어야 할까, 좁아야 할까?
2) 원하는 점수가 나오라고 또는 나오지 말라고 쌍방이 동시에 기도를 하면 어떤 기도가 이루어질까?
3) 윷말 쓰는 방법이 이기고 지는 데에 영향이 있을까?

철학적 탐구공동체를 위한 활동

"동화 속에 나온 여러 상황 중에 어떤 부분에 대해 좀 더 탐구해 볼까요? 오늘 선생님이 이런 활동을 준비해 왔는데, 우리 친구들, 함께 생각하고 알아볼까요?"

1. 여러 가지 크기나 종류의 윷을 만들어 던져 보기

1) 무겁고 길며 넓은 윷
2) 가볍고 짧으며 좁은 윷
3) 가볍고 길며 좁은 윷
4) 무겁고 짧으며 넓은 윷

2. 가위바위보 놀이

바위-가위, 바위-보, 가위-보, 바위-바위, 가위-가위, 보-보

1) 손으로 : 주먹, 가위, 손바닥

2) 얼굴로 : 바위-양볼 불룩, 보-입 크게 벌리기, 가위-눈 찡긋

3) 발로 : 바위-두 발 모아, 가위-두 발 앞뒤로 벌려, 보-두 발 양옆으로 벌려

4) 그 외 다른 신체 부위로 가위바위보 표현해 보기

3. 윷말 만들어 놓아 보기

1) 윷놀이하기

2) 윷판에 윷말 써 보기

모두 모여 한가위 5. 9

나도 두 손으로 윷을 들고 여러 번 던졌어.
내가 할머니를 닮은 걸까?
나도 '윷' 이랑 '모' 를 두 번이나 했단다.

"할머니, 어떻게 그렇게 '윷' 이랑 '모' 를 잘 던지세요?"
"그래. 할머니는 마음먹은 대로 던질 수 있지."
참 신기해.
할머니가 던지시면 '윷' 이랑 '모' 가 정말 잘 나와!
윷놀이를 오래오래 여러 번 해 보셨기 때문일까?

'도' '개' '걸' '윷' '모' '뒷도'
윷가락이 엎치락덮치락 구를 때마다, 식구들이 환호하고
아쉬워하며 즐거운 시간을 보냈어.

온 가족이 윷판 주위에 모여 앉아 이렁저렁 추석날 밤이
깊어 가고 있어.
엄마들이 차려 주신 과일과 한과를 먹으며, 손뼉 치고 발 구르고
소리치며 노는 윷놀이.
온 가족의 따듯한 마음이 느껴지니?

유아들의 철학적 탐구를 돕는 활동

경_청_하_기_

1. 개념(단어)

"이야기 속에 어떤 말, 단어, 또는 개념이 있었나요? 재미있는 말, 처음 들어 본 말, 잘 모르는 말이 있었나요?"

- 윷놀이
- 주위
- 한과
- 가족
- 마음먹은 대로
- 오래오래
- 엎치락덮치락
- 이렁저렁
- 구를(구르다)
- 환호하고(환호하다)
- 깊어 가고(깊어 가다)
- 아쉬워하며(아쉬워하다)
- 전해 오는(전해 오다)

2. 명제(문장)

"이야기 중에 재미있는 문장, 또는 생각나는 문장, 잘 이해되지 않는 문장이 있었나요?"

1) 나도 두 손으로 윷을 들고 여러 번 던졌어.
2) 윷가락이 엎치락덮치락 구를 때마다, 식구들이 환호하고 아쉬워하며 즐거운 시간을 보냈어.
3) 온 가족이 윷판 주위에 모여 앉아 이렁저렁 추석날 밤이 깊어 가고 있어.

질_문_하_기_

1. 등장인물들의 질문

"이야기 중에 주인공이나 등장인물들이 물어본 질문들이 있었나요? 어떤 질문이 있었는지 찾아볼까요?"

1) 내가 할머니를 닮은 걸까?
2) 윷놀이를 오래오래 여러 번 해 보셨기 때문일까?

3) 온 가족의 따듯한 마음이 느껴지니?

2. 이야기 내용과 관련된 질문

"이야기 내용과 관련해서 우리도 질문을 만들 수 있을까요? 주인공 친구가 질문했던 것을 우리 친구들도 궁금해한 적이 있나요?"

1) 윷을 한 손에 모아들고 던지면 잘 될까, 두 손으로 넓게 펴서 던지면 잘 될까?
2) 모든 할머니들이 다 윷놀이를 잘할까?
3) 윷놀이에서 져도 여전히 신나고 재미있게 느낄 수 있을까?

3. 이야기 맥락을 벗어난 창의적 질문

"혹시 지금 막 떠오른 생각이 있나요? 무언가 새로운 생각이 떠올랐나요?"

1) 빙고 게임처럼 윷판에 뒤로 물러나는 여러 함정을 만들면 더 재미있을까?
2) 왜 사람들은 이기고 지는 걸 밝히려 할까? 승패가 없으면 안 되나?
3) 가족이 함께 모여 있지 못할 때 마음은 어떨까?

철학적 탐구공동체를 위한 활동

"동화 속에 나온 여러 상황 중에 어떤 부분에 대해 좀 더 탐구해 볼까요? 오늘 선생님이 이런 활동을 준비해 왔는데, 우리 친구들, 함께 생각하고 알아볼까요?"

1. 전통적인 방식으로 윷놀이하기

2. 새로운 규칙 만들어 윷놀이하기

1) '윷'이나 '모'가 나와도 추가 기회를 주지 않는다.
2) 다른 팀 윷말 자리를 점해도 빼지 않고 함께 나란히 간다.
3) 네 개의 말을 동시에 거푸 서지 않고 네 번의 순회를 돌게 한다.

3. 윷판의 모양을 다양하게 구성해 보기

1) 마름모꼴 윷판

2) 둥근 모양의 윷판

3) 자신이 원하는 다각형 모양의 윷판

4. 추석에 먹는 우리의 전통 음식 살펴보기

1) 떡 종류 : 깨 송편, 콩 송편, 모시 송편, 팥고물 송편, 오색 송편
   전통 떡-백설기, 잡과병, 석이병, 수리취병, 꿀떡, 깨편, 흑임자편, 느티떡,
   두텁떡, 혼돈병, 물호박떡, 무시루떡, 증편, 약식, 잡곡 두텁떡

2) 한과 : 유과, 강정, 다식

3) 가을 과일 : 사과, 감, 배, 포도, 대추, 밤, 호두, 모과, 유자, 머루, 다래

모두 모여 한가위 5. 10

"보름달 떴다!"

아빠가 밤하늘을 내다보시더니 소리치셨어.

"달님께 소원 빌러 갈까?"

엄마가 누나와 내게 손을 내밀며 달구경 가자고 하셨어.

"엄마 어릴 땐, 외할머니와 마당에서 보름달님께 절하며 소원을 빌었단다."

"추석날 보름달이 정말 크지? 우리 하늘이, 어떤 소원을 빌거니?"

"미리내는 무슨 소원을 가지고 있니? 달님께 기도해 보렴.

이루어 주실 거야."

아빠도 엄마도 두 손 모아 달님께 기도하셨어.

나도 달님을 바라보며 두 손을 모았어.

"무엇을 빌까? 음…… "

유아들의 철학적 탐구를 돕는 활동

경_청_하_기_

1. 개념(단어)

"이야기 속에 어떤 말, 단어, 또는 개념이 있었나요? 재미있는 말, 처음 들어 본 말, 잘 모르는 말이 있었나요?"

- 보름달
- 밤하늘
- 달님
- 달구경
- 외할머니
- 마당
- 절
- 소원
- 음……
- 떴다(뜨다)
- 빌러(빌다)
- 기도하셨어(기도하다)

2. 명제(문장)

"이야기 중에 재미있는 문장, 또는 생각나는 문장, 잘 이해되지 않는 문장이 있었나요?"

1) 아빠가 밤하늘을 내다보시더니 소리치셨어.
2) 엄마가 누나와 내게 손을 내밀며 달구경 가자고 하셨어.
3) 나도 달님을 바라보며 두 손을 모았어.

질_문_하_기_

1. 등장인물들의 질문

"이야기 중에 주인공이나 등장인물들이 물어본 질문들이 있었나요? 어떤 질문이 있었는지 찾아볼까요?"

1) 달님께 소원 빌러 갈까?
2) 추석날 보름달이 정말 크지?
3) 어떤 소원을 빌거니?

2. 이야기 내용과 관련된 질문

"이야기 내용과 관련해서 우리도 질문을 만들 수 있을까요? 주인공 친구가 질문했던 것을 우리 친구들도 궁금해한 적이 있나요?"

1) 옛날에는 달나라에 정말 토끼가 살고 있었을까?
2) 달님께 소원을 빌면 그 소원이 실제로 이루어질까?
3) 어디로 가면 달님을 가장 크게 볼 수 있을까?

3. 이야기 맥락을 벗어난 창의적 질문

"혹시 지금 막 떠오른 생각이 있나요? 무언가 새로운 생각이 떠올랐나요?"

1) 달님 보며 절하고 소원 비는 사람이 많이 있을까?
2) 아빠와 엄마가 어릴 때 빌었던 소원이 이루어졌을까?
3) 우주선을 타고 달에 간 우주인들도 추석에 달에게 소원을 빌까?

철학적 탐구공동체를 위한 활동

"동화 속에 나온 여러 상황 중에 어떤 부분에 대해 좀 더 탐구해 볼까요? 오늘 선생님이 이런 활동을 준비해 왔는데, 우리 친구들, 함께 생각하고 알아볼까요?"

1. 달님께 소원 써서 띄우기

1) 지금 내 소원이 무엇인지 생각해 보기
2) 가족들과 소원에 대해 이야기 나누기
3) 각자 예쁜 종이에 소원을 써서 풍선에 달아 띄우거나 예쁜 나무에 장식하기

2. 〈한가위 보름달〉 제목으로 동시 쓰기

1) 온 가족이 함께 '보름달' 노래 부르기 : 윤석중 〈달〉

   달 달 무슨 달 쟁반같이 둥근 달
   어디 어디 떴나 동산 위에 떴지

2) 가족이 각각 보름달에 대한 느낌을 한 줄씩 말하고 함께 엮어서 동시로 완성하기

나 : 보름달은 참 둥글다.

엄마 : 우리 하늘이 얼굴 닮아서 둥글까?

아빠 : 하늘이 마음 닮아서 둥글지.

3) 〈보름달〉 제목으로 나의 동시 짓기

보름달은 참 둥글다

집에서 보아도 둥글고

동구 밖에서 보아도 둥글고

3. 달님 아래 강강술래 뛰기

1) 강강술래 노래 배우고 강강술래 유래 알기

2) 엄마랑 손 잡고 강강술래, 온 가족 함께 강강술래

3) 친구들이 모두 모여 함께 힘껏 강강술래 뛰어 보기

4. 달구경 나갔던 경험 이야기 나누기

1) 누구랑 몇 시에 어디에서 달구경을 어떻게 했는지 문장으로 만들기

2) 친구들과 달구경 갔던 서로의 경험들을 나누기

참 고 문 헌

가아더(Gaarder, J.) (1997). 소피의 세계1, 2, 3. 장영은 역. 현암사.

강영계 (2000). 철학 이야기-탈레스에서 라캉까지. 서광사.

고미숙 (2004). 배려윤리와 배려교육, 한국 교육학 연구, 10(2), 37-62.

공원 (2007). 거침없이 빠져드는 역사 이야기 철학편. 최옥영 역. 시그마북스.

교육과학기술부 (2009). 총론. 교육인적자원부 고시 제2007-153호에 따른 유치원 교육 과정 해설 Ⅰ.

길리건(Gilligan, C.) (1977). 다른 목소리로. 허란주 역. 동녘.

김광수 (1990). 논리와 비판적 사고. 철학과 현실사.

______ (1997). 증명과 설명. 철학과 현실사.

______ (1997). 탐구의 논리. 철학과 현실사.

김득순 (1993), 이야기 속의 철학. 도서출판 새날.

______ (1993). 이야기 속의 논리학. 도서출판 새날.

김언주, 강영하, 최건수 (1989). 인지발달과 교육. 양서원.

김영채(1995). 사고와 문제해결심리학. 박영사.

_____ (1998). 사고력 : 이론, 개발과 수업. 교육과학사.

김요섭 (1991, 편). 어린 왕자 그 영원한 세계. 동화문학사.

김용규 (2007). 설득의 논리학-말과 글을 단련하는 10가지 논리 도구. 웅진지식하우스.

______ (2006). 철학 카페에서 문학 읽기. 웅진지식하우스.

김용옥(2006). 논술과 철학 강의 1, 2. 통나무.

______ (1990). 중고생을 위한 김용옥 선생의 철학 강의. 통나무.

김윤식, 이영석 (1990). 삐아제와 유아교육. 형설출판사.

김재은교수정년기념논문집간행위원회 (1996). 인지와 창의성의 심리학(김재은 교수 정년기념논문집). 창지사.

김종상, 김재홍 (글/그림, 2003). 옛날 스님들은 어떻게 살았을까. 파랑새.

나가이 히토시 (2001). 어린이의 마음으로 철학하기. 김철수 역. 길.

나딩스(Nodding, N.) (1992). 배려교육론 : 인간화 교육을 위한 새로운 접근. 추병완 · 박

병춘 · 황인표 역(2002). 다른 우리.

듀스(Deux, V.) (2007). 그림으로 이해하는 현대사상. 남도현 역. 개마고원.

듀이(Dewey, J.)(1979). 민주주의와 교육. 오천석 역. 교학도서주식회사.

_____ (1980). 아동과 교육과정 경험과 교육. 박철홍 역. 문음사.

라우스터(Lauster, U.) (1997). 논리놀이 1, 2-라우스터 창의력 개발 워크북, 김미선 역. 미래M&B.

로젠탈, A. K. & 다이어, J. (2008). 쿠키 한 입의 인생수업. 김지선 역. 책읽는곰.

로크(Locke, J.) (1993). 존 로크의 미래를 위한 자녀교육. 임채식, 강진영 역. 서원.

마르자노 & 아레돈도(Marzano, R. J. & Arredondo, D. E.) (1998). 사고전략-교사를 위한 사고전략의 이론과 실제. 김홍원 역. 원미사.

마르텐스(Martens, E.) (1988). 철학교육. 이기상 역. 서광사.

_____ (2000). 어린이와 함께 철학하기. 박승억 역. 지리소.

매튜스(Matthews, G. B.) (1988). 어린이를 위한 철학이야기. 황경식, 김성옥 역. 샘터.

_____ (1987). 어린이와 함께 하는 철학. 서울교육대학철학연구회 역. 서광사.

맨스필드 & 버씨(Mansfield, R. S. & Busse, T. V.) (1993). 창의적인 사람은 무엇이 다를까. 임선하 역. 도서출판 하우.

미국어린이철학개발원 (1999). 혼이의 비밀-의미의 탐색편. 한국철학교육아카데미 역. 한국철학교육아카데미출판부.

_____ (1999). 노마의 발견-철학적 탐구편. 한국철학교육아카데미 역. 한국철학교육아카데미출판부.

_____ (1999). 나의 친구 보임이-도덕적 판단 편. 한국철학교육아카데미 역. 한국철학교육아카데미출판부.

_____ (1999). 도덕적 판단(나의 친구 보임이편)-교사용지도서. 한국철학교육아카데미 역. 한국철학교육아카데미출판부.

_____ (1999). 의미의 탐색(혼이의 비밀편)-교사용지도서. 한국철학교육아카데미 역. 한국철학교육아카데미출판부.

_____ (1999). 철학적 탐구(노마의 발견 편)-교사용지도서. 한국철학교육아카데미 역. 한국철학교육아카데미출판부.

민희식 (1986, 역저). 어린 왕자의 심층분석. 문학출판사.

바우만, H. 외 (1998). 아이들 생각 어른들 생각. 도서출판 사랑의 학교.

바이셰델(Weischedel, W.) (2004). 철학의 에스프레소. 안인희 역. 아이콘 C.

박덕규 (편저, 1992). 피아제의 발생학적 인식론과 구조론. 민성사.

박보연, 정대련 (2006). 옛이야기 그림책에 나타난 배려의 주체, 의미 및 배려적 사고, 어린이문학교육연구. 7, 2. 85-111.

박소연, 정대련 (1998). 초등학교 '읽기' 교과서의 철학 교육적 접근. 아동학회지 19, 2, 201-215.

박영식 (2009). '성숙한 사회' 소식지

박종삼 (1989). 비판적 사고와 창의성의 함양을 위한 교육과정 계획의 원리 탐색. 동국대학교대학원 박사학위청구논문.

박진환 (2005). 어린이 도덕에 대한 철학적 탐구공동체 접근, 어린이와 함께 철학하기, 동덕여자대학교 BK21 해외석학초청세미나 자료집, 13-24.

방인옥 (1994). 존듀이의 교육철학과 유치원 교육과정. 서원

베르취(Wertsch, J. V.) (1999). 비고츠키-마음의 사회적 형성. 한양대 사회인지발달연구모임 역. 정민사.

보노(Bono, E.) (1995). 수평적 사고와 창의성. 전영길, 이영만 역. 서원.

보드로바 & 리옹(Bodrova, E. & Leong, D. J.) (1998). 정신의 도구 : 비고츠키 유아교육. 김억환, 박은혜 역. 이화여자대학교 출판부.

블랙번(Blackburn, S.) (2002). 생각-철학으로 가는 가장 매력적인 지름길. 고현범 역. 이소출판사.

비고츠키(Vygotsky, L. S.) (1999). 아동의 상상력과 창조. 팽영일 역. 창지사.

비어슬리 E., 비어슬리 M. (1985). 철학적 사고에의 초대. 이명숙, 곽강제 역. 서광사.

삐아제 J. (2000). 아동의 도덕판단. 송명자, 류웅달, 김상윤 역. UUP.

사임(Sime, M.) (1996). 피아제가 보여주는 아이들의 인지세계. 문용린 역. 학지사.

서광선, 소흥열, 신옥희, 정대현, 남경희 (1991). 철학하는 방법. 이화여자대학교 출판부.

서울교육대학 철학연구동문회 (편역, 1986). 어린이를 위한 철학교육. 서광사.

성일제, 곽병선 외 6인 (1987). 사고력 신장을 위한 프로그램 개발연구. 연구보고 RR:87-37. 한국교육개발원.

성일제, 곽병선 외 5인 (1988). 사고력 신장을 위한 프로그램 개발연구(II), 연구보고 RR:88-11., 한국교육개발원.

셰퍼 R. S. (2000). 딸에게 들려 주는 작은 철학. 동문선.

소흥열 (1980). 논리와 사고. 이화여자대학교 출판부.

_____ (1983). 과학과 사고. 경문사.

_____ (1985). 윤리와 사고. 이화여자대학교 출판부.

_____ (1987). 소크라테스의 철학. 철학교육연구. 3(7), 15-24.

손동인 (1984). 한국 전래동화 연구. 정음문화사.

쇼펜하우어 (2001). 논쟁에서 이기는 38가지 방법. 김재혁 역. 고려대학교 출판부.

스티븐슨 L. & 헤이버먼 D. L. (2006). 인간의 본성에 관한 10가지 이론. 박중서 역. 갈라파고스.

스프로드(Sprod, T). (2006). 윤리탐구공동체 교육론. 박재주, 김재식, 박균열 역. 철학과현실사.

신현득, 이남구 (글/그림, 1995). 토끼와 호랑이(세계유아문학대전집 위대한 탄생 26). 보림.

야마모토 미쓰오 (1989). 최초의 철학자들-그리스와 로마의 철학자 이야기. 지영환 역. 대원사.

야스퍼스 K. & 토머스 H. L (1985). 소크라테스, 불타, 공자, 예수, 모하메드, 황필호 역. 종로서적.

안인희 (편, 1983). 교육고전의 이해. 이화여자대학교 출판부.

유네스코 21세기 세계교육위원회 (편, 1997). 21세기 교육을 위한 새로운 관점과 전망. 김용주, 김채웅, 정두용, 천세영 역. 도서출판 오름.

위기철 (편, 2001). 생각은 힘이 세다. 청년사.

_____ (1992). 반갑다, 논리야. 사계절.

_____ (1992). 논리야, 놀자. 사계절.

_____ (1993). 고맙다, 논리야. 사계절.

위스너, D. (2007). 1999년 6월 29일. 이지유 역. 미래M&B.

윌슨(Wilson, J.) (1993). 논리적으로 생각하기-개념분석법. 윤희원 역. 책과 사람들.

이민재, 정대련 (2001). 신춘문예 동시의 문학교육적 의미, 아동학회지, 22, 3, 211-227.

이상욱 (2008). 유아교육사상사의 두 지평. 교육과학사.

이원수, 손동인 (편, 1980). 질문대장, 한국전래동화집 1. 창작과 비평사. 18-20.

___________ (편, 1984). 말에게서 배운 부모님 은혜, 한국전래동화집 4, 창작과비평사, 291-304.

이지애 (2005). IAPC 철학교육방법론 : 어린이를 위한 어린이에 의한 어린이의 Pragmatism, **어린이와 함께 철학하기**, 동덕여자대학교 BK21 해외석학초청세미나 자료집, 25-50.

이진경 (1993). **논리 속의 철학, 논리 밖의 철학**. 새길.

_____ (1993). **상식 속의 철학 상식 밖의 철학**. 새길

이춘희 (2007). 철학적 탐구공동체 활동을 통한 유아의 배려적 사고 증진에 관한 연구.동덕여자대학교대학원 박사학위청구논문.

이현주 (2004). 유아의 사고력 증진을 위한 철학적 접근-'용기' 주제를 중심으로, **유아유아를 위한 철학교육**, 새세대육영회, 66-95.

이홍우 (1985). **교육의 목적과 난점**. 교육과학사.

임선하 (1995). **창의성에의 초대**. 교보문고.

임태평 (1996). 플라톤의 Theaetetus: 산파술, 지식과 교육, **교육철학** 14, 2, 155-173.

잉펜, R. (2002). **무슨 생각하니?**. 문우일 역. 국민서관.

장두익 (1988). 소크라테스적 교육의 방법으로서의 문답법, **철학교육연구**, 4, 77-108.

전경원 (외, 1995). **창의성 개발을 위한 전래동화 활용법**. 창지사.

정대련 (1990). 한국전래동화의 윤리학적 탐구. 이화여자대학교 박사학위 청구논문.

_____ (공저, 1993). 옛날 이야기를 읽고 어린이는 무슨 생각을 할 수 있을까?, **교육철학에세이**. 서광사.

_____ (1996). **생각을 해보니까, 생각이 있어요**. 삼성출판사.

_____ (2000). 〈어린 왕자〉에 나타난 사고 과정과 아동 철학적 의미, **생활과학연구**, 5, 동덕여자대학교 생활과학연구소, 136-154.

_____ (2003). Winnie-the-Pooh의 어린이를 위한 철학교육적 의의, **어린이문학교육연구**, 3, 2. 35-57.

_____ (2004). 유아를 위한 철학교육 -생각? 생각… 생각!, 유아를 위한 철학교육, 새세대육영회, 29-63.

_____ (2007). 4세 유아들의 그림책에 대한 반응 고찰, **생활과학연구** 12, 63-75.

_____ (2007). **인형놀이**. 아이코리아.

_____ (2007). **5월은 푸르구나**. 아이코리아.

_____ (2007). **야, 여름이다**. 아이코리아.

_____ (2007). **모두 모여 한가위**. 아이코리아.

_____ (2007). 태극기가 하늘 높이. 아이코리아.

정대련, 박혜경 (1997). 아동의 창의성 발달을 돕는 철학교육, 동대논총, 27, 261-281.

정대련, 어은정 (2008). David Wiesner의 판타지 그림책 분석. 생활과학연구.

정대련, 이은진 (2004). 신춘문예 동화의 아동문학적 특성에 관한 연구, 어린이문학교육연구, 5, 2. 107-128.

정대련, 이춘희 (2002). 레오 리오니의 그림책에 나타난 자아정체성 연구, 어린이문학교육연구, 3, 2. 35-57.

정연경, 정대련 (2004). A.S.로벨의 아동문학 작품에 나타난 배려적 사고, 어린이문학교육연구, 5, 2. 131-154.

정채봉 (2000). 오세암. 동쪽나라.

조성민, 정선심 (1993). 논리탐구. 철학과 현실사.

_____ (1993). 가치탐구. 철학과 현실사.

조선희 (1999). 유아사고교육의 이론과 실제. 창지사.

_____ (2004). 유아철학놀이. 창지사.

_____ (2004). 유아철학교육의 방법; 철학놀이, 유아교육학술대회자료집. 새세대육영회, 97-123.

조선희, 전병남 (1998). 유아의 비판적 사고를 촉진하는 질문에 대한 탐색적 연구, 미래유아교육학회지, 5(2), 249-270.

주쩡린 (2002). 참 반가운 철학. 김영수 역. 아이필드.

짜오팅양 (2001). 참 자유로운 생각. 아이필드.

쩌우귀핑 (2002). 참 궁금한 세상. 김영수 역. 아이필드.

최래옥, 박완서, 정채봉 (외 편, 2002). 슬기로운 아이(한국전래동화 6). 고려원미디어.

최명관 (역, 1990). 플라톤의 대화. 종로서적.

최명관 (역저, 1983). 방법서설 · 성찰 데까르뜨 연구. 서광사.

카미, C. & 디브리즈, R. (1992). 삐아제 이론과 유아교육. 박재규 역. 창지사.

코메니우스, J. A. (2007). 대교수학. 정확실 역. 교육과학사.

_____ (1999). 세계 최초의 그림 교과서. 남혜승 역. 씨앗을 뿌리는 사람.

콜, M. (편저, 2000). 비고츠키의 사회 속의 정신-고등심리과정의 발달. Cole M. (외 편). 조희숙, 황해익, 허정선, 김선옥 역. 양서원.

콜버그(Kohlberg, L.) (1985). 도덕발달의 철학. 김봉소, 김민남 역. 교육과학사.

콜스(Coles, R.) (1997). 도덕지능〈MQ〉. 정홍섭 역. 서울: 해냄.

크로플리(Cropley, J. F.) (1995). 교육과 창의성. 김선 역. 집문당.

탁석산 (2002). 오류를 알면 논리가 보인다. 책세상.

테일러, P. (1985). 윤리학의 기본원리. 김영진 역. 서광사.

트리그 R. (1997). 인간 본성에 관한 10가지 철학적 성찰. 최용철 역. 자작나무.

펠리후젠 & 트레핑거(Feldhusen, J. F. & & Treffinger, D. J.) (1994). 창의적인 문제해결력. 전경원, 박정옥 역. 서원.

프랑케나, W. K. (2003). 윤리학. 황경식 역. 철학과현실사.

프리제 H. L. (1993). 아이들은 철학자다. 이재영 역. 솔.

플라톤 (1999).국가/소크라테스의 변명. 조우현 역. 삼성출판사.

피터즈 R.S. (1983). 윤리학과 교육. 이홍우 역. 교육과학사.

필립스, C. (2001). 소크라테스 카페. 안시역 역. 김영사.

한기정 (1993). 유아의 창의성 교육을 위한 철학적 심리학적 기초. 단국대 대학원 박사학위청구논문

한순미 (1999). 비고츠키와 교육-문화 역사적 접근. 교육과학사.

허경철 외 6인 (1989). 사고력 신장을 위한 프로그램 개발 연구(III). 연구보고 RR 89-2. 한국교육개발원.

허후아이홍 (2002). 참 소중한 생명. 김영수 역. 아이필드.

황경식 (1983). 고전적 공리주의와 John Rawls 의 정의론 비교 연구. 서울대학교 대학원 박사학위 청구논문.

______ (1985). 윤리와 논리, 논리연구, 문학과 지성사, 247-259.

______ (역, 1991). 생각굴리기. 철학과 현실사.

______ (1993). 재미있는 논리+논술 이야기 1, 2, 3. 열림원.

______ (2004). 어린이와 철학의 만남, 유아교육학술대회 자료집, (사)새세대육영회, 1-27.

휘슬레, V., 노라 K. (1997). 철학이 알고 싶어요. 김선희 역. 문학사상사,

흐미엘레프스카, I. (2004). 생각. 이지원 역. 논장.

Auriac-Peyronnet, E., & Daniel, M-F. (2002). The specifics of philosophical dialogue : A case study of pupils aged 11 and 12 years. *Thinking, 16*(1). 23-31.

Brunt, J. (1996). Caring Thinking: The New intelligence. Flinders University, SA. http://www.ufoseek.com.

Chung, D. (2006). What do young children think about Buddhist cultures in Korea?, OMEP Conference. presentation paper. Tromso, Norway.

Cinquino, D. (1981). Evaluation of a philosophy program with 5th-and 6th-grade academically talented students. *Thinking, 2*(3 & 4), 79-83.

Cullinan, B. E. & Galda, L. (2003). Literature and the Child, 5th edition, Texas: Harcourt Bracce & Company.

Descartes, R. (2007). *Discourse on Method, Meditations on First Philosophy*. BN Publishing, USA.

Dewey, J. (1967). *Democracy and Education*. New York: The Free Press.

Dodge, D. T. & Colker, L. J. (1992). *Creative curriculum for early childhood 3rd*. Washington D.C.: Teaching Strategies, Inc.

Gilligan, C. & Attanucci, J. (1988). Two moral orientations : Gender difference and similarities. *Merrill-Palmer Quarterly, 34*(3), 223-237.

Guilford, J. P. (1976). *The nature of human intelligence*. New York: McGrow-Hill.

Hatcher, D. (1986). "A Critique of Critical Thinking." *Thinking, 6*(4). Uper Montclair: Montclair State College.

IAPC (2000). *The Doll Hospital*. Upper Montclair: Montclair State University.

______ (2000). *Making sense of my world*. Upper Montclair: Montclair State University.

______ (1988). *Elfie*. Upper Montclair: Montclair State University.

______ (1987). *Getting our thoughts together*. Upper Montclair: Montclair State University.

______ (1974). *Harry Stotlemeier' s Discovery*. Upper Montclair: Montclair State University.

______ (1979). *Philosophical Inquiry*. Upper Montclair: Montclair State University.

______ (1096). *Lisa*. Upper Montclair: Montclair State University.

______ (1977). *Ethical Inquiry*. Upper Montclair: Montclair State University.

______ (1986). *Kio and Gus*. Upper Montclair: Montclair State University.

______ (1986). *Wondering at the World*. Upper Montclair: Montclair State University.

______ (1981). *Pixie*. Upper Montclair: Montclair State University.

______ (1982). *Looking for Meaning*. Upper Montclair: Montclair State University.

______ (1978). *Suki.* Upper Montclair: Montclair State University.

______ (1980). *Writing: How and Why.* Upper Montclair: Montclair State University.

______ (1980). *Mark.* Upper Montclair: Montclair State University.

______ (1980). *Social Inquiry.* Upper Montclair: Montclair State University.

______ (1987). The IAPC curriculum. Philosophy for children. *Thinking: The Journal of Philosophy for Children, 7*(1), 1-24.

Matthews, G. B. (1980). *Philosophy and the Young Child.* Cambridge: Harvard University Press.

______ (1984). *Dialogues with Children.* Cambridge: Harvard University Press.

Martin, J. R. (1978). "Moral Autonomy and Political Education," *Growing up with Philosophy*, ed. by M. Lipman, Philadelphia: Temple University Press.

Lionni, L. (1967). *Frederick.* New York: Dragonfly Books, Alfred A. Knopf.

Lipman, M. (1985). "Philosophical Practice and Educational Reform," ERIC.

______ (1988). *Philosophy Goes to School.* Philadelphia: Temple University Press.

______ (1995). Caring as Thinking. *Inquiry: Critical Thinking across the disciplines, 15*(1) 1-13.

______ (2003). *Thinking in Education*, 2E. New York: Cambridge University Press.

Lipman, M., Sharp, A. M. (ed., 1978). *Growing up with Philosophy.* Philadelphia : Temple University Press.

Lipman, M., Sharp, A.M., Oscanyan, F. S. (1980). *Philosophy in the Classroom, 2nd*, Philadelphia : Temple University Press.

Lobel, A. (1970). *The Story, Frog and Toad Are Friends.* New York: HarperCollins Publishers.

Matthews, G.B. (1980). Philosohy and the Young Child. Cambridge: Havvard University press.

______ (1984). Dialogues with Children. Combridge: Havvard University press.

Milne, A. A. (1988). *Winnie-the-Pooh.* New York: Dutton Children' s Books.

Morgan, N. & Saxton, J. (1991). *Teaching, questioning and learning.* London: Routledge.

Nickel, Caroline (1984). "Analytical Thinking as an elective," Thinking, 3(2), IAPC.

Nodding, N. (1984). *Caring.* Berkeley : University of California Press.

Saint-Exupery, A. de (1971). *The Little Prince*, trans. by K. Woods. San Diego : Harcourt Brace Jovanovich, Publishers.

Sharp, A. M. (1995). Philosophy for children and the development of ethical values, *Early Child Development Care*, 107, 45-55.

_______ (2004). The other dimension of caring thinking. *Critical & creative thinking, 12*(1). 9-15.

_______ (2005). Doing philosophy with preschool children - Living in a Community of Inquiry, 어린이와 함께 철학하기. 동덕여자대학교 BK21 해외석학초청세미나 자료집, 1-11.

Schleifer, M., & Courtemanche, L. (1996). The effect of philosophy for children on language ability. *Thinking, 12*(4), 30-31.

Schleifer, M., Daniel, M-F., Peyronnet, E., & Lecomte, S. (2003). The impact of philosophical discussions on moral autonomy, judgment, empathy and the recognition of emotion in five year olds. *Thinking, 16*(4), 4-12.

Schleifer, M., & Poirier, G. (1996). The effect of philosophical discussions in the classroom on respect for others and non-stereotypic attitudes. *Thinking, 12*(4), 32-34.

Sharp, A. M. (1995). Philosophy for children and the development of ethical values. Early Child Development and care, 107, 45-55.

______ (2000). *The Doll Hospital.* IAPC. ACER Press.

Sharp, A. M., & Splitter, L. J. (2000). *Making sense of my world* - Teacher manual for the doll hospital. ACER Press.

Smith, F. (1990). To think. New York: Teachers College Press.

Splitter, L. J., & Sharp, A. M. (1995). *Teaching for better thinking : The classroom community of inquiry.* Melbourne : Australian Council for Educational Research.

Tishman, S., Perkins, D. N. and Jay, E.(1995). *The Thinking Classroom - Learning and Teaching in a Culture of Thinking.* Boston:Allyn and Bacon.

구글 사전 http://www.google.co.kr/dictionary

네이버 사전 http://dic.naver.com/

두산백과사전 EnCyber http://www.encyber.com

위키백과사전 http://ko.wikipedia.org

학부모커뮤니티 http://eKongbu.com

한샘아롬이 http://aromi.co.kr

정 대 련

학력

이화여자대학교 교육학과 졸업

이화여자대학교 대학원 졸업(교육철학전공, 문학박사)

약력

현재 동덕여자대학교 아동학과 교수

현재 동덕여자대학교 부속유치원 원장 겸임

한국어린이문학교육학회 회장 역임

교육철학회 편집위원장 역임

국가어린이안전점검단 위원 역임

BK21 동덕여자대학교 아동교육연구단 참여교수

주요 저서

나는야 어린 철학자 시리즈 전 8권(아이코리아, 2007)

유아를 위한 농업 농촌 다원적 기능 이야기(공저, 농촌진흥청농업과학기술원, 2007)

인류는 아기를 어떻게 키웠을까(부록 "한국편" 공저, 뿌리와이파리, 2006)

외할머니의 육아법(학지사, 1997)

생각을 해보니까 생각이 있어요(삼성출판사, 1996)

교육철학에세이(공저, 서광사, 1993)

개정
동화로 여는 유아의 논리 논술

초판 1쇄 발행 2009년 8월 20일
초판 4쇄 발행 2012년 1월 18일
개정 2쇄 발행 2016년 1월 8일

지은이 | 정대련
펴낸이 | 김기섭
편집인 | 태선옥
펴낸곳 | 창지사 www.changjisa.com
153-802 서울시 금천구 가산디지털 1로 83 파트너스타워1차 9층
전화 (02) 719-2211~3
팩스 (02) 701-9386
등 록 | 1977년 4월 28일 · 제1-421호

ISBN 978-89-426-0771-6 (93370)

값 19,000원